Karl Schmeisser

Die Goldfelder Australiens

Unter Mitwirkung des königlichn. Bergassessors Dr. Karl Vogelsang

Karl Schmeisser

Die Goldfelder Australiens
Unter Mitwirkung des königlichn. Bergassessors Dr. Karl Vogelsang

ISBN/EAN: 9783743626751

Hergestellt in Europa, USA, Kanada, Australien, Japan

Cover: Foto ©ninafisch / pixelio.de

Weitere Bücher finden Sie auf **www.hansebooks.com**

DIE
GOLDFELDER AUSTRALASIENS

UNTER MITWIRKUNG DES KÖNIGLICHEN BERGASSESSORS
DR. KARL VOGELSANG

HERAUSGEGEBEN VON

KARL SCHMEISSER

KÖNIGLICH PREUSSISCHEM OBERBERGRATH UND MITGLIED DES
KÖNIGLICHEN OBERBERGAMTS ZU CLAUSTHAL I. HARZ.

MIT 25 ABBILDUNGEN, 13 KARTEN-BEILAGEN
UND ZAHLREICHEN TABELLEN.

BERLIN 1897.
VERLAG VON DIETRICH REIMER
ERNST VOHSEN.

VORWORT.

. . .

Die Golderzeugung der Welt vertheilte sich in den zwei letzten Jahren dem Werthe nach, wie folgt:

Land	1895		1896	
Vereinigte Staaten	£ 9 366 000	Mk. 191 066 400	£ 10 965 160	Mk. 223 689 300
Afrika	» 8 909 000	» 181 743 600	» 9 099 802	» 185 636 000
Australien mit Tasmanien und				
Neu-Seeland	» 8 559 000	» 174 603 600	9 059 844	» 184 820 800
Russland	» 6 336 000	129 662 400	6 427 979	» 131 130 800
Mexiko	» 1 120 000	» 22 848 000	» 1 259 582	» 25 695 500
Indien	» 900 000	18 360 000	» 1 207 021	24 623 200
China	930 000	» 18 972 000	» 964 263	» 19 671 000
Columbia	» 637 000	12 994 800	» 642 842	» 13 114 000
Canada	?	» ?	» 582 654	» 11 886 100
Brasilien	» 446 000	» 9 098 400	514 274	» 10 491 200
Britisch-Guyana	» 434 000	» 8 853 600	» 530 382	» 10 819 800
Französisch-Guyana	» 373 000	» 7 609 200	» 436 866	» 8 912 100
Deutschland	» 471 000	» 9 608 400	» 342 696	» 6 991 000
Oesterreich-Ungarn	» 366 000	» 7 466 400	» 380 348	» 7 759 100
Andere Länder	» 1 354 000	» 27 621 600	» 1 160 169	» 23 667 400
Zusammen: . . .	£ 40 221 000	Mk. 820 508 400	£ 43 573 882	Mk. 888 907 300

Da Australien (mit Tasmanien und Neu-Seeland) somit die dritte Stelle unter den wichtigsten golderzeugenden Ländern der Welt einnimmt, muss eine Abhandlung über die Goldfelder Australasiens regem Interesse in geologischer, wie bergbaulicher, finanz-, wie handelspolitischer Beziehung begegnen.

Ich spreche nach englischem Sprachgebrauch von den Goldfeldern »Australasiens«, welches Wort in Deutschland und Frankreich seither nur geringe Aufnahme gefunden hat, weil es mir zweckmässig erscheint, das ganze golderzeugende Gebiet mit einem Worte zu bezeichnen. Da aber selbst die englisch redenden Völker das Wort »Australasien« in verschiedener Ausdehnung gebrauchen, bemerke ich ausdrücklich, dass ich darin den australischen Kontinent, kurz »Australien« genannt, Tasmanien und Neu-Seeland zusammenfasse. Es gehören hierhin also die sieben englischen Kolonien, Queensland, Neu-Süd-Wales, Victoria, Süd-Australien, West-Australien, Tasmanien und Neu-Seeland.*)

Kurze Schilderung der Reise.

Im Frühjahr 1895 ging mir von der London and Western Australian Investment Company Lim. in Verbindung mit der London and Western Australian Exploration Company Lim. zu London die Anfrage zu, ob ich bereit sei, in ihrem Auftrage, in gleicher Weise wie 1893 für die preussische Regierung bezüglich des Transvaals geschehen, die Goldfelder West-Australiens zu bereisen und über ihren Werth zu berichten. Sogleich stand mein Entschluss fest, im Falle der Annahme des Antrages meine Untersuchungen nicht nur auf West-Australien zu beschränken, sondern soweit möglich, auf ganz Australasien auszudehnen. Der dazu nöthige Urlaub wurde mir vom 1. Juli 1895 ab auf Jahresfrist vom Kgl. preussischen Herrn Minister für Handel und Gewerbe ertheilt unter der Bedingung, dass ich der preussischen Regierung dieselben Berichte zu erstatten habe, wie den englischen Gesellschaften.

Begleitet von dem Kgl. Bergassessor Herrn Dr. K. Vogelsang, dessen Dienste von den genannten Gesellschaften gleichfalls auf meinen Antrag zu meiner Unterstützung gewonnen worden waren, reiste ich Anfang Juli von Deutschland ab. Den Weg über Brindisi, Suez, Aden, Colombo, sowie Albany und Perth in West-Australien nehmend, begaben wir uns zunächst nach den Coolgardie-Goldfeldern und verweilten dort und in den Murchison-Goldfeldern fünf Monate. Dann reisten wir von Albany über Adelaide nach der Kolonie Victoria, um dortige Goldfelder zu besichtigen. Von Melbourne setzten wir, weil zur damaligen Jahreszeit in Neu-Süd-Wales noch zu grosse Hitze herrschte, nach Launceston auf Tasmanien über, unweit welcher Stadt die nordöstlichen Goldfelder der Kolonie liegen. Von Hobart fuhren wir nach der Südinsel Neu-Seelands, landeten in Bluff, begaben uns nach Dunedin, der Hauptstadt der Otago-Goldfelder, dann weiter über Christchurch und quer über das Gebirge nach der Westküste, sowie über die Reefton- und Lyell-Goldfelder nach Nelson. Wir setzten über nach Wellington auf der Nordinsel Neu-Seelands, und reisten über Auckland nach der Halbinsel von Coromandel zum Besuche des Hauraki-Goldfeldes und zum Gebiete der heissen Seen im Innern der Insel. Darnach fuhren wir zurück zum Australkontinent, um von Sydney aus die wichtigeren Goldfelder von Neu-Süd-Wales zu besuchen.

Während nunmehr für mich wegen bevorstehenden Ablaufs des Urlaubs die Rückkehr nach Deutschland geboten war, begab sich Dr. Vogelsang auf Antrag des Anglo-Continental Gold Syndicate zu London noch nach Queensland. Seinen Mittheilungen verdanke ich den Stoff über die dortigen Goldfelder.

---

*) Bei Ortsbezeichnungen, welche näherer Angabe der Lage bedürfen, werde ich späterhin Kürze halber stets die Anfangsbuchstaben der Kolonien zufügen: für Queensland: Qu., für Neu-Süd-Wales: N.-S.-W., für Victoria: V., für Süd-Australien: S.-A., für West-Australien: W.-A., für Tasmanien: T., und für Neu-Seeland: N.-S.

Mich selbst führte der Heimweg über Auckland, Apia auf Upolu (Samoa-Inseln), Honolulu auf Omahu (Hawaïsche Inseln) und San Francisco nach den Vereinigten Staaten von Nord-Amerika, wo ich noch mehrere Goldfelder besuchte. Ende Juni 1896 kehrte ich nach Deutschland zurück.

Ueberall ist uns die bereitwilligste, dankenswertheste Unterstützung von Beamten und Privatleuten zu Theil geworden. Alle Herren Beamten der Kolonial-regierungen, darunter namentlich die Premier-Minister der Kolonien West-Australien und Neu-Seeland, Sir John Forrest zu Perth (W.-A.), und Mr. R. J. Seddon zu Wellington (N.-S.), die Bergbau-Minister Mr. F. H. Wittenoom zu Perth, Mr. Sydney Smith zu Sydney, Mr. A. J. Cadman zu Wellington und R. Philp zu Brisbane, der Untersekretär im Bergbauministerium Mr. Henry C. Prinsep in Perth, die Geologen und Ingenieure Mr. E. F. Pittman zu Sydney, Mr. R. L. Jack und Mr. W. H. Rands zu Brisbane, Mr. H. A. Gordon zu Wellington und Mr. James Park zu Thames, ferner die Kaiserlich deutschen Herren Konsularbeamten, fast alle Privatbergbautreibende und Ingenieure, mit denen wir in Berührung traten, insbesondere die mit der Leitung der australischen Geschäfte betrauten Theilhaber der Firma Bewick Moreing & Co. zu London, Mr. E. Hooper und Mr. W. A. Mercer, welche uns auf den Reisen durch West-Australien begleiteten, haben uns auf das Wirksamste die Wege geebnet, wo immer sie dazu in der Lage waren. Dadurch wurden unsere Untersuchungen wesentlich erleichtert. Zieht man indessen die ausserordentlichen Entfernungen in Erwägung, welche bei Aus- und Heimreise und bei den Fahrten nach und in den Goldfeldern zurück-zulegen waren, so leuchtet ein, dass die verhältnissmässig kurze zur Verfügung stehende Zeit nicht zuliess, die zu einem so umfassenden Werke nöthigen Studien überall persönlich und in durchaus erschöpfendem Umfange vorzunehmen. Manche Angaben mussten daher zuverlässigen Quellen der Litteratur ent-nommen werden.

Litteratur und Kartenwerke über Australasien und seine Goldfelder.

Die Litteratur über die einzelnen Kolonien Australasiens ist so umfangreich, dass der Versuch, sie hier anzugeben, sich nicht empfiehlt. Die wesentlichen der benutzten Werke sind im Text und in Fussnoten der Abhandlung selbst bezeichnet worden. Uebrigens darf nicht unerwähnt bleiben, dass manche der Werke über Australasien dem Reklamebedürfnisse ihre Entstehung verdanken. Mit Optimismus geschrieben, der kritischen Beurtheilung ermangelnd, sind diese mit grosser Vorsicht aufzunehmen.

Sehr werthvoll waren bei der Bearbeitung des vorliegenden Buches die Jahresberichte der Kolonialregierungen, welche bereitwilligst zur Verfügung gestellt wurden, sowie die Ergebnisse der geologischen Landesuntersuchungen. Haben letztere zwar in den östlichen Kolonien, unter Leitung einiger trefflichen Geo-logen schon Gutes geleistet, so blieb der Kreis der Untersuchungen seither doch, wegen der verhaltnissmässig kurzen Frist seit Einleitung derselben, wegen unzureichender Zahl theoretisch und praktisch gebildeter Geologen und weil die Untersuchungen sich vorwiegend der Befriedigung mehr praktischer Bedürfnisse, der Hebung der Montanindustrie, zuwenden mussten, noch ziemlich beschränkt. Die geologischen Verhältnisse umfangreicher Landgebiete sind selbst in grossen Zügen vielfach noch nicht hinreichend geklärt.

Unter Berücksichtigung aller dieser vorerwähnten Umstände mögen auch in der vorliegenden Arbeit etwaige Irrthümer entschuldbar sein. Der Anspruch auf eine erschöpfende, vollkommene Leistung darf nicht erhoben werden; es muss genügen, wenn das Zeugniss nicht versagt werden kann, dass ein immerhin werthvoller Beitrag zur Kenntniss der Goldfelder Australasiens geliefert worden ist.

Berichtigungen zum weiteren Ausbau des Buches werde ich stets mit Dank entgegennehmen.

Ist zwar die Schilderung der Goldlagerstätten und des Goldbergbaues der Hauptgegenstand des Buches, so erforderte doch die Entwicklung, welche der Bergbau gerade in Folge der eigenartigen Verhältnisse des Landes genommen, auch ein Eingehen in ganz kurzem Abriss auf Geographie, Geschichte, Wirthschaftsverhältnisse, die Art des Lebens, Reisens und andere einschlägige Gegenstände.

Maasse, Gewichte und Geldwerthe sind, soweit nicht in der Arbeit oder auf den Planen ein Anderes besonders angegeben ist, nach den nachfolgenden Verhältnisszahlen in deutsche Werthe umgerechnet worden:

£ 1 Sterling = 20,40 Mk.

Handelsgewichte:

1 english ton	= 2240 lbs	= 1016,048 kg
1 american ton	= 2000 » (short ton)	= 907,180 »
1 cwt (hundredweight)	= 112 »	= 50,802 »
1 lb (pound)		= 0,453 »
1 oz (ounze)	= 1/16 lb	= 0,028 »

Goldgewichte:

1 lb troy = 12 ozs = 240 dwts (pennyweights) = 5760 grs (grains) = 0,373 kg

1 oz troy = 20 dwts = 480 grs . . . . = 31,10 g

1 dwt = 24 grs . . . . = 1,555 g

32,15 ozs . . . . = 1 kg

Maasse:

1 mile = 1760 yards = 5280 feet		= 1609,315 m
1 chaine = 66 feet		= 20,12 m
1 yard = 3 feet		= 0,9144 m
3,28 feet		= 1 m
1 square foot		= 0,0929 qm
1 square yard = 9 square feet		= 0,8361 qm

1 sq. rood = 1210 sq. yards = 10890 sq. f. = 1011,7 qm
1 acre = 4840 sq. yards = 43560 sq. f. . . = 4046,7 qm
1 sq. mile . . . . = 2,56 qkm

Hohlmaasse:

1 gallon = 0,16046 cb feet . . . . . = 4,543 l
1 cube foot = 6,2355 gallons . . . . = 28,315 l

Dr. Vogelsang ist mir nicht nur auf der Reise selbst ein treuer Gefährte und kenntnissreicher Mitarbeiter gewesen, sondern er hat auch die Bearbeitung dieses Buches in werthvollster Weise durch seine Mitwirkung gefördert. Die mikroskopischen Gesteinsuntersuchungen sind von ihm im mineralogischen Institut der Universität Leipzig beim Herrn Geheimen Bergrath Professor Dr. Zirkel ausgeführt worden.

Es ist mir eine angenehme Pflicht, allen den Herren in Australasien und Europa, welche mir ihre werthvolle Hilfe geliehen haben, besonders Herrn Dr. Vogelsang für sein warmes Interesse an meinen Arbeiten und seine stete Hilfsbereitschaft, auch auf diesem Wege meinen verbindlichsten Dank auszusprechen.

Clausthal i. Harz, im April*) 1897.
(Deutschland.)

Karl Schmeisser.

---

*) Auch in der Zeit zwischen Fertigstellung der Handschrift und der Herausgabe des Buches wurde die Entwicklung des Goldbergbaues verfolgt und beachtenswerthen Erscheinungen durch Einbesserung des Textes, soweit dies während der Drucklegung noch möglich war, sonst durch Fussnoten Rechnung getragen.

Inhalts-Verzeichniss.

Vorwort.

I. Kapitel.
Geographie, Geschichte und wirthschaftliche Entwicklung Australasiens.

1. Geographie.

2. Wirthschaftliche Entwicklung Australasiens.

II. Kapitel.
Geognostische Beschreibung.

Die Goldvorkommen Australasiens.

III. Kapitel.

Statistische Nachweisungen am Schlusse des Textes.

Verzeichniss der Tafeln.

I. KAPITEL.

Geographie, Geschichte
und wirthschaftliche Entwicklung Australasiens.

Geographie.

Australien.

Lage und Grösse. Der australische Kontinent liegt zwischen 10° 43′ und 38° 61′ südlicher Breite und zwischen 112° 52′ und 153° 34′ östlicher Länge von Greenwich. Die grösste Breite von Ost nach West beträgt 4300 km, die grösste Länge von Nord nach Süd 3180 km. Der Kontinent ist allseits vom Meere umgeben und zwar in Nord, West und Süd vom Indischen, im Osten vom Stillen Ocean.

Bei einem Flächeninhalt von 7 627 832 qkm ist der australische Kontinent etwa drei Viertel so gross wie Europa. Im Grossen etwa die Form eines unregelmässigen Sechsecks wahrend, besitzt Australien nur in dem Golf von Carpentaria im Norden, in der Sharks Bay im Westen, und in der grossen australischen Bucht, im Spencer und dem St. Vincent Golf im Süden grössere Meeresbuchten; dagegen hat Australien in Port Darwin im Norden, im King George Sound im Südwesten, in Port Adelaide und Port Philipps im Südosten, sowie in Port Jackson, Port Steffens, Moreton Bay und anderen kleinen Buchten der Ostküste treffliche Hafen.

Die vertikale Gliederung Australiens ist sehr einförmig. Es ist als ein ausgedehntes, im Osten höheres, im Westen niederes Tafelland zu bezeichnen, dessen mehr oder minder steil abfallende Ränder meist durch einen breiteren oder schmäleren flachen Küstenstreif vom Meere getrennt sind, theils auch direkt an die See heranrücken. Das Tafelland ist ganz flach muldenförmig und hat seine tiefste Einsenkung etwas südöstlich der Mitte des Kontinents.

Bei der Gebirgsabtragung sind auf dem höheren, etwa 650 m im Mittel betragenden Südost- und Ostrande noch einige Bergketten belassen worden, welche im Mt. Clarke bei 2213 m und im Mt. Townsend in der Kosciusko-Gruppe bei 2241 m Meereshöhe ihre grössten Erhebungen erreichen; andererseits sind auch dort gerade so weite vielschluchtige, steilwandige Erosionsrinnen in das Tafelland eingegraben worden, dass es in den blauen Bergen westlich Sydney den Charakter einer grossartig herrlichen Gebirgslandschaft erhält. Wie riesenhafte Cyklopenmauern ragen die horizontal geschichteten Bergwandungen daselbst aus den Thälern. Von dem niederen, nur wenig über 600 m Meereshöhe betragenden Westrand aus erhebt sich das Tafelland zunächst noch allmählich und senkt sich dann wieder nach Osten unmerklich hinab. Die grosse flache Tafellandmulde ist aber keineswegs ganz eben; oft durchzogen von mehr oder minder niederen Höhenzügen verschiedenster Längenerstreckung, gewinnt sie an manchen Orten eine vielfach wellige Erscheinung. Nordwestlich der Mitte des Tafellands hebt sich sogar ein umfangreicheres Bergland nochmals zur Höhe von über 500 m empor. Zahlreiche Höhenketten durchsetzen den Küstensaum.

Die geringe horizontale und vertikale Gliederung Australiens hat den Charakter des Landes tiefgehend beeinflusst.

Flüsse. Der Mangel hoher, bis über die Schneegrenze emporragender Berge, die weite Ausdehnung des Landes, verbunden mit der flachen Einsenkung des Tafellandes nach dem Innern hin, machten das Festland sehr ungeeignet zur Flussbildung. Fast nur im Osten sind Flussläufe von grösserer Längenerstreckung; aber auch diesen ist grosse Wasserarmuth eigenthümlich. Rasch anschwellend zwar nach starken Regenfällen, erscheinen sie doch bald wieder nur aus einer Reihe von Wassertümpeln bestehend. Nur der Murray ist das ganze Jahr hindurch ziemlich weit stromauf für Fahrzeuge geringeren Tiefgangs schiffbar; eine Barre aber beschränkt den seewärts gehenden Verkehr, und auf seinen Nebenflüssen Darling und Murrumbidschi ruht jährlich die Schifffahrt während mehrerer Monate.

Die sehr seltenen, aber dann doch ergiebigen Niederschläge des Inlandes sammeln sich zwar meist in vegetationslosen mit rothbraunen Sande erfüllten, ganz flach muldenförmigen Einsenkungen, verschwinden aber nach wenigen Stunden im Sande, wo sie durch Aufnahme der bei tiefgehender Verwitterung der Bodenschichten entstandenen Mineralsalze salzig und für Menschen wie Thiere ungeniessbar werden. Eine Menge Salzkrystallchen, welche sich örtlich zu dünnen Krusten geringerer oder grösserer Erstreckung vereinen, decken mehrfach den rothbraunen Sand dieser sogenannten »Salzseen«. Nur einmal sahen wir in Westaustralien einen solchen See mit Wasser erfüllt. Da oft aber die Fata Morgana den Reisenden durch Vorspiegelung grosser Wasserflächen in den Seen täuscht, glaubte ich nicht eher, wirkliches Wasser zu sehen, bis ich, herzueilend, mich mit demselben benetzen konnte. So täuschend malt die Fata Morgana, dass man Inselbildungen im See, die gegenüberliegenden Ufer mit ihren Bäumen im

Wasser sich spiegeln, und in Folge der durch die Hitze bewirkten Aether-
schwingungen die Wasser des Sees in Wellen wogen sieht.

Nur wenige Geländeflächen des Inlandes wurden durch eigenartige Boden-
verhaltnisse befähigt, Süsswasser zu führen.

Klima. Australien liegt zu mehr als einem Drittel nördlich des südlichen
Wendekreises, innerhalb der Tropen.

Die Regenzeit fällt im Norden in das Sommerhalbjahr, im Süden und Südwesten in die Wintermonate, während im Sudosten zu allen Jahreszeiten, vorwiegend aber im Herbst, Regenfälle sich ereignen.

Die durchschnittliche Regenmenge beträgt:

in Brisbane . . .	1352	mm,
» Sydney . . .	1203	»
» Melbourne . .	697	»
» Adelaide . . .	536	»
» Perth	860	»

im Innern aber weit weniger, und zwar in Southern Cross 185 mm, während
in Coolgardie im Jahre 1893 238 mm festgestellt worden sein sollen.

1894 betrug der Regenfall:		die Anzahl der Regentage:
in Brisbane	1136 mm,	143
» Sydney	980 »	188
» Melbourne	522 »	138
» Adelaide	527 »	134
» Perth	601 »	103
» Bourke (N. S. W.)	603 »	58
» Southern Cross (W. A.)	189 »	61
» Mildura (V.)	153 »	41
» Alice Springs (S. A.)	359 »	45
» Strangways Springs (S. A.) .	251 »	28

Die atmosphärischen Niederschläge fallen im Innern sehr unregelmässig.
Zeitweiligen Regenfällen von derartiger Ergiebigkeit, dass sie Ueberschwemmungen
hervorrufen, folgen monate-, ja jahrelange Zeiten entsetzlicher Dürre.

Die mittlere Jahrestemperatur im Schatten betragt:

an der Nordküste	etwa 27° C.
in Brisbane	21° »
» Sydney	19,2° »
» Melbourne	16,3" »
» Adelaide	17° »
» Perth	17° »

Im Jahre 1894 betrug

	die höchste Temperatur im Schatten:	die niedrigste Temperatur im Schatten:
in Brisbane	37° C.	+ 2° C.
» Sydney	36° »	+ 5° »
» Melbourne	41° »	0° »
» Adelaide	41,5° »	2,5° »
» Perth	41,5° »	3,2° »

Die Temperatur steigt somit selbst in den südlicher gelegenen Städten Sydney, Melbourne, Adelaide und Perth im Sommer nicht selten über 40° C. im Schatten, während sie im Winter bis nahe zum Gefrierpunkt sinkt.

Schnee findet sich nur im Hochgebirge der Australalpen Victorias, wo er an der Sonne wenig zugänglichen Stellen sogar den Sommer überdauert. Während wir in den westaustralischen Goldfeldern zur Winterzeit Nachts und früh Morgens sehr kühle Stunden hatten, erlebten wir andererseits im November und Dezember einige Male Temperaturgrade bis zu 46° C. und am 2. Januar 1896 in Perth 44° C. Dazu wehten im Innern heisse Gluthwellen von Osten her. Das Eisenzeug des Reisewagens wurde zuweilen so heiss, dass wir es nicht anfassen konnten.

Die trockene Atmosphäre des Inlandes, welche die rasche Verdunstung des Schweisses bewirkte, liess übrigens die höhere Temperatur von 46° C. weniger unerträglich erscheinen, als die feuchte Atmosphäre der Küste die geringere Hitze von 44° C. Zur gleichen Zeit wurden in Melbourne, Sydney und Broken Hill Temperaturen von 48° C. festgestellt. Es ist indessen eine wohlthätige Einrichtung der Natur, dass im Landesinnern auf warme Tages- stets kühle Nachtstunden und auf mehrere heisse Tage stets mehrere kühle Tage zu folgen pflegen. Die Hitzeperiode, welche wir in Australien zu erleben hatten, soll übrigens die grösste gewesen sein, welche seit Menschengedenken dort beobachtet worden ist.

Gewitter sind nicht allzu häufig; im Innern treten an deren Stelle oft starke Stürme, welche, wie anderwärts die Gewitter, meist starke Abkühlungen der Atmosphäre zur Folge haben. Charakteristisch sind dem Lande die vielen Wirbelwinde, welche oft riesige, hoch in die Lüfte sich erhebende Sandhosen bilden.

Die klimatischen Verhältnisse des Südostens und Südwestens und einiger im Süden gelegenen Gebiete, namentlich der blauen Berge bei Sydney, der Umgebung von Ballarat, der Berge südöstlich Adelaide und der Umgegend von Albany am King George Sound, sind vortrefflich, so dass Wiedergenesende und Ueberarbeitete dort vielfach Erholung suchen.

Fruchtbarkeit, Pflanzen- und Thierwelt. Wenn auch nach den Beobachtungen des vor fast Jahresfrist verstorbenen berühmten Botanikers Baron Ferdinand von Muller zu Melbourne mehr als 12 250 verschiedene Pflanzenspecies in Australien sich vorfinden, so zeigt doch das dem Reisenden sich bietende Vegetationsbild im Allgemeinen eine grosse Einförmigkeit.

Zum überaus grössten Theile ist der Kontinent mit typisch australischem Buschwald bedeckt. Blickt man von einer der vielen flachen Granitkuppen, welche besonders in Westaustralien häufig sind, hinab auf den Buschwald, so erscheint er wie ein meilenweit in fast undurchdringlicher Dichte sich erstreckender Hochwald. Thatsächlich aber stehen höhere wie niedere Bäume und Buscharten meist einzeln oder in kleinen Gruppen zerstreut; die zwischenliegenden Bodenflächen sind mit Grasarten bedeckt. Der weisse und der rothe Gummibaum (White gum = Eucalyptus redunca, Red gum = Eucalyptus calophylla) sind besonders häufig; diesen treten der Tuart oder Gymlet tree (Eucalyptus gomphocephala) hinzu und im westaustralischen Küstengebiete der Jarrah-Baum (Eucalyptus marginata) und der Sandelbaum.

Einen eigenartigen Anblick gibt dem australischen Buschwald der Umstand, dass die Bäume anstatt der Blätter die Rinde wechseln, welche meist in langen bandartigen Fetzen von Stamm und Aesten herabhängt. Bäume und Sträucher des Buschwaldes sind immergrün. Der vereinzelte Stand der Bäume, ihre dürftige Belaubung und der Umstand, dass die Blätter der Sonne stets den schmalen Rand zuwenden, haben eine beinahe vollständige Schattenlosigkeit des Buschwaldes zur Folge.

Fast überall, wohin das Auge sich wendet, erblickt es zwischen den grünen Stammen des Waldes todtes, abgestorbenes Holz, als dürrer Baum noch aufrecht stehend, oder abgefault und umgefallen am Boden liegend und in allen Stadien der Vermoderung begriffen. Dies Alles, in Verbindung mit der vorherrschenden Dürre des Strauchwerks und der Grasarten, verschärft die Eintönigkeit und Einförmigkeit des australischen Buschwaldes. Oft befiel mich bei Reisen im Busch eine brennende Sehnsucht nach unseren herrlichen heimischen Eichen- und Buchenwaldungen. Nicht immer indess ist der Anblick so freudlos: im hereinbrechenden Frühling bedeckt sich der Boden des Buschwaldes oft weithin mit Blümchen der verschiedensten Farbenspiele; rothe, weisse, gelbe oder blaue Matten wechseln mit einander ab, so dass das Erdreich wie aus farbigem Teppich wunderschön gewirkt erscheint. Zarter, lieblicher Duft gesellt sich zum prächtigen Anblick! Aber der dörrenden Sonne hält der Zauber nicht stand; dürr und farblos ist nach wenigen Wochen wiederum die Landschaft. Grössere Länderstrecken des wasserarmen Innern führen nur Mulgasträucher und Salzbusch, zwischen denen der rothgelbe Sandboden nur plackenweise mit Spinifex bedeckt ist. Wo indessen im Küstenstreif oder in der Nähe der wenigen Flüsse reichlichere Wasser den Boden befeuchten, da erhält die Vegetation grössere Mannigfaltigkeit und Lebhaftigkeit; ausgedehnte grasreiche Matten, als Weideland verwendbar, stellen sich ein; an einzelnen besonders begünstigten Punkten gar, namentlich in den Australalpen und in den blauen Bergen, wo Bäche mehr als 300 m hoch vom Tafellandrande in die steilwandigen, tief eingeschnittenen Thäler hinabstürzen, da

entfaltet sich unter dem Hinzutritt üppig entwickelter Baumfarren eine wunder-
volle Pflanzenpracht. Vielen Geländestrichen Westaustraliens ist der seltsame Gras-
baum (Xanthorrhoea), vom Australier Blackboy genannt, besonders eigenthümlich.
Australien ist reich an Hölzern grosser Festigkeit. Vor Allem wird das
der weissen Ameise, sogar der Schiffsbohrmuschel Widerstand leistende Jarrah-
Holz geschätzt. Grosse Schiffsladungen hiervon gehen alljährlich ins Ausland, als
Grubenbauholz zum Witwatersrand in Südafrika, ja gar nach London als Strassen-
pflaster. Das duftende Sandelholz wird zu Kultuszwecken und als Schnitzholz
bezogen von Indien, China, Japan und Ceylon.

Da die Bodenarten des Landes keineswegs unfruchtbar, die Entwicklung
der Vegetation und die Anbauungsfähigkeit des Landes für Nutzpflanzen, ja die
Bewohnbarkeit grösserer Länderflächen für Menschen und Thiere oft ganz wesentlich abhängig sind vom Wasser, hat man in mehreren Landestheilen, besonders in
den Hochebenen von Neu-Süd-Wales und in Viktoria, durch Erbohrung artesischer
Brunnen vortreffliche Erfolge erzielt.

Die eingeborene Thierwelt ist im Allgemeinen sehr dürftig. Unter den
Saugethieren sind die Beutelthiere, das in den weiten Ebenen des inneren Hoch-
lands mehr oder minder zahlreiche Känguruh, das in Felsklüften hausende
Wallaby, das vorwiegend auf Bäumen lebende Opossum, und das Schnabelthier
dem Lande charakteristisch.

Befremdlich ist die Abwesenheit jedes grösseren Raubthiers. Dagegen
fallen dem Dingo, einer Art wilden Hundes, viele Schafe zum Raube.

Tauben, buntschillernde Paradiesvögel, Kakadus und Papageien, in gewissen
Gebieten der Leierschwanzvogel, der Waldfasan und der eigenartige Emu, der
Stieglitz, die Lerche beleben den Buschwald; zahlreiche Stelz- und Schwimm-
vögel, viele Taucher, der schwarze Schwan beleben die Flüsse.

Am häufigsten aber kommen dem Reisenden zu Gesicht Eidechsen aller Arten
und Grössen. Giftschlangen sind namentlich häufig in den östlichen Landestheilen.

Ameisen, darunter die zerstörungslüsternen weissen, sind weithin verbreitet.
Im Gegensatz aber zu Südafrika, wo sie zumeist hoch über den Erdboden sich
erhebende Haufen bauen, durchziehen sie in Australien vorwiegend den Erdboden
selbst mit ihren Gängen, oder sie bauen sich in Bäumen an, sie schliesslich vollständig vernichtend. Die Fliegenplage ist im australischen Busch oft wahrhaft
entsetzlich.

Aus Europa führte man Hirsche, Hasen und Kaninchen ein, von denen
letztere zur wahren Landplage geworden sind. Der Versuch, durch eingeführte
Raubthiere, Füchse und Marder, die übermässige Vermehrung der Kaninchen
hintanzuhalten, misslang, weil die Raubthiere vorzogen, die Eier der Vögel zu
vertilgen. Eingeführte Sperlinge wurden den Beerenfrüchten verderblich. So ist
man schliesslich zur Erkenntniss gelangt, dass es selten frommt, die Thiere anderer
Erdtheile nach Australien zu bringen, weil sie dem Lande oft zum Nachtheile
gereichen.

Eine ruhmliche Ausnahme macht das Kameel, welches, von Afghanen her-
übergebracht, im Busch und in der Wüste West- und Südaustraliens unschätz-
bare Dienste leistet.

Auch die Pferde sind eingeführt worden; viele derselben sind verwildert
und leben in Heerden zusammen.

Tasmanien.

Lage und Grösse. Die der Südostspitze Australiens, dem Cap Wilson,
vorgelagerte Insel Tasmanien liegt zwischen 40° 33' und 43° 39' südlicher Breite
und zwischen 144° 39' und 148° 23' östlicher Länge von Gr., entspricht also,
in der Breitenlage, mit Ländern der nördlichen Erdhalbkugel verglichen, etwa
dem südlichen Frankreich. Sie hat eine unregelmässige Herzform und besitzt
einen Flächenraum von 64 644 qkm. Zu ihr gehören politisch noch einige kleine
Inseln mit einem Gesammt-Flächenraum von 4 122 qkm.

Im Norden durch die Bass-Strasse von Australien getrennt, wird Tasmanien
in West, Süd und Ost von den Wogen des südlichen Grossen Oceans umspült.
In Ost und Süd mehr als in West und Nord horizontal gegliedert, besitzt die
Insel neben einigen kleineren Häfen nur im Süden, da wo der Derwent in die
Storm Bay ausmündet, im Westen in der Macquarie Bay und im Norden in
Port Dalrymple Häfen von grösserer Bedeutung.

Tasmanien ist durchaus gebirgig; es erhebt sich im Westen zu einem etwa
1000 m hohen Tafellande, ist aber im Uebrigen von zahlreichen Thalbildungen
durchschnitten. Die höchsten Bodenerhebungen bilden im westlichen Tafellande
der 1545 m hohe Craddle Mountain, in der östlichen Gebirgslandschaft der
1527 m hohe Ben Lomond. Besonders charakteristisch in seiner Gestaltung und
ein Wahrzeichen des Landes, gleich dem westlich Capstadt sich erhebenden
Tafelberge, ist der bis zu 1273 m Meereshöhe emporragende, mit einer Basalt-
kuppe von ausgezeichnet säuliger Ausbildung abschliessende Mount Wellington,
welcher den landschaftlichen Hintergrund der Hauptstadt Hobart an der Storm
Bay bildet.

Im gebirgigen Hochlande des Innern liegen grössere Seen. Theils aus
diesen, theils aus anderen Sammelgebieten im Gebirge eilen der Derwent und
der Huon dem Süden, der Gordon, Mackintosh und Arthur River dem Westen,
der Tamar und Ringarooma dem Norden zu.

Klima. Das Klima ist gemässigter, als es der geographischen Breitenlage der
Insel entspricht, weil die kalten Luft- und Meeresströmungen des südlichen Eis-
meers ungehinderten Zugang finden. Im Winter bedecken sich die Berge mit
Schnee; oft bewahren sie den Schmuck bis zum Sommer. Das Thermometer steigt
in der Regel nicht über 26° C. und sinkt nicht unter — 5° C. Im Jahre 1894

betrug in Hobart die höchste Temperatur im Schatten 31° C. und die niedrigste Temperatur + 5° C. Die atmosphärischen Niederschläge sind, namentlich an der Westküste weit reichlicher als auf dem australischen Kontinent. Bei Macquarie Harbour sollen 300 Regentage im Jahre nicht selten sein.

Fruchtbarkeit, Pflanzen- und Thierwelt. Die häufigen Niederschläge geben bei fast gleichen Arten der Flora mit derjenigen des Australkontinents doch Anlass zu einer so üppigen Entwicklung, dass der Wanderer oft der Axt bedarf, um durch undurchdringliche Dickichte den Weg sich zu bahnen. Hier findet man Riesen-Eucalypten, welche den Sequoias des Yosemite Valley in Californien nicht nachstehen. Einer derselben, der Big Ben zu Port Esperance, hat 1,5 m über der Erde 29 m Umfang und im Stamm eine Höhlung von 6 m Durchmesser und 7,5 m Höhe. Allerdings verjüngt sich der Stamm nach aufwärts schneller als bei der Sequoia gigantea, erreicht aber die Höhe von 70 m. Zahlreiche blühende Pflanzen, besonders viele Orchideenarten, erhöhen die Farbenpracht der Natur. Die Feld- und Obstfrüchte entsprechen denjenigen gemässigter Zonen.

Wie die Pflanzen-, so ist auch die Thierwelt Tasmaniens derjenigen Australiens verwandt.

Hochragende Berge, liebliche Thäler, üppige Wälder, grasreiche Flächen, ausgedehnte Seen, krystallklare Wasser thalwärts tragende Bäche, breite wasserreiche Flüsse, ein gesundes belebendes Klima geben der Insel Reize, welche alljährlich viele Australier hinüberlocken, Erholung oder Genesung zu suchen.

Neu-Seeland.

Lage und Grösse. Neu-Seeland liegt südöstlich Australiens zwischen 34° 25′ und 47° 17′ südlicher Breite und zwischen 166° 26′ und 178° 36′ östlicher Länge von Greenwich.

Es besteht bekanntlich aus zwei grösseren und einer kleineren Insel, welche, von Nordosten nach Südwesten sich aneinanderreihend, als Nordinsel, Südinsel und Stewartinsel*) bezeichnet werden.

Der Gesammt-Flächenraum einschliesslich anderer kleinerer Inseln beträgt 272 989 qkm.

Von allen Seiten vom Grossen oder Stillen Ocean umgeben, werden Nord- und Südinsel durch die Cook-Strasse, Südinsel und Stewartinsel durch die Foveaux-Strasse getrennt.

---

*) Zuweilen werden diese Inseln als Nord-, Mittel- und Südinsel bezeichnet. Wegen der sehr untergeordneten Grösse der Stewartinsel habe ich mich aber dem Gebrauche angeschlossen, nur die beiden grossen Inseln als Nord- und Südinsel zu bezeichnen.

Salzsee bei Coolgardie. (West-Australien.)

Zahlreiche Buchten mit guten Hafen schneiden vielerorts ein in die Inseln. An der Ostseite der Nordinsel liegen der Hauraki Golf mit dem Hafen von Auckland und dem Forth of Thames, die Bay of Plenty, Poverty Bay mit dem Hafen von Greymouth, Hawke Bay mit dem Hafen von Napier, im Westen der Manukau Hafen von Auckland, nur 11 km Weges vom anderen Hafen von Auckland entfernt, im Süden Palliser Bay und Port Nicholson. Auf der Süd-insel sind zu nennen die Golden oder Massacre Bay, die Tasman Bay mit dem Hafen von Nelson, und Queen Charlotte Sound mit Picton im Norden, Pegasus Bay im Osten, der Bluff-Hafen im Süden, Chalky Inlet, Dusky Sound, Doubtful Sound, Milford Sound und andere im Westen.

Gestalt und Breitenlage hat Neu-Seeland nahezu gemein mit der Halbinsel Italien.

Wie diese europäische Halbinsel von den Apenninen als Rückgrat von Nordwesten nach Südosten durchzogen wird, so erstreckt sich eine mächtige Gebirgskette, welche nur durch die Cook-Strasse unterbrochen wird, durch Süd- und Nordinsel Neu-Seelands in der Richtung von Südwesten nach Nordosten. Sie gewinnt ihre grossartigste Entwicklung im mittleren Theile der Südinsel, wo sie in den auf 300 km Länge sich erstreckenden südlichen Alpen zu einem Höhengebirge von 2700—2800 m Kammhöhe sich entwickeln, über welches die Bergriesen Mount Cook zu 4024 m,[*]) Mount Tasman zu 3755 m und Mount Tyndall zu 3350 m Meereshöhe sich erheben. Ewiger Schnee deckt die Gipfel, gewaltige Gletscher fliessen tief hinab in vielschluchtige Thäler, prächtige Seen dehnen sich im Gebirge, Giessbäche sturzen von den Höhen zu Thal, rauschende Wildwasser durcheilen tiefeingeschnittene Schluchten.

Nach Süden hin gehen die Alpen in das Hochland von Otago über. Da, wo im Westen das Gebirge steil zum Meer hin abfällt, sind tief landeinwarts sich ziehende Fjords zwischen steilen, bis zu 2000 m Meereshöhe ansteigenden, vielfach bewaldeten, von Rinnsalen durchfurchten Felsufern; blendende Gletscher erscheinen im Hintergrunde im Gebirge. Die Wunder des Nordlands wieder-holen sich im Südlande! Nach Osten hin senken sich die Alpen allmählich zu ausgedehnten Ebenen hinab.

Im nördlichen Theile der Südinsel erheben sich die Spencer Berge im Mount Franklin zu 3050 m Meereshöhe.

In der Nordinsel zieht sich die Gebirgskette Neu-Seelands vom Cap Palliser und der Hauptstadt Wellington an der Ostkuste entlang bis zum Ost-Cap. Der höchste Gipfel derselben erreicht indessen nicht ganz 2000 m.

An die Gebirgskette lehnt sich nach Westen hin ein nach West und Nord sich hinabsenkendes Tafelland, welches einer der wunderbarsten vulkanischen Werkstatten der Natur Raum bot. Sie ist noch heute in Vulkanen, Fumarolen,

---

*) Nach Leudenfeld, Australische Reise, 3768 m.

Solfataren, Geisern und heissen Quellen thätig. Doch hiervon mehr im geologischen Theile des Buches.

Die weitere nordwestliche Erstreckung der Nordinsel, namentlich der Isthmus von Auckland und die nördlich desselben sich hinziehende Landzunge, ist gleichfalls von hervorragendem landschaftlichen und geologischen Interesse. Steht man auf der Höhe des Mount Eden, welcher die nördlich gelegene Stadt Auckland beherrscht, so sieht man in West und Ost breite Meeresbuchten, zwischen zahlreiche Inseln und Halbinseln sich drängend; fern im Ost, den Hauraki Golf begrenzend, erhebt sich der Höhenrücken der Halbinsel von Coromandel. Unmittelbar neben unserem Standpunkt aber öffnet sich der graswachsene Trichter eines mächtigen erloschenen Kraters. In Süd, West und Nord, ganz nahe gelegen, wie auch in der Ferne verschwindend, sind eine Menge erloschener Vulkane mit theils trefflich, theils weniger erhaltenen Kratern deutlich erkennbar. Im Hauraki Golf selbst, den Eingang zum Hafen von Auckland beschirmend, liegt der 274 m hohe erloschene Vulkankegel Rangitoto.

Flüsse. Die bedeutendsten Flüsse der Nordinsel entstammen dem Seengebiet. Es sendet den Waikato und den Thames-Fluss nach Norden und den vielerorts malerisch schönen Wanganui-Fluss nach Süden. Die grossen Seen der südlichen Alpen werden vom Waitaki und die Seen des Otago-Hochlands vom Clutha-Fluss entwässert. An der Westküste münden der Grey- und der Buller-Fluss.

Ausser diesen aber kreuzt der Reisende auf der Südinsel noch eine grosse Zahl tief eingeschnittener, breiter, gewaltige Schottermassen führender Flussbetten, welche, in der trockenen Jahreszeit nur von kleinen Bächen durchzogen, in der Regenzeit und zur Zeit der Schneeschmelze gewaltige, reissende Fluthen thalwärts senden.

Klima. Der nördliche Theil der Nordinsel hat subtropisches, der südliche Theil derselben und die Südinsel haben gemässigtes Klima.

Die mittlere Jahrestemperatur beträgt in Auckland 16,6° C., in Nelson 12,8° C. und in Dunedin 10,4° C. Die Temperatur steigt auf der Nordinsel bis zu 32° C., auf der Südinsel bis zu 28° C., sie fällt auf der Nordinsel auf —1° C. und auf der Südinsel auf —7° C.

Entsprechend Lage und Temperaturverhältnissen steht die Nordinsel unter dem Einfluss der subtropischen Winterregen; es fällt dort im Winter die doppelte Regenmenge wie im Sommer. In der Südinsel bewirkt das Gebirge eine scharfe Trennung der klimatischen Verhältnisse von West, Ost und Süd. Im Westen herrschen Frühlings-, im Osten Sommerregen vor. In den Herbst fällt dort die trockene Jahreszeit, während im Süden Winter und Frühling weniger Regenfälle haben. Auf der Westseite des Gebirges ist der Gesammtregenfall fünfmal so gross als im Ostland.

Der Durchschnitts-Regenfall betragt:

auf der Nordinsel			auf der Südinsel		
in Auckland .	. 1149 mm		in Hokitika ,	.	2819,4 mm
» Taranaki .	. 1471 »		» Christchurch .	.	653 »
» Napier . .	. 944 »		» Dunedin .	. .	814 »
» Wellington .	. 1285 »		» Southland . .	.	1107 »

Längere Perioden der Trockenheit ereignen sich überhaupt nicht. Seit 15 Jahren hatte man nur zweimal einen regenlosen Monat.

Fruchtbarkeit, Pflanzen- und Thierwelt. Die sehr günstigen klimatischen und meteorologischen Verhältnisse beeinflussen in hohem Grade die Fruchtbarkeit des Landes. Aus australischen, tropisch-indischen und südamerikanischen Pflanzen-arten entwickelte sich an manchen Orten eine Flora, wie sie dichter und üppiger nicht gedacht werden kann.

Oft geht unser über vielfach verschlungene Wurzelstrünke und üppige Moose hinwegführender Weg hindurch zwischen fast undurchdringlich erscheinendem grünen Waldesdickicht. Zwischen mächtige Baumriesen drängen sich Baum-farren und dichtestes Strauchwerk; die Rata schliesst ihre Arme mörderisch um den Stamm des älteren Genossen, im weiteren Wachsthum ihn erstickend; Bäume und Sträucher sind umzogen von einem Netzwerk von Lianen; Farren, Moose, Flechten und Gräser decken üppig das wurzelreiche Erdreich, die vom Alter gestürzten, am Boden modernden Stämme und die aufrecht stehenden Bäume bis hoch hinauf in die Gipfel, welche zum herrlichen Dom über unseren Häuptern sich wölben. In schöner Farbenwirkung heben sich die saftgrünen Farrenwedel ab vom dunkleren Baumschlag.

Die wunderbare Ueppigkeit der Vegetation zeigt sich besonders in der Nordinsel und am westlichen, regenreichen Hange der Gebirgskette der Südinsel.

Die Nordinsel ist die Heimath der Nikau-Palme; dort auch, und zwar im nördlichen Theile, wächst der hochragende Kauri, dessen treffliches Bauholz nach Afrika und Europa verschifft wird, und dessen fossiles Harz zur Firnissbereitung hoch geschätzt ist.

Auf Nord- und Südinsel sind weite Grassteppen für Vieh-, insbesondere Schafzucht, und fruchtbare Gelände für alle Nutzpflanzen und Obstsorten der gemässigten Zonen.

Arm ist die Thierwelt. Von Säugethieren sollen zu Cooks Zeit nur eine Art einer kleinen braunen Ratte und zwei Arten Fledermäuse vorhanden gewesen sein. Eingeführt wurde der Hirsch und, auch hier zum grossen Leidwesen des Farmers, das Kaninchen, welches wie in Australien und Tasmanien dem Lande zur grossen Plage geworden ist. Natürlich sind alle europäischen Hausthiere jetzt vertreten. Rinder und Schweine verwilderten und wurden jagbares Wild. Schlangen sind unbekannt, Reptilien selten; Vögel sind häufiger; Neu-Seeland war die Heimath des Riesen unter den Vögeln, des Moa. Auch jetzt noch lebt dort eine dem Moa verwandte, aber kleine, eigenartige Vogelart, der schwingenlose Kiwi. Papageienarten sind nicht selten. Trotzdem aber befremdet den Reisenden bei aller Schönheit der äusseren Erscheinung doch die tiefe Stille des neuseeländischen Urwalds.

Wirthschaftliche Entwicklung Australasiens.

Geschichte der Kolonien. Schon vor Beginn unserer Zeitrechnung soll den Chinesen Australiens Bestehen bekannt gewesen sein; auch soll Alexander der Grosse auf seinem indischen Feldzuge davon Mittheilung erhalten haben. — Martin Behaim hat auf seinem 1492 gefertigten Globus schon an Australiens Stelle ein grosses Land mit unbestimmter Umgrenzung unter dem Namen Java major verzeichnet.

Bestimmtere Nachrichten über das Festland und die zugehörigen Inseln auf dem Europa nahezu entgegengesetzten Theile des Erdballs gelangten aber erst im sechszehnten und siebzehnten Jahrhundert nach Europa.

Der portugiesische Seefahrer Menezes hat 1527 die Westküste, das niederländische Schiff »Duyfhen« 1605 die Nordküste des australischen Kontinents befahren; Dirk Hartog besuchte 1616 mit der »Endragt« die Westküste und landete in der Sharks Bay. Jan van Edel lief im Juli 1619 die Westküste und das holländische Schiff »Leeuwin« 1622 den King George Sound an. Jan Carstens entdeckte 1623 Arnhem Land an der Nordküste, das holländische Schiff »Gulde Zeepaard« befuhr im Januar 1627 die Südküste Australiens. Die Holländer gaben dem Kontinent den Namen Neu-Holland. Alle diese Reisen nach Australien waren indess mehr oder weniger zufällige; die Schiffe gelangten zumeist dahin auf der Ausreise von Europa nach Indien oder auf der Heimreise, durch Stürme verschlagen. Im Jahre 1642 dagegen sandte van Diemen, der General-Statthalter Ostindiens, den Kapitän Abel Jansen Tasman aus, um Australiens Lage eingehender zu erforschen. Dieser landete am 24. November 1642 an der Küste eines Landes, welches er nach seinem Auftraggeber Van Diemensland nannte. Es war die von ihm irrthümlich für die Fortsetzung des Kontinents gehaltene südliche Insel. Der Name wurde vor wenigen Jahrzehnten offiziell nach dem Entdecker selbst in den Namen Tasmanien umgewandelt.

Von Van Diemensland aus ging Tasman nach Osten in See und wurde am 13. Dezember 1642 der Westküste der Südinsel Neu-Seelands ansichtig, welche er »Staatenland« nannte. Die holländischen Geographen änderten diesen Namen indess in »Nova Zeelandia«.

Auf einer zweiten Reise im Jahre 1644 untersuchte Tasman die Nordwestküste des Australkontinents.

Von den Holländern wurden indess alle von ihren Landsleuten gemachten Beobachtungen sorgsam geheimgehalten. Erst als im Jahre 1688 der erste Engländer, William Dampier, Australien, allerdings auch nur an der Nordwestküste, besucht hatte, wurden genauere Mittheilungen veröffentlicht.

90 Jahre ruhte alsdann aber wieder die Entdeckerarbeit im neuesten Welttheile, bis der kühne Seefahrer Cook am 6. Oktober 1769 in Neu-Seeland landete, am Queen Charlotte Sound behufs Besitzergreifung des Landes die englische Flagge hisste, dann nach Weiterfahrt gegen Westen die bis dahin noch unbekannte Ostküste des Austral-Kontinents erreichte und an ihr bis zum Cap York hin entlang fuhr. Auf dieser Fahrt ankerte Cook am 28. April 1770 in Botany Bay, verweilte daselbst 6 Tage und hisste die englische Flagge. Er nannte das Land »Neu-Süd-Wales«.

Auf der dritten Reise nach Australien besuchte Cook im Jahre 1777 Tasmanien. Es war dieselbe Reise, auf welcher er später den Tod fand.

Die Mittheilungen, welche Cook über Australien in England gemacht hatte, regten die Regierung seines Heimathlandes an, durch Besiedlung des Landes einen theilweisen Ersatz für die verlorengegangenen nordamerikanischen Kolonien zu gewinnen. Man schritt dazu, wie seither nach Nordamerika, nunmehr nach Neu-Süd-Wales die dem Mutterlande lästigen Verbrecher zu entsenden. Die erste dieser Verbrecher-Ansiedlungen wurde 1788 am Port Jackson angelegt und erhielt den Namen Sydney. Bald wanderten aber auch zahlreiche freie Ansiedler nach Australien aus, um unter Benutzung der von der Regierung gebotenen Unterstützungen sich eine neue Heimath zu suchen.

Man betrieb zunächst Walfisch- und Robbenjagd. 1789 wurde das erste Schiff in Sydney erbaut. 1798 führte man werthvolle spanische Merinoschafe ein und legte damit den Grund zur späteren grossartigen Wollzucht.

Die Kolonie wuchs.

1803 nahm Bowen für England Besitz von Tasmanien; Sträflinge wurden am Derwent in der Nähe des heutigen Hobart und zu Launceston angesiedelt.

1813 gelang es, die blauen Berge zu überschreiten und in die westlich derselben sich erstreckenden Ebenen des Tafellands vorzudringen.

1824 wurde in Sydney durch Einrichtung einer gesetzgebenden Versammlung die jetzt bestehende Selbstverwaltung eingeleitet. Im selben Jahre wurde Tasmanien selbständige Kolonie und erhielt eigene Verwaltung.

1825 gründete man Brisbane, die jetzige Hauptstadt von Queensland.

Im April des Jahres 1829 landete der Kapitän Fremantle im Schwanenflusse Westaustraliens, hisste die englische Flagge und erklärte Namens des Königs von England die Besitzergreifung von allen Theilen Neu-Hollands, welche nicht in das Gebiet von Neu-Süd-Wales eingeschlossen seien. Am 6. Juni desselben Jahres landete der Transportdampfer Parmelia die ersten Ansiedler der neuen Niederlassung, 69 an Zahl. Die Einfuhr von Verbrechern war in Westaustralien anfänglich ausgeschlossen. Da die Bevölkerung aber so wenig zunahm, dass sie 1848 erst 4622 Personen betrug, beantragte man bei der englischen Regierung im Jahre 1850 die Einführung von Verbrechern.

Anfang der Dreissiger Jahre setzten tasmanische Ansiedler über die Bass-Strasse nach Port Philipp über, und am 6. Juni 1835 erwarb John Bateman aus Launceston von den Eingeborenen ein Stück Landes am nördlichsten Ende von Port Philipp und legte damit den Grund zur Stadt Melbourne.

Am 28. Dezember 1836 wurde die Kolonie Sudaustralien mit der Haupt-stadt Adelaide am St. Vincent Golf gegründet. Man schloss hier ebenso wie in Westaustralien die Einführung von Verbrechern aus, wich aber auch späterhin nicht von diesem Grundsatze ab.

1839 wurde Neu-Seeland selbständige Kolonie.

Die mangelhafte Vertretung, welche der nördliche und südliche Distrikt von Neu-Süd-Wales in der Volksvertretung fanden, führte nach mehrjähriger that-kräftiger Bewegung 1850 zur Begründung des Suddistrikts als selbständige Kolonie Victoria mit der Hauptstadt Melbourne und 1859 zur Anerkennung des Nord-distrikts als selbständige Kolonie Queensland mit der Hauptstadt Brisbane.

1853 schon hatte England, dem zunehmenden Widerstande der Ostkolonien nachgebend, die weitere Ueberführung der Verbrecher nach denselben einstellen müssen. Die gleiche Maassregel wurde 1868 auch auf Westaustralien ausgedehnt.

Am 22. Oktober 1890 erhielt Westaustralien Selbstverwaltung.

Kühne Männer drangen unter grossen Mühen und Entbehrungen weit in das Innere Australiens, oder durchquerten den Kontinent und erweiterten die Kenntniss des Landes. Die namhaftesten der Reisenden sind: Sturt, Graf Strzelecki, Leich-hardt, Kennedy, Gregory, Burke, Landsborough, Walker, Stuart, Warburton, Giles, die Brüder John und Alexander Forrest, Hodgekinson, Barclay, Winnecke und Lindsay. Leichhardt, Kennedy und Burke büssten ihren Wissensdrang mit dem Tode, wahrscheinlich dem schrecklichsten, den man kennt, mit dem Tode des Verschmachtens. Trotz sorgfältigster Nachforschungen vermochte man nicht festzustellen, wo Leichhardt sein Ende gefunden.

Neu-Seeland wurde erforscht von von Hochstetter, von Haast und Sir James Hector.

Die Besiedlung der nach den eigenartigen klimatischen Verhältnissen kulturfähigen Geländeflächen der Kolonien nahm ihren Fortgang; nutzbare Mine-ralien wurden entdeckt, weitverzweigte Eisenbahnen gebaut, Universitaten errichtet, zahlreiche Fabrikationen eingeführt und die Handelsbeziehungen mit den über-seeischen Ländern ausgebildet und erweitert. Alles dies gab den australischen Kolonien, Tasmanien und Neu-Seeland eine Entwicklung, welche die bei Be-gründung dieser Kolonien von der Regierung des englischen Mutterlandes verfolgte

Absicht, einen Ersatz für die verlorengegangenen nordamerikanischen Kolonien zu suchen, wenn auch nicht in vollem Umfange, so doch in beträchtlichem Maasse verwirklichte.

In hohem Grade trug hierzu die Auffindung umfangreicher Golderz-Lagerstätten und die darauf begründete Entwicklung eines bedeutenden Bergbaubetriebes bei, welche Gegenstand späterer besonderer Besprechung werden sollen. Ehe hierzu übergegangen wird, ist es indessen nötlig, das Bild der wirthschaftlichen Gestaltung der Kolonien noch mit wenigen Strichen abzurunden.

Umfang der Kolonien. Ich nehme davon Abstand, die Grenzen der einzelnen Kolonien näher zu bezeichnen, sondern verweise diesbezüglich auf die anliegende Karte (Tafel 1).

Der Flächeninhalt der Kolonien wird verschieden angegeben. Nach den Berichten der Kolonialregierungen hat

Queensland	1 730 721 qkm
Neu-Süd-Wales	799 139 »
Victoria	229 078 »
Süd-Australien	2 341 611 »
West- » . . .	2 527 283 »
Tasmanien	68 766 »
Neu-Seeland	272 989 »
Australasien Sa.	7 969 587 qkm.

Der Gesammt-Flächenraum der sieben Kolonien ist mithin etwa ein Zwölftel kleiner als das ganze europäische Festland.

Bevölkerung. Die Bevölkerungsziffern betrugen nach der Schätzung vom 31. Dezember 1894 mit Ausschluss der Eingeborenen des australischen Kontinents und Neu-Seelands:

	Männer	Frauen	Zusammen	auf 1 qkm
in Queensland . . .	250 834	194 321	445 155	0,25
» Neu-Süd-Wales . .	672 950	578 500	1 251 450	1,65
» Victoria	607 259	571 844	1 179 103	5,14
» Süd-Australien . .	179 442	168 278	347 720	0,14
» West-Australien . .	55 072	27 000	82 072	0,03
» Tasmanien . .	83 266	74 190	157 456	2,28
» Neu-Seeland . . .	363 763	322 365	686 128	2,51

In diese Zahlen sind insgesammt etwa 36 000 Chinesen einbegriffen, von denen 10 500 allein in Queensland, 12 000 in Victoria, 8000 in Neu-Süd-Wales, mehr als 4000 in Neu-Seeland und etwa 1400 in Westaustralien leben.

Die gesammten Ureinwohner des australischen Kontinents sollen sich auf 30 000 — 40 000 belaufen; genau lässt sich die Zahl nicht ermitteln. Hiervon

leben über 10 500 allein in Queensland. Die Maoris in Neu-Seeland wurden
1894 auf 41 993 geschätzt.

Charakteristisch ist bei der Gesammtbevölkerung das beträchtliche Ueber-
wiegen der Zahl der Männer über die Zahl der Frauen; dies ist namentlich bei
den Chinesen so beträchtlich, dass 1894 in Neu-Seeland auf 4145 Chinesen nur
17 Weiber und 1893 in Westaustralien auf 1369 Chinesen nur 7 Weiber entfielen.

Die weisse Bevölkerung ist, vorwiegend durch Einwanderung, fortgesetzt in
Zunahme begriffen; dies ergiebt sich nach der Feststellung im Jahre 1894 aus
nachstehender Zusammenstellung:

	Ankommende	Abreisende	Mehr Ankommende	Mehr Abreisende
Queensland	25 247	21 070	4 177	—
Neu-Süd-Wales	118 397	114 051	4 346	—
Victoria (nur zur See)	84 261	90 110	—	5 849
Südaustralien	62 399	62 285	114	—
Westaustralien	25 858	9 892	15 966	-
Tasmanien	17 009	16 891	118	—
Neu-Seeland	25 237	22 984	2 253	—

Angehörige fast aller Nationen des Erdballs haben Zuflucht im jüngsten
Welttheil gefunden; indess sind die weissen Kolonisten in weit überwiegender
Zahl britischer Nationalität und zwar, nach den in Australien selbst Geborenen,
hauptsächlich Engländer, dann Irländer und Schotten. Deutsche sind nächst
diesen in nicht unbeträchtlicher Zahl vertreten. Von den in Deutschland Geborenen wurden 1881 gezählt: in Queensland 11 638, in Neu-Süd-Wales 7521,
in Victoria 8571, in Südaustralien 8801, in Westaustralien 71, in Tasmanien 728
und in Neu-Seeland 4819, zusammen also 42 203. Dagegen sollen sich alle
deutsch sprechenden Deutschen oder Abkömmlinge von Deutschen gegenwärtig
auf rund 100 000 belaufen.

Der letzte Eingeborene Tasmaniens, eine Frau, starb schon 1876 im Alter
von 73 Jahren. Aber auch die Eingeborenen-Bevölkerung sowohl Australiens wie
Neu-Seelands ist fortgesetzt in Abnahme begriffen, und zwar die Bevölkerung
Australiens schneller wie diejenige Neu-Seelands. Es liegt dieser Umstand zunächst darin begründet, dass die Australier in den südlichen und westlichen
Kolonien, weniger in Queensland, an sich schon eine elende und entnervte Volks-
race den kraftvollen wohlentwickelten Maoris gegenüber darstellen, dass die
Australier durch die eingebrochene europäische Menschenwoge von den frucht-
bareren Länderstrecken weg- und in das unfruchtbare, in Süd und West auch
wildarme Innere des Kontinents geschwemmt worden sind, und dass sie von
Alters her eine eigenartige Verstümmlung üben, welche eine nicht im Verhältniss zum dürftigen Boden stehende Bevölkerungsvermehrung zu verhüten bestimmt war.

Cue. West-Australien.

Prospector. West-Australien.

Gesundheitsverhältnisse. Die allgemeinen klimatischen Verhältnisse sind dem Gesundheitsstande der sieben Kolonien günstig, in Tasmanien und Neu-Seeland wegen der beträchtlich kühleren Lage sogar ganz hervorragend förderlich. Klimatische Fieber, Malaria und verwandte Krankheiten, finden sich nur in einzelnen Strichen Queenslands.

Zwar treten zur Sommerzeit typhöse Fieber an vielen Orten, selbst in Sydney, Melbourne, Adelaide, Perth und Brisbane öfters, in den Städten der Goldfelder, wie in Coolgardie, Menzies u. s. w., leider sogar recht zahlreich, in den kleineren Bergarbeiter-Niederlassungen seltener auf, weil die Ausgestaltung der sanitären Maassnahmen nicht mit der schnellen Entwicklung der Städte Schritt halten konnte, auch in der Wasserarmuth mancher Länderstriche nicht unbedeutenden Schwierigkeiten begegnete. Es ist indessen zu erwarten, dass nach thatkräftiger weiterer Durchführung der gebotenen sanitären Vorkehrungen in Unschädlichmachung der Abfallstoffe, namentlich auch nach ausreichender Lösung der Wasserfrage, eine wesentliche Besserung der Gesundheitsverhältnisse eintreten wird. Jedenfalls lässt sich nicht behaupten, dass der Gesundheitsstand in den neuen Goldfeldern, wie in der jüngsten Goldstadt Coolgardie, ungünstiger sei, als er auf anderen Goldfeldern mit so überraschend schneller Entwicklung im Anfange war.

Städte und Niederlassungen. Die Städte Australiens mit mehr als 20 000 Einwohnern gruppiren sich wie folgt:

Nach Schätzung	1895	Melbourne City	67 189,	mit Umgebung bis auf 12 Meilen Entfernung		460 000
»	»	1894 Sydney	»	103 870,	»	»	422 315
»	»	1893 Adelaide	»	45 000,	»	»	141 666
»	»	1894 Dunedin	»	23 807,	»	»	45 869
		Ballarat				41 087
		Bendigo				38 420
Nach Zählung	1891	Brisbane		mit Umgebung bis auf 5 Meilen Entfernung		93 657
»	»	1891 Auckland City	28 613,	»	»	51 287
»	»	1894 Wellington	»	31 021,	»	»	38 503
»	»	1891 Christchurch	»	16 223,	»	»	47 846
»	Schätzung	1894 Hobart	»	26 725,	»	»	34 368
»	»	1894 Launceston	»	18 469,	»	»	22 888
		Geelong				21 157
»	»	1894 Perth				14 063

Ausser diesen sind noch viele Städte mit geringerer Bevölkerungszahl, namentlich mit 1000—5000 Einwohnern, zahlreiche Dörfer und Dörfchen oder Bergarbeiter-Niederlassungen vorhanden.

Während die Gebäude der grösseren Städte vorwiegend als Steinbauten, von grossartigen Palastbauten absteigend, errichtet sind, hat man an vielen anderen Orten, theils mit Rücksicht auf den vorhandenen billigeren Baustoff oder, wie in Wellington, wegen häufiger Erdbeben Holzhäuser bevorzugt, theils auch,

besonders bei Gebäuden zur Befriedigung mehr vorübergehenden Wohnbedürfnisses, wie in den erst seit ein paar Jahren bestehenden rasch aufgeblühten Gold-
städten Coolgardie, Kalgoorlie, Menzies, Cue, Bulong und anderen, Wellblech-
bauten, Canevashäuser oder Leinwandzelte gewählt. Wellblech wird zur Be-
dachung auch bei Holz- und Steinhäusern sehr häufig zur Anwendung gebracht.

Die nomadisirenden Eingeborenen Australiens leben nur unter dürftigen,
von Baumzweigen zusammengestellten, schattengebenden Schutzdächern oder in
sehr bescheidenen Buschhütten, die sesshaften Maoris Neu-Seelands zumeist in
Holzfachwerkbauten oder in mehr oder weniger umfangreichen, regelmässig gebauten Hütten aus Zweigflechtwerk oder Riedgras.

Verwaltung, Rechtspflege, Landesvertheidigung und Landesfinanzen.

Verwaltung. Die Organisation der Verwaltung und Rechtspflege ist derjenigen des englischen Mutterlandes nachgebildet worden.

Die Verwaltung beruht auf dem Grundsatze einer nahezu vollkommenen
Selbstregierung jeder Kolonie. Die dazu erforderliche Volksvertretung besteht
aus Oberhaus und Unterhaus, von denen letzteres überall von den englischen
Bürgern der Kolonie gewählt wird, während in einigen Kolonien Mitglieder des
Oberhauses von der Krone ernannt werden, die gewählten Oberhausmitglieder,
sowie ihre Wähler aber ein gewisses Mindesteinkommen besitzen müssen. Die
Beschlüsse der Volksvertretung werden ausgeführt durch das von dem
Führer der Mehrheit berufene Ministerium. Vertreter der Königin ist der
von ihr für eine bestimmte Zeit bestellte Gouverneur, dessen Gehalt die Kolonie
zu zahlen hat.

Die durch Mehrheitsbeschluss beider Häuser zu Stande gekommenen
Gesetze bedürfen zu ihrer Giltigkeit zwar der Zustimmung des Gouverneurs, in
bestimmten Fallen sogar der Königin von England; es haben indessen schon
Parlamentsbeschlüsse auch ohne diese Zustimmung Gesetzeskraft erlangt, so dass
von einer fast vollkommenen Selbstverwaltung der Kolonien gesprochen werden
kann, deren Politik in den Händen der jeweiligen Premierminister ruht. In
Neu-Seeland, Tasmanien und Südaustralien hat die Arbeiterpartei die Mehrheit
in der Volksvertretung; auch in Neu-Süd-Wales hat sie ausschlaggebende
Stimmenzahl. Die Regierungen von Neu-Seeland und Südaustralien haben
daher um ihrer Wählerschaft eine möglichst breite Grundlage zu geben,
das Frauenstimmrecht eingeführt, in der Erwägung, dass die Arbeiterklassen
eine weit grössere Zahl von Wählerinnen zu stellen vermögen als die besitzen-
deren Klassen. In Neu-Seeland sind für die farbigen Landeseingeborenen vier
besondere Wahlbezirke eingerichtet worden, so dass diese stets vier Maoris zum
Parlamente entsenden.

Uebrigens dürfte an dieser Stelle zu erwähnen sein, dass in der Nordinsel
Neu-Seelands noch ein den Maoris reservirtes Gebiet liegt, in welches einzu-
dringen für den Weissen nicht ohne Gefahr ist.

Rechtspflege. Die Rechtspflege wird von Einzelrichtern, Bezirksgerichten und einem obersten Gerichtshof in jeder Kolonie wahrgenommen.

Die Rechtsprechung erfolgt auf Grundlage des englischen Gemeinrechts, welches unter Berücksichtigung eigenartiger örtlicher Verhältnisse in die Kolonien übernommen wurde. Sie wird sorgfältig gehandhabt, so dass ein befriedigender Rechtsschutz vorhanden ist.

Auch die Polizeiaufsicht und dementsprechend die öffentliche Sicherheit sind fast überall ausreichend. Wo in entlegenen, schnell aufgeblühten Gold-feldern für Rechtspflege oder Polizeiaufsicht durch Organe der Kolonialregierung noch nicht gesorgt werden konnte, da hilft sich die Bevölkerung oft selbst. Männer, welche das besondere Vertrauen ihrer Genossen besitzen, versammeln sich im Falle einer erhobenen Klage, halten Gericht und verurtheilen den An-geklagten, wenn seine Schuld erwiesen wird, zur Verbannung aus dem Distrikt. Selten wagt der Verurtheilte dem Rechtspruch zu trotzen.

Landesvertheidigung. Grössere stehende Heerkörper sind nicht vor-handen. Dagegen sind in allen Kolonien Freiwilligen-Corps und Milizen gebildet worden, welche letzteren an kleinere stehende Stämme sich angliedern. Diese Stämme werden von englischen, in den Dienst der Kolonien getretenen Offizieren befehligt. Die Höchstkommandirenden sind die jeweiligen Gouverneure, welchen von England entsandte höhere Offiziere zugetheilt werden.

Zwar besitzen einzelne Kolonien, wie Neu-Seeland, Victoria und andere, eigene Kriegsfahrzeuge und besondere Ministerien für die Landesvertheidigung; ausserdem unterhält aber England ein ständiges Geschwader in den australischen Gewässern unter dem Oberbefehl eines Admirals, welcher sein Hauptquartier in Sydney hat.

Landesfinanzen. Die zur Verwaltung der Kolonie nöthigen Einnahmen fliessen vorwiegend aus Zöllen und dem Verkaufe von Staatsländereien. Da-neben hat man auch örtlich schon andere Auflagen, wie Grund- und Einkommen-steuern, zur Einführung gebracht. Da die Verwaltungen der Kolonien eine Hauptaufgabe darin erblickten, durch Strassen-, Eisenbahn- und Hafenbauten die Kolonien zu erschliessen und den Verkehr zu heben, sowie durch Kanalbauten und Wasserversorgungsanlagen auf den Gesundheitsstand bessernd einzuwirken, waren häufige Anleihen unumgänglich. Dadurch wurde die Schuldenlast sehr beträchtlich. Sie belief sich am 31. Dezember 1893 in

Queensland auf (£ 30 639 534) oder (£ 70 sh 17 d 6) auf 1 Kopf der Bevölkerung
M. 625 045 493   M. 1445,5
Neu-Süd-Wales » (£ 58 079 033) » (£ 47 sh 9 d 6) » » » » » »
M. 1 184 812 273   M. 968,2
Victoria » (£ 46 033 227) » (£ 39 sh 3 d 2) » » » » » »
M. 939 077 830   M. 798,7

2*

Südaustralien auf (£ 21 697 000) oder (£ 62 sh 10 d 2) auf 1 Kopf der Bevölkerung
        M. 442 618 800   M. 1275
Westaustralien » (£ 2 873 098) » (£ 42 sh 3 d 6) » » » » » »
        M. 58 611 199   M. 860,3
Tasmanien » (£ 7 645 604) » (£ 48 sh 12 d 6) » » » » » »
        M. 155 970 321)   M. 991,7
Neu-Seeland » (£ 39 729 376) » (£ 57 sh 17 d 4) » » » » » »
        M. 810 479 270   M. 1180.

Verkehrsstrassen. Ueberseeische Verbindungen. Vier grosse Postdampferlinien verbinden Australien auf dem direktesten Wege durch den Suez-
kanal mit der Alten Welt; es sind die zwei englischen Postdampferlinien »Pen-
insular and Oriental Steam Navigation Company« und die »Orient Line«, ferner
die französische Postdampferlinie der »Compagnie des Messageries Maritimes de
France« und die deutsche Postdampferlinie »Norddeutscher Lloyd«.

Zwei andere Linien, der »Shaw Savill & Albion Company« und der »New
Zealand Shipping Company«, gehen von England über Teneriffa, um das Kap der
guten Hoffnung nach Tasmanien und Neu-Seeland und heimwärts um Kap Horn
oder durch die Magelhans-Strasse. Mit Nordamerika aber ist Australien überhaupt nur durch zwei Linien verbunden. Es sind die von Sydney über Fidji
und Honolulu nach Vancouver und die von Sydney über Auckland, Apia und
Honolulu nach St. Franzisco verkehrenden Dampfer. Doch auch mit Asien ist
noch eine Verbindung vorhanden von Adelaide über Melbourne, Sydney, Brisbane und weitere Häfen nach Hongkong und Shanghai zum Anschluss an die
von Europa und Amerika nach Asien gehenden Dampferlinien.

Eine grössere neuseeländische Dampfschiffs-Gesellschaft hat regelmässige
Rundfahrten über die Häfen Neu-Seelands und über Sydney, Melbourne und
Hobart eingerichtet. Ausserdem sind noch zahlreiche Schiffsverbindungen durch
kleinere Küstenlinien zwischen den Hafenplätzen der Kolonie hergestellt worden.

Wissen auch die europäisch-australischen Dampferlinien den gesteigerten
Ansprüchen an bequeme Unterkunft und gute Lebenshaltung zu genügen, so
lassen doch die kolonialen Dampferlinien selbst und auch die australisch-amerikanischen Verbindungen in jener Hinsicht zu wünschen übrig. Allerdings wird von
den australisch-amerikanischen Linien behauptet, dass sie so schon nur durch
Staatszuschuss einigermaassen zahlbar gemacht werden könnten.

Ueberland-Verbindungen. Wenn zwar der Eisenbahnbau von den
Hafenplätzen aus landeinwärts schon im Jahre 1850 seinen Anfang nahm, so
lag es doch in der Natur der australischen Verhältnisse, dass er bis jetzt nur
eine verhältnissmässig beschränkte Entwicklung nehmen konnte.

Die Lage der grossen Handelsstädte Melbourne und Sydney im Südosten
des Austral-Kontinents, die fruchtbare Bodenbeschaffenheit in Verbindung mit

gutem Klima und die Entwicklung eines ansehnlichen Bergbaus im Südosten bewirkten, dass die Kolonie Victoria das im Verhältniss zum Flächeninhalt grösste Eisenbahnnetz erhielt; dann folgen in der Rangordnung Neu-Süd-Wales, Queensland, Neu-Seeland, Südaustralien, Westaustralien und Tasmanien.

Die sämmtlichen Kolonien gruppiren sich hinsichtlich der bis zum Ende des Jahres 1893 vorhandenen oder in Bau begriffenen Längen ihrer Eisenbahnlinien und der aufgewendeten Kosten wie folgt:

	Längen der am 31. Dezember 1893 eröffneten		In Bau begriffen	Anlagekosten der eröffneten Linien
	Privatlinien	Staatsbahnen		
Queensland	—	(2 370 miles) 3 806,4 km	—	(£ 16 348 945) M. 333 518 478
Neu-Süd-Wales	(81 miles) 129,6 km	(2 351 miles) 3 761,6 km	(179 miles) 286,4 km	(£ 34 657 571) M. 707 014 448
Victoria	—	(2 975 miles) 4 760 km	(93 miles) 148,8 km	(£ 37 451 487) M. 764 110 334
Südaustralien	(17 miles) 27,2 km	(1 664 miles) 2 662,4 km	(57 miles) 91,2 km	(£ 11 996 970) M. 244 738 188
Westaustralien	(453 miles) 724,8 km	(320 miles) 512 km	(271 miles) 433,6 km	(£ 928 277) M. 18 936 850
Tasmanien	(48 miles) 76,8 km	(475 miles) 760 km	—	(£ 3 759 898) M. 76 701 919
Neu-Seeland (März 1894)	(164 miles) 262,4 km	(1 948 miles) 3 116,8 km	(143 miles) 228,8 km	(£ 15 137 036) M. 308 795 534
	(763 miles) 1220,8 km	(12 112 miles) 19 379,2 km		

Gesammtlänge der Eisenbahnen (12 875 miles) 20 600 km.

Zur Zeit ist schon eine fortlaufende Eisenbahnlinie von Adelaide über Melbourne und Sydney nach Brisbane vorhanden, von welcher zahlreiche Zweiglinien nach den wichtigeren Bergbau- oder Landwirthschafts-Distrikten, wie nach Broken Hill, Ballarat, Bendigo, Cooma, Gundagai, Parke, Cobar, Bourke und anderen Orten hin ausstrahlen. Sehr störend für den durchgehenden Verkehr ist indessen der bedauerliche Umstand, dass man in den Kolonien Victoria und Neu-Süd-Wales nicht dieselbe Spurweite angenommen hat, so dass in der Grenzstation Albury Wagenwechsel stattfinden muss.

Ausser diesem grösseren Netze im Südosten giebt es in Queensland noch einige längere von Rockhampton nach Jericho und von Townsville über Ravenswood und Charters-Towers landeinwärts bis nach Hughenden sich ziehende Linien. Die grosse Eisenbahnlinie, welche Adelaide mit Port Darwin verbinden, somit Australien von Süd nach Nord durchschneiden soll, ist erst bis Oodnadatta, nordwestlich des Lake Eyre, vollendet.

In Westaustralien sind die drei Hafenstädte Albany, Fremantle und Geraldton mit der Hauptstadt Perth durch Eisenbahnen verbunden. Von der Station Northam der Linie Albany-Perth aus ist eine Zweiglinie über Southern

Cross nach der Goldstadt Coolgardie seit Beginn vorigen Jahres und bis Kalgoorlie seit Kurzem vollendet worden. Von Geraldton führt eine Zweiglinie über Mullewa nach der Hauptstadt Cue des Murchison Goldfeldes.

In Tasmanien sind ein Staatseisenbahn-System und zwei Privatbahnlinien vorhanden. Die Staatseisenbahn verbindet Hobart mit Launceston; sie sendet im Süden eine Zweigbahn von Bridgewater den Derwent bis nach Glenora hin aufwärts, sowie im Norden zwei Zweige in den Nordosttheil der Insel und einen vierten Zweig nach Nordwesten, wo er bei Port Frederic die Nordküste erreicht. Die eine der Privateisenbahnen geht von Port Emu an der Nordküste nach dem berühmten Zinnerzbergwerk Mount Bischoff hinauf. Die zweite Privateisenbahn ist von Strahan am Macquarie-Hafen nach dem Kupfererzbergwerk an dem Mount Lyell im Ausbau begriffen.

Auf der Nordinsel Neu-Seelands bestehen zur Zeit zwei, auf der Süd-insel vier Eisenbahnsysteme, welche einander zustreben. Die seit einigen Jahren bestehende Ungunst wirthschaftlicher Verhältnisse hat indessen die Vereinigung der Linien, wodurch eine Verbindung von Nord nach Süd her-gestellt worden wäre, nicht in der ursprünglich vorausgesetzten Zeit zu Stande kommen lassen.

Auf der Nordinsel zieht sich eine nördliche Eisenbahnlinie von Helensville am Kaipara-Hafen über Auckland südwärts nach Puketutu, nordwestlich des Taupo-Sees, und entsendet Zweige nach Rotorua und Te Aroha in dem Geiser-gebiete, sowie nach Cambridge.

Das südliche System der Nordinsel verbindet Wellington über Wanganui mit New Plymouth an der Taranaki-Bucht und mit Napier an der Hawke-Bucht, sowie mit Eketahuna. Die nördlichen und südlichen Linien werden voraussichtlich durch eine von Puketutu direkt südlich, am Tongariro und Ruapehu vorbei- und den Rangitikei-Fluss abwärtszuführende Eisenbahnstrecke verbunden werden.

Das ausgedehnteste Eisenbahnsystem der Südinsel zieht sich an Süd- und und Ostküste entlang, verbindet durch eine lange, parallel der Küste laufende Linie Invercargill mit Dunedin, Oamaru, Timaru, Christchurch und Calverden und sendet Zweiglinien theils nach den Häfen Orepuki, Bluff, Port Molyneux, Port Chalmers, Birdlings Flat und Lyttelton, sowie landeinwärts in der Richtung nach den Seen, namentlich nach dem Wakatipu-See, ferner nach Kurow, Fairlie Creek, von wo Mount Cook am leichtesten zu erreichen ist, nach Springburn und Springfield. An der Westküste geht eine kurze Linie von Hokitika nach Greymouth, und wendet sich dann landeinwärts nach Reefton, mit Abzweigung von Stillwater am Brunner-See vorbei nach Jacksons. Diese Zweiglinie ist schon über Jacksons hinaus nach der berühmten Otira-Schlucht hin in Bau be-griffen und soll nach Ueberwindung des Gebirgs in Springfield mit dem Süd-eisenbahn-System sich vereinigen. Dazu sind allerdings noch schwierige Bahn-bauten im Gebirge erforderlich. Von Norden her gehen bis jetzt nur kurze Eisenbahnstrecken nach Süden, und zwar von Nelson nach Belgrove und von

Picton nach Blenheim. Auch dort ist der Bahnbau im Fortschreiten nach Süden
begriffen; es dürften indessen immerhin noch einige Jahre vergehen bis der Anschluss mit den Südbahnen erreicht ist.

Die Eisenbahnen sind fast durchweg in Unter- und Oberbau, wie rollendem
Material und Stationseinrichtungen zwar einfach, aber gut und praktisch her-
gestellt. Auf grösseren Linien laufen hinreichend zweckmässige Schlaf- und
Aussichtswagen. Da die fast durchweg langen Wagen auf je zwei Drehböcken
ruhen, können auch enge Kurven mit guter Sicherheit schnell befahren werden.
Für Frühstücks- und Speisestationen ist ausreichend Sorge getragen. Wir hörten
zwar manchen Tadel über die Eisenbahneinrichtungen seitens der Bewohner der
Kolonien aussprechen, konnten uns aber mit Ausnahme Westaustraliens, wo die
Entwicklung der Eisenbahnen mit dem raschen Aufblühen der Goldfelder nicht
Schritt hielt, von der Berechtigung der scharfen Kritik nicht überall überzeugen.
Zahlreiche Postlinien führen von den Stationen der Eisenbahnen über Land zur
Verbindung der einzelnen selbständigen Eisenbahnsysteme oder nach abseits gelegenen wichtigeren Ortschaften hin. Während solche Postfahrten über die
weiter landwärts liegenden überaus reizlosen Geländeflächen des Austral-Kontinents, besonders in den oft sandigen, sonnendurchglühten, wasserarmen, staubigen,
vegetationsarmen Ebenen und im Buschwald des Westens dem Reisenden zur
grossen Qual werden, bereiten sie ihm in den herrlichen Thälern und Wäldern
Tasmaniens und Neu-Seelands, besonders auch in den erhabenen Hochgebirgs-
scenerien und in den engen tiefeinschneidenden Schluchten der letztgenannten
Kolonie einen grossen, selbst durch oft beträchtliche körperliche Anstrengungen
nicht zu beeinträchtigenden Hochgenuss. Die zur Verwendung gelangenden Post-
kutschen sind dieselben seltsam gestalteten, wie aus einer grauen Vorzeit in unser
Zeitalter übernommenen plumpen Fahrzeuge, welche in den vom Dampfross noch
nicht betretenen Hochfeldsebenen Südafrikas und in den Gebirgen oder Prärien
Nordamerikas in Gebrauch stehen. Von 5 Pferden gezogene starkgebaute Wagen
nehmen 6 oder 9 Personen im Innern und 5 Personen auf den Bocksitzen auf.
In Neu-Seeland, Tasmanien und, wo irgend angängig, auch in Australien findet alle
2—3 Stunden Pferdewechsel statt; in manchen minderbewohnten oder sonst un-
wirthlichen Gegenden Australiens ist es indessen nicht möglich die zu so häufigem
Pferdewechsel erforderlichen vielen Postställe unterwegs zu unterhalten, so dass
man zuweilen unter beträchtlicher Herabminderung der Geschwindigkeit der
Reise mit weit geringerem, gar nur einmaligem Pferdewechsel am Tage sich be-
gnügen muss.

Auf den schwierigen Strassen der neuseeländischen Hochlande, welche
hinauf und hinab an steilen Berglehnen, durch tiefeingeschnittene brückenlose
Flussbetten führen, ist das Fahren eine Kunst. Selbst da, wo der Weg in vielfachen Windungen von Berg zu Thal fährt, so scharf um Felshänge sich windend,
dass die sichere Durchführung des schweren Fahrzeugs unmöglich erscheint, geht
es meist in scharfem Trabe, oft im Galopp vorwärts. Ein Fehlsprung, zuweilen

nur ein Fehltritt eines Pferdes kann das ganze Gespann in die Schlucht werfen. Und doch sind Unfälle sehr selten. Nur bestes Pferdematerial allerdings ist verwendbar; stets auf derselben kurzen, etwa 2—3 stündigen Wegestrecke laufen die Pferde, damit sie genau mit dem Wege vertraut sind.

Wer die Benutzung der öffentlichen Post verschmäht, verwendet das vierräderige Buggy oder das Reitpferd. Unser in Westaustralien benutzter Wagen war ebenfalls vierräderig und von vier Pferden gezogen. Er hatte eine mit niederem Eisengitter versehene Plattform und vorne einen breiten dreisitzigen Bock. In der hinteren linken Ecke der Plattform stand ein Filterbehälter, welcher 20 Liter Wasser fasste. Er wurde, wenn angängig, jeden Morgen mit frischem abgekochtem Wasser gefüllt. Der übrige Raum des Wagens war zur Aufnahme des Gepäcks bestimmt, und zwar für unsere Handkoffer, Speisevorrath, Zelte, Feldbetten, Feldstühle, Feldtschechen, Kochgerathe, Futterbeutel, Reitsattel, zuweilen auch für Pferdefutter. Ein besonders wichtiger Gegenstand ist der aus dichtem Drell gearbeitete Wassersack, in welchem das aus dem Filter eingefüllte Wasser durch Oberflächenverdunstung des durchdringenden Wassers nach dem Vorbild der spanischen Alcarrazas trefflich gekühlt wird.

Die Wasserversorgung ist dem Reisenden auf dem Austral-Kontinent oft recht schwierig. Man hat dort, wo die Wasserläufe mangeln, schon vor langen Jahren durch Brunnen oder Tiefbohrungen Susswasser zu erschliessen gesucht: in Westaustralien indess mit geringem Erfolge. Wo es nicht gelang, da ist die Regierung dazu übergegangen, die atmosphärischen Niederschläge grösserer Gebiete durch Graben künstlich angelegten Sammelteichen zuzuführen. Hierzu sind die umfangreichen Graniterhebungen Westaustraliens besonders geeignet. Dadurch gewinnt man in günstigen Jahren während der Regenzeit einen für mehrere Monate ausreichenden Vorrath von Susswasser, welcher von eigens dazu angestellten Wärtern den Fuhrleuten verkauft wird. Theils die Regierung, theils die Privatunternehmung haben auch die Salzseen in zweckmässiger Weise nutzbar gemacht. Erscheinen diese Seen zwar an der Oberfläche fast immer trocken, so erlangt man doch meist Wasser, wenn man einen Brunnen 1—2 m tief niederbringt. Dies Wasser ist aber salzig. Man legt daher umfangreiche Destillationsapparate, von dem Engländer »Condensor« genannt, an, deren lange Rohrleitungen in der menschenleeren Gegend einen ganz eigenthümlichen Anblick gewähren. 4 Liter dieses Wassers (1 Gallone) bezahlten wir mit 25—50 Pf., in Zeiten der Trockenheit sogar mit 70 Pfg. und 1 Mk. Das kondensirte Wasser schmeckt aber fade; selbst den Pferden ist es widerwärtig; diese nehmen es oft erst, wenn es durch Einrühren von Schlamm, wenn auch gerade keinen schönen, aber doch immerhin einen Geschmack erlangt hat.

Da, wo die Wasserstationen seltener werden, ist die Fortbewegung mit Pferden unmöglich; das in Wasser und Futter genügsame Reit- und Lastkameel muss zur Hilfe genommen werden. Der Salzbusch der Wüste oder des Buschwaldes liefert ihm Nahrstoff genug.

Goldschürfer-Lager im Busch.

Ein Brief aus der Heimath.

Zuweilen begegneten uns lange Karawanen von Kameelen, welche, bis zu 80 Stuck an Zahl, in langer Reihe hintereinander schwer beladen einherziehen. Sie wurden begleitet von Afghanen, welche zu Fuss nebenher schlenderten oder auf Reitkameelen nebenher trotteten.

Packpferde finden im Landesinnern, wo die Wasserverhaltnisse es gestatten, nicht selten Verwendung.

Für die Beurtheilung des Lebens und Reisens im Innern des Austral-Kontinents werthvoll ist ein Ereigniss, welches mir in Westaustralien begegnete. Ich möchte es aus meinen Reiseerinnerungen herausgreifen: Anfang November 1895 befand ich mich mit zwei englischen Ingenieuren in einem Lager am Goddarts Tank auf Block 48 der Hampton Plains. Wir hatten dort zwei Schlafzelte, ein Vorrathszelt, eine Baumzweighutte als Speisegemach, in ausgeworfenem Graben in der Mitte des Platzes die einfache Küche. Zwei Wagen, sieben Pferde, zwei Kamcele standen zu unserer Verfügung. Zwei Kutscher, welche zugleich die Kuche besorgten, und der Afghane Piro bildeten unsere Bedienung. War das Gras auch trocken und grau, so waren doch die grossen umherstehenden Eucalypten immergrun; kurzum wir lebten behaglich und in hubscher Umgebung.

Am funften Tage des Aufenthalts wollten wir ein Bergwerk besuchen, welches angeblich 11 km weiter östlich liegt. Obgleich ich seit zwei Jahren, seit meinen Ritten durch die Drakensberge des Lydenburg-Distrikts und durch den Dekaap-Distrikt im Transvaal, nicht mehr im Sattel gesessen, war ich doch gern einverstanden, die kurze Strecke zu reiten. Als wir aber unterwegs waren, erfuhren wir, dass das Bergwerk 45 anstatt 11 km entfernt liegt. Immer heisser brennt die Sonne hernieder. Vom Osten weht ein gluhendheisser Wind, welcher uns bis ins Mark hinein auszudörren droht. Wie ich um 11 Uhr in einem fremden verlassenen Lager vom Pferde steige, bin ich ganz erschöpft. Selbst Fleisch und Wein kraftigen mich nicht hinreichend, um wieder zu Pferde steigen zu können. Zum Gluck hat uns ein Buggy begleitet, welches den nöthigen Wasservorrath mitfuhrt. Auf diesem trete ich den Rückweg an. Wir verirren uns indess und gelangen nach Südosten zum Mount Monger in der Nahe des Lake Lefroy, eines riesigen Salzsees. Hier beobachte ich wiederum die oft auch anderwarts wahrgenommene Fata Morgana.

Da wir keine menschliche Ansiedlung wahrzunehmen vermögen, wenden wir uns nach Westen, die entdeckte Spur eines Wagens verfolgend

Obgleich sehr erschöpft, halten die Pferde sich wacker. Ein Reitpferd, welches plötzlich in beängstigender Weise zu zittern und die Augen zu verdrehen beginnt, wird durch eine Flasche Whisky mit Wasser wieder kurirt. Im Sud-westen sehen wir die Rauchwolken eines ungeheuren Buschbrandes aufsteigen.

Immer weiter nach Westen geht die Fahrt. Doch was sehe ich dort im Sande? Welche regelmässig rechteckigen Vertiefungen in der schmalen band-artigen Spur? Hier ist ein Mann mit dem Fahrrad gewesen. Wie seltsam

berührt es den Europäer, die grossartige Anwendung des Fahrrades im westaustralischen Busch wahrzunehmen!

In Coolgardie sind mehrere Geschäfte, welche Radfahrer zu Botendiensten
vermiethen. Den Weg nach Menzies beispielsweise, für welchen ich mit meinem
Gespann drei Tage benöthige, legt der Radfahrer in 12 Stunden zurück. Er
erhält 100 Mk. für Uebermittlung einer Sonderbotschaft auf diese Entfernung.
Oft werden mir Nachrichten durch die schnellen Boten zugetragen.

Die Sonne geht zur Küste; es wird dunkel. Da endlich hören wir Glocken.
Wir gelangen zum Slate well, einem Brunnen mit Süsswasser im Schiefergebirge.
Da indess schon eine Herde Packpferde zugegen ist, wird uns das Wasser ver-
weigert. Wir ziehen, des Geländes nun kundig, nach Nordwesten, verirren uns
aber, als wir nur zwei Meilen von unserem Lager entfernt sein können, aber-
mals in der Finsterniss. Wir sind rathlos, wohin wir uns wenden sollen. Der
letzte Tropfen Wasser ist verbraucht. Da hören wir wiederum in der Ferne
eine Glocke. Wir rufen und machen Feuer. Endlich kommt ein alter Mann heran
mit einem Pferde, welches die Glocke trägt. Er erzählt uns, dass er mit seinen
beiden Söhnen ausgegangen sei, um zwei im Busch verirrte Kameraden zu
suchen. Wir lassen uns auf den richtigen Weg bringen, geben dem Alten auf
seinen Wunsch ein Stück Brod, damit er weiter suchen kann, und erreichen
gegen 11 Uhr Abends unser Lager. Etwa (65 miles) 100 km Weges haben wir
an diesem Tage zurückgelegt. Am folgenden Tage ist Sonntag; wir gönnen
uns Ruhe. Am Nachmittage kommen die beiden Söhne des alten Mannes vom
gestrigen Tage heran und erzählen uns, dass sie den einen der beiden Verirrten
am Vormittage gefunden hätten, — todt! — verschmachtet! —

Nun handelt es sich darum, den zweiten Mann zu finden. Schleunig wird
Piro, der Afghane, mit dem Reitkameel nach Coolgardie gesandt, um einen Tracker,
einen australischen Buschmann, welcher als Pfadfinder im Busch im Dienste der
Polizei steht, herbeizuholen. Die Buschmänner haben im Verkehr mit der
gleichförmigen Natur des Australbuschs eine wunderbare Geschicklichkeit erworben,
an den unbedeutendsten Zeichen die Wege, welche Menschen oder Thiere genommen, zu erkennen, und treffende Schlüsse über die Handlungen der Wanderer
zu ziehen.

Am Montag Abend kommt der Schwarze mit einem Polizisten heraus; am
Dienstag in der Frühe wird er auf die Spur des Verirrten gebracht; er beginnt
ihr zu folgen. Am Mittwoch Vormittag 9 Uhr wird der Verirrte gefunden, noch
lebend, an das Stämmchen eines Bäumchens sich herandrängend, um die geringste
Spur eines Schattens in der erbarmungslosen Gluth der Sonne sich zu verschaffen.
Unzählige Fliegen und Ameisen sitzen in Nase und Mund; er ist dem Tode
nahe! — Einen ganzen Tag lang, bis zum Donnerstag, muss er an Ort und
Stelle gehegt und gepflegt werden, um ihn transportfähig zu machen. Die
beiden Verirrten wollten nur von einem Goldgräber-Lager zu einem anderen,
nicht sehr weit entfernten, gehen, und hatten einen Blechkessel mit Wasser

mitgenommen. Sie verloren den Weg und trennten sich, weil sie über den einzuschlagenden Rettungsweg in Uneinigkeit kamen.

Solche Fälle sind nicht ganz selten. Wiederholt sah ich im Busch mit rohen Holzstämmen umfriedigte Gräber, in denen arme Verschmachtete auf der Jagd nach dem Golde ihre letzte Ruhestätte gefunden hatten. Ich bin gewiss, dass im Laufe der Zeit noch mancher grausige Fund gemacht werden wird.

Man muss sich gar wundern, dass nicht häufigere Fälle zur Kenntniss kommen, wenn man sieht, wie der Prospector, der Goldgräber, auf der Suche nach neuen Funden über Land zieht. Ist er zu Wagen, zu Pferd, oder hat er das Schiff der Wüste bestiegen, so wird er nicht gar so leicht in bedenkliche Lebenslagen gerathen; aber wie oft sieht man den Prospector zu Fuss, das Bündel auf dem Rücken oder auf einem selbstgefertigten rohen Schiebkarren, über Land ziehen, viele Meilen weite Wege zurücklegend, nur auf den Wassersack sich verlassend und auf die Möglichkeit, von Zeit zu Zeit ihn füllen zu können.

Telegraphenlinien verbinden alle Ortschaften, welche irgendwelche Bedeutung besitzen, mit den Küstenstädten. Die wichtigste der Linien des Kontinents ist der Ueberland-Telegraph von Adelaide über Oodnadatta nach Port Darwin, welcher Süd- und Nordküste verbindet und den Anschluss an die grossen überseeischen Kabellinien vermittelt.

Alle grösseren Städte haben Fernsprechanlagen, viele besitzen Pferdebahnen, elektrische oder Kabelbahnen.

Gewerbe und Handel. Die Viehzucht beansprucht den ersten Platz unter den Haupterwerbszweigen Australasiens. Die ganze Eigenart des Landes, weite, hinreichend grasreiche Ebenen, stellenweise geradezu fruchtbare Weideländereien, der lichte Buschwald Australiens, das Klima und die Abwesenheit grösserer Raubthiere machen die australasischen Kolonien hierfür besonders geeignet. Im Norden Australiens ist Rinder- und Pferdezucht vorwiegend, im übrigen Australien, in Tasmanien und Neu-Seeland Schafzucht, welche durch die Einführung der Merinoschafe ausserordentlich gefördert wurde. Die Wolle ist zur Zeit Hauptausfuhrwaare der Kolonien. Die Verwerthung der überflüssigen Schafe und des Rindviehs, welche im schwach bevölkerten Lande selbst nicht verbraucht werden können, geschah früher durch Konservirung des Fleisches in Büchsen; neuerdings aber wurden umfangreiche Schlacht- und Gefrierwerke errichtet, welche alljährlich viele Schiffsladungen gefrorener Hammel und sonstiger Schlachtthiere nach Europa versenden. So sandte 1895 Ausstralien 969 000 und Neu-Seeland 2 410 000 gefrorene Thierkörper nach London. Von den in englischen Hafenplätzen errichteten Vorrathsspeichern aus erfolgt der Weitervertrieb des Fleisches.

Der zweitbedeutendste Erwerbszweig des Landes, der Bergbau, wandte sich in hervorragendster Weise dem Golde zu; aber auch Silber-, Blei-, Zink-, Zinn-, Kupfer-, Kobalt-, Nickel-, Wismuth- und Antimonerze sind in bergbauliche Gewinnung genommen worden. Es sei hingedeutet auf die Silber-, Blei- und Zinkerzlagerstatten zu Broken Hill in Neu-Sud-Wales, auf die Zinnerze des Mount Bischof und die gold- und silberhaltigen Kupfererze des Mount Lyell in Tasmanien. Eisen- und Manganerze sind ebenfalls vorhanden; die hohen Arbeiterlöhne Australiens, auf welche an spaterer Stelle noch eingegangen werden wird, erschweren indessen noch ihre Verschmelzung, daher auch ihre Gewinnung; billiger stellt sich zur Jetztzeit noch der direkte Bezug europaischen Roheisens. Edelsteine finden sich in Neu-Sud-Wales, Victoria und Queensland.

Von grosser Bedeutung für Industrie, Handel und Verkehr, besonders für Eisenbahn und Schiffahrt, ist das Vorkommen umfangreicher Kohlenflötze, welche in Queensland, Neu-Sud-Wales, Tasmanien und Neu-Seeland entdeckt und in rege Ausbeutung genommen wurden. Auch in Victoria und am Irwin- und Collie-Flusse in Westaustralien wurden Kohlenfunde gemacht; ihre Bedeutung lasst sich bis jetzt wegen unzureichenden Aufschlusses indessen noch nicht hinreichend ubersehen. Die Kohle von Newcastle in Neu-Sud-Wales und von Brunnerton an der Westkuste der Sudinsel von Neu-Seeland geht jetzt schon nach Nord- und Sudamerika, und nach Sud- und Ostasien. Neuseelandische Braunkohle, welche auf Nord- und Sudinsel gewonnen wird, hat, weil Brikettfabrikation noch nicht lohnt, nur örtliche Verwendung.

Der Landbau nahm, wo hinreichend günstige Wasserverhaltnisse vorliegen, eine gute, und zwar je nach den klimatischen Verhaltnissen verschiedene Entwicklung. Neben den Kornfruchten, Weizen, Roggen und Hafer, neben Tabak, Mais und Zuckerrohr, neben den verschiedensten Gemusesorten, Zwiebeln und Kartoffeln können Weintrauben, Orangen, Citronen, Bananen, Melonen, Pfirsiche, Pflaumen, Aprikosen, Quitten, Feigen, Aepfel, Birnen, Mispeln, Kirschen, Stachelbeeren, Johannisbeeren, Himbeeren, Maulbeeren, Nectarinen, Wallnusse, Kastanien und Mandeln an manchen Orten gezogen und zur Reife gebracht werden. Der Norden erwies sich wegen seiner Erstreckung in die Tropen mehr zur Baumwoll-, Zuckerrohr- und Tabak-Anpflanzung, sowie zur Zucht der Obstfruchte der Tropen geeignet. Der Suden Australiens, Tasmanien und Neu-Seeland ziehen die Korn- und Obstfruchte der gemassigteren Zonen. Der Ackerbau Sudaustraliens ist durch den Zuzug vieler deutscher Ackerbauer, welche als Kolonisten hochgeschatzt sind, hervorragend gefordert worden.

In Sudaustralien, sowie in Victoria und in den sudlichsten Gebieten von Neu-Sud-Wales hat der Weinbau gedeihlichen Boden gefunden.

Soll neues Gelande des Urwalds in landwuthschaftliche Nutzung genommen werden, dann werden sammtliche Baume des auszurodenden Waldtheils in nicht ganz 1 m Höhe uber dem Erdboden in etwa 15 cm Breite durch Ringschnitt von der Rinde befreit, worauf die Baume im Laufe weniger Jahre absterben und derart verdorren, dass sie niedergebrannt werden können. Nachdem alsdann das Erdreich, soweit möglich, von den Holzstumpfen und Wurzelresten befreit worden ist, steht es zur Fruchtbestellung bereit

Wenn die Industrie Australiens zur Vielseitigkeit der europäischen Kultur-
länder zwar noch nicht heranreifen konnte, so nahm sie doch in manchen
Richtungen schon eine ansehnliche Entwicklung. Zahlreiche Sägemühlen, Mahl-
mühlen, Gerbereien, Ziegeleien, Schiffswerften, Maschinenwerkstätten, Tabak-
fabriken, Seifensiedereien, Lichtziehereien, Wollwaaren-, Schuh-, Kleider- und
andere Fabriken stehen in regster Betriebsthätigkeit. Selbst das Bier hat auf
seinem Siegeslaufe um die Welt auch Australien erobert; in vielen Orten, gar
schon im jungen Coolgardie, ist die Braupfanne im Betriebe.

Die Bedeutung des Handels der sieben Kolonien ergiebt nachstehende Ver-
gleichstafel der Ein- und Ausfuhr im Jahre 1894:

Werth der

	Einfuhr.	Ausfuhr.	Mehr-Einfuhr.	Mehr-Ausfuhr.
Queensland . . . . (£	4 241 090)	(£ 8 336 731)	(£ —)	(£ 4 095 641)
Mk.	86 518 236	Mk. 170 069 312	Mk. —	Mk. 83 551 076
Neu-Süd-Wales . . (£	15 801 941)	(£ 20 577 673)	—	(£ 4 775 732)
Mk.	322 359 596	Mk. 419 784 529	—	Mk. 97 424 933
Victoria . . . . . (£	13 470 599)	(£ 14 026 546)	—	(£ 1 555 947)
Mk.	254 400 219	Mk. 286 141 538	—	Mk. 31 741 318
Süd-Australien . . (£	6 226 690)	(£ 7 301 774)	—	(£ 1 075 084)
Mk.	127 024 476	Mk. 148 956 189	—	Mk. 21 931 713
West- „ (1893) (£	1 400 821)	(£ 878 147)	(£ 522 674)	—
Mk.	28 576 948	Mk. 17 914 198	Mk. 10 662 549	—
Tasmanien . . . . . (£	979 676)	(£ 1 489 041)	—	(£ 509 365)
Mk.	19 985 390	Mk. 30 376 436	—	Mk. 10 391 046
Neu-Seeland . . . . (£	6 788 020)	(£ 9 231 047)	—	(£ 2 443 027)
Mk.	138 475 608	Mk. 188 313 358	—	Mk. 49 837 750

Hierin sind natürlich Werthe von Gütern, welche von einer Kolonie zur
anderen wanderten, doppelt, und die Werthe von Gütern, welche aus dem Aus-
lande eingeführt und von der einführenden Kolonie an eine andere Kolonie ab-
gegeben wurden, dreimal enthalten.

Zur Erläuterung des gesammten überseeischen Verkehrs der sieben Kolonien
in den letzten 8 Jahren diene nachstehende Tafel, in welcher der Handel der
Kolonien unter einander ausgeschlossen wurde.

	Gesammtverkehr.	Einfuhr.	Ausfuhr.	Mehr-Einfuhr.	Mehr-Ausfuhr.
1885 . (£	72 220 444)	(£ 41 136 038)	(£ 31 084 406)	(£ 10 051 632)	—
Mk.	1 473 297 057	Mk. 839 175 175	Mk. 634 121 882	Mk. 205 053 292	—
1890 . (£	75 143 818)	(£ 38 451 160)	(£ 36 692 658)	(£ 1 758 502)	—
Mk.	1 532 933 887	Mk. 784 403 664	Mk. 748 530 223	Mk. 35 873 440	—
1891 . (£	84 565 778)	(£ 41 325 033)	(£ 43 240 745)	—	(£ 1 915 712)
Mk.	1 725 131 871	Mk. 843 030 673	Mk. 882 111 198	—	Mk. 39 080 524
1892 . (£	75 325 933)	(£ 34 529 501)	(£ 40 796 432)	—	(£ 6 266 931)
Mk.	1 536 640 033	Mk. 704 401 820	Mk. 832 247 212	—	Mk. 127 845 392
1893 . (£	67 788 738)	(£ 27 925 990)	(£ 39 862 748)	—	(£ 11 936 758)
Mk.	1 382 890 255	Mk. 569 690 196	Mk. 813 200 059	—	Mk. 243 509 803

Der Niedergang des Gesammtverkehrs in den 8 Jahren um mehr als
(£ 4 Millionen) 81,6 Millionen Mk. und der Niedergang der Einfuhr um mehr

als (£ 13 Millionen) 265,2 Millionen Mk., während die Ausfuhr nur um (£ 8 Millionen) 163,2 Millionen Mk. sich hob, beruht zum Theil auf grossen finanziellen Krisen, insbesondere auf den Gebieten des Landbesitzes und des Wollhandels, welche über die sieben Kolonien hereinbrachen. Die Kaufkraft der Kolonien erlitt eine empfindliche Einbusse. Gleichzeitig bewirkte der zunehmende Wettbewerb der Erzeuger auf dem Weltmarkte, die fortschreitende Erleichterung des Verkehrs und die Verbesserung der Maschinenkrafte eine Ermässigung des Werthes der kolonialen Produkte.

Zollwesen. Mit Ausschluss von Neu-Süd-Wales sind die Kolonien gegen einander und gegen die überseeischen Länder, das englische Mutterland nicht ausgeschlossen, mit Zollschranken umgeben. Die erhobenen Zölle sind theils Finanz-, theils ganz ausgeprägte Schutzzölle zur Stärkung der inländischen Industrie. Neu-Süd-Wales, welches vor einigen Jahren ebenfalls Schutzzölle erhob, ist inzwischen zum fast absoluten Freihandel übergegangen. Der noch bestehende Zuckerzoll wird ratenweise im Laufe der Jahre beseitigt. Nur wenige Finanzzölle, welche auf besondere Luxusartikel, Cognac, Wein, Bier, gelegt sind, bleiben bestehen.

Kreditwesen. Dem ausgedehnten Kreditverkehr der Kolonien dienen eine grosse Anzahl von Banken, welche theils mit englischem, theils mit kolonialem Kapital ins Leben gerufen wurden. Sie haben in allen irgendwie geschäftliche Bedeutung besitzenden, selbst kleinen Ortschaften Niederlassungen. Das Comptoir d'escompte zu Paris hat ebenfalls Zweigniederlassungen in Melbourne und Sydney, wenn ich mich nicht sehr täusche, sogar schon in Coolgardie. Keine deutsche Bank indessen besass bis jetzt hinreichenden Unternehmungsgeist, Niederlassungen in Australasien zu begründen, obgleich bei der grossen Anzahl in Australasien lebender Deutschen und den umfangreichen Geschäftsbeziehungen zwischen Australasien und Deutschland auch für ein deutsches Bankunternehmen eine hinreichende Ertragsfähigkeit gewiss sein dürfte.

II. KAPITEL.

Geognostische Beschreibung.

Kurze Darstellung der allgemeinen geologischen Verhältnisse.

Bei der Kürze der uns zur Bereisung der weiten Ländergebiete zur Verfügung stehenden Zeit, welche durch die Untersuchung der Goldlagerstätten und der bergbaulichen und wirthschaftlichen Verhältnisse der Goldfelder allein schon auf das ausserste in Anspruch genommen war, konnten wir umfassendere neue Untersuchungen über die allgemeinen geologischen Verhältnisse nicht anstellen.

Ich muss mich daher darauf beschränken, hier die Ergebnisse der älteren Forschungsreisenden, sowie der geologischen Landesuntersuchungen in Kürze zusammenzufassen.

Soweit wir in der Lage waren, aus Anlass der Besichtigung der Goldlagerstätten Beobachtungen des Muttergesteins vorzunehmen, sind diese, sowie die Ergebnisse der spateren mikroskopischen Untersuchungen entnommener Gesteinsproben bei Gelegenheit der Beschreibung der Goldlagerstatten ebenfalls zur Erörterung gebracht worden.

Australien.

Die Glieder der archäischen Formationen, krystallinische Schiefer, Gneisse, Glimmerschiefer, Phyllite mit massigen Eruptivgesteinen, Granit, Syenit, Diorit u. s. w., nehmen einen hervorragenden Antheil an dem Aufbau des australischen Kontinents. Sie bilden, und zwar namentlich Granit, den Grundsockel des ganzen Gebirgssystems und treten in West, Süd, Ost und Nord, an vielen Orten in weiten Gebieten, unbedeckt von jüngeren Gebirgsformationen zu Tage. Sie betheiligen sich namentlich an der Zusammensetzung des westlichen Theiles des australischen Tafellandes.

Von dem früheren Regierungs-Geologen der Kolonie Westaustralien H. P. Woodward wurden daselbst fünf Zonen des archäischen Grundgebirges unterschieden.

Die westlichste Zone, vom Murchison-Fluss bis zur Südküste sich erstreckend, tritt namentlich im Northampton-Distrikt und südlich vom Irwin-Flusse zu Tage. Hier und da erscheint sie auch, aus den diluvialen Sandebenen des westlichen Küstensaums hervortretend, am Fusse der Darling-Berge und bildet einen schmalen Zug zwischen Kap Naturaliste und Kap Leeuwin. Diese Zone besteht vorwiegend aus Thonschiefern und Quarziten mit Granitdurchbrüchen.

Die zweite Zone bildet den westlichen Abhang der Darling-Berge. Sie erstreckt sich ebenfalls von der Südküste bis zum Murchison-Fluss, folgt diesem in nordöstlicher Richtung auf ungefähr 320 km Länge und breitet sich dann nach Osten und Nordwesten aus von dem Robinson-Gebirge bis zum Lyons-Fluss. Diese Zone setzt sich vorwiegend aus Gneiss und Glimmerschiefern zusammen mit Granit und Felsitdurchbrüchen.

Die dritte oder Haupt-Granitzone beginnt etwa 160 km von der Westküste und erstreckt sich in etwa gleicher Breite gleichfalls von der Südküste bis zum Murchison-Flusse hin. Der Granit hebt sich meist in flachen Kuppen, welche die den heissen Zonen eigenthümlichen schaaligen Absonderungen zeigen, seltener in mächtigen Blöcken oder wollsackähnlichen Gebilden, oft bis zu 50 m Höhe ansteigend, aus den buschbedeckten Sandflächen empor.

Die vierte Zone ist die erste Goldlagerstätten-führende. Am Philipps-Flusse an der Südküste beginnend, zieht sie sich, etwa 32 km breit, östlich der dritten Zone über die Berge von Ravensthorpe, Parker, nach Southern Cross und über Golden Valley, Mt. Jackson, Mt. Kenneth, Mt. Magnet, Lake Austin bis nach Cue im Murchison-Goldfelde. Sie wendet sich alsdann nach Nordosten bis Nannine, dann wiederum mehr nördlich bis zu den Quellen des Murchison und des Gascogne-Flusses. Von da aus nimmt sie nordwestlichen Verlauf und verschwindet im Thale des Ashburton unter den Schichten der paläozoischen Formationen.

Diese Zone besteht neben Glimmer und Talkschiefern vorwiegend aus Amphiboliten, zu welchen wiederum Granit und Diorit treten. Sowohl die Amphibolite wie die Granite und Diorite erweisen sich in dieser Zone als die Träger der Goldlagerstätten.

Der Granit einer bei Woolgangie zwischen Southern Cross und Coolgardie aus dem Buschwald emporragenden Kuppe wurde näher untersucht. Er bot in mancher Beziehung bemerkenswerthe Beobachtungen.

Makroskopisch erscheint er als grauer, mittelkörniger, quarzreicher Biotitgranit.

Unter dem Mikroskop zeigt sich eine sehr interessante Verschiedenheit der Feldspathe. Es sind zu beobachten:

1. Normaler, optisch ganz homogener Orthoklas.

2. Normaler, einfach lamellirter klarer Plagioklas, nach der Auslöschungsschiefe dem Oligoklas angehörig.

Unser Reisewagen in West-Australien. Kalgoorlie-Goldfeld.

Buschwald. Victoria.

5

3. Typischer Mikroklin mit sehr scharfer Gitterung.

4. Ganz allmähliche Uebergänge von Mikroklin in Orthoklas.

Es erscheinen Stellen von so ausserordentlich feinem Aufbau aus gegitterten Lamellen, dass letztere an der äussersten Grenze mikroskopischer Sichtbarkeit stehen. Diese sind wiederum verknüpft mit fleckenartigen Parthien, welche auch bei stärkster Vergrösserung nichts mehr von solcher Zwillingsbildung aufweisen und sich optisch als homogenen monoklinen Orthoklas erweisen. Hier liegt also eine Erscheinung vor, welche zu Gunsten der durch Michel Lévy und Brögger vertretenen Ansicht spricht, dass der Orthoklas als ein Kryptomikroklin zu betrachten sei.

5. Mikroperthit. Schnitte, welche in dem Kalifeldspath zahlreiche spindelförmige Durchschnitte oder sich auskeilende Lamellen eines auch durch die abweichende Lichtbrechung unterschiedenen Plagioklases aufweisen.

6. Breitlamellare Verwachsungen, bestehend aus abwechselnden Bändern gegitterten Mikroklins (3) und Mikroperthits (5).

Der vierten archäischen Gebirgszone folgt weiterhin nach Osten die fünfte oder zweite granitische Zone, welche ungefähr ebenso breit ist wie die erstgenannte und auch von der Südküste aus in nördlicher Richtung sich erstreckt, um unter dem paläozoischen Tafellande des Fortescue zu verschwinden.

Endlich unterscheidet Woodward noch eine sechste oder zweite goldlagerstättenführende Zone, deren östliche Grenze mangels ausreichender Erforschung noch nicht als festgestellt gelten kann. Sie setzt sich in ähnlicher Weise wie die erstgenannte zusammen und erstreckt sich, bei den Dundas-Bergen im Süden beginnend, über Wagemulla, Coolgardie, Three Pinnacles, Ullaring, bei Lake Carey nach Nordwesten sich wendend, bis nach Marble Bar und Pilbarra an der Nordwestküste.

Die archäischen Formationen, im Verein mit alten Eruptivgesteinen, bilden weiterhin den Kern der grossen Kordillere, welche sich, das australische Tafelland östlich begrenzend, der Ostküste entlang von Victoria bis Queensland hinzieht. Granit und Syenitgestein mit Porphyriten und Felsiten bilden namentlich die Gebirge im Norden der Kolonie Queensland auf der Halbinsel York, auf deren Westhange die Goldfelder von Croydon, Etheridge und Charters Towers liegen.

Auch das centralaustralische Bergland, die Mac Donnell-Kette, setzt sich aus krystallinen Schiefern und älteren Eruptivgesteinen zusammen.

Die paläozoischen Formationen haben gleichfalls eine weite Verbreitung erlangt. Das Untersilur ist nach Mittheilung der geologischen Landesuntersuchung vornehmlich vertreten im Westen der Kolonie Victoria, wo ihm die wichtigen Ganggebiete von Ballarat und Bendigo angehören. Andere Geologen schreiben dieses Gebiet noch dem Cambrium zu. Das Obersilur nimmt den Osten von Victoria und einen grossen Theil des Tafellands von Neu-Süd-Wales und der letztere Kolonie durchsetzenden Höhenzüge ein. Silurische Schichten erstrecken sich über einen grossen Theil der Kolonie Südaustralien, namentlich an dem Aufbau der Flinders-Kette und des Adelaide-Gebirgs theilnehmend.

Die devonische Formation, welche aus Sandsteinen, Konglomeraten, Kalksteinen und Schiefern sich zusammensetzt, findet sich, in weiter Ausdehnung

silurische Schichten überlagernd, in Neu-Süd-Wales. Sie ist auch im Norden von
Westaustralien zur Ausbildung gelangt, wo sie im Kimberley-Distrikt die Carr-
Boyd- und Albert-Edward-Gebirge bildet.

Die karbonische Formation ist vorzugsweise in den Kolonien Neu-Süd-
Wales und Queensland entwickelt. Von besonderer Bedeutung für den Gold-
Bergbau ist im südlichen Theile der letzgenannten Kolonie die unterste, von den
Queensländer Geologen als »Gympie-Formation« bezeichnete Stufe des Karbons,
wegen der darin auftretenden Goldvorkommen von Gympie und Mt. Morgan.

In Westaustralien tritt Karbon am Irwin- und Collie-Flusse, sowie der
Nordküste entlang im Kimberley-Distrikt zu Tage. Das Karbon führt in
Neu-Süd-Wales, Queensland und Westaustralien mehrfach Steinkohlenflötze.
Das Becken von Newcastle hat bisher die grösste wirthschaftliche Bedeutung
erlangt.

Von den mesozoischen Schichten ist die Trias hauptsächlich vertreten
durch den sog. Hawkesbury-Sandstein, welcher die blauen Berge im Hinterlande von
Sydney bildet. Oolithische Kalksteine, Thoneisensteine mit Jura-Fossilien, kommen
im Victoria-Distrikt in Westaustralien vor.

Die Kreideformation findet sich in derselben Kolonie in Gestalt von
Kalken mit Feuersteinen, Sandsteinen und Konglomeraten nördlich von Gingin
bis zum Murchison hin. Auch im Westen der Kolonie Queensland sind grosse
Gebiete mit Kalksteinen und Sandsteinen, dieser Formation zugehörig, bedeckt.
Nach in Queensland aufgefundenen Versteinerungen ist auch als Glied der
Kreideformation der sog. Wüstensandstein erkannt worden, welcher über ungeheure Strecken in Form grosser Schollen, Tafelberge bildend, durch die nördlichen Bezirke der Kolonie Südaustralien hin bis nach Westaustralien verbreitet ist.

Allen Kolonien gehören tertiäre Ablagerungen an, vorwiegend den Fluss-
gebieten der östlichen Kolonie, insbesondere des Murray. Basalte, Andesite und
andere jüngere Eruptivgesteine durchbrechen die tertiären Gebilde oder wechsel-
lagern mit ihnen, zuweilen in mehrfacher Wiederholung.

Diluvial- und Alluvialschutt fand weite Verbreitung in den Ebenen des
Innern und in den Flussthälern des Küstensaumes.

Tasmanien.

Durch Meeresgewalt vom Kontinent getrennt, bilden als südlichste Fortsetzung der ostaustralischen Kordillere stark gefaltete silurische Gebilde, mehrfach
von mächtigen Granitinseln durchbrochen, das Grundgebirge Tasmaniens. Ihm
lagern ausgedehnte karbonische Schichten auf, welche ihrerseits wiederum an
vielen Stellen Diabasdecken tragen. Tertiärschichten, mit Basaltdecken wechsel-
lagernd, sind im Norden und Süden der Insel vertreten.

Neu-Seeland.

Das Gebirgsrückgrat, welches die Doppelinsel Neu-Seeland durchzieht, ist ein grosses Faltungsgebirge, dessen Grundgerüst aus krystallinen Schiefern und Granit besteht, an dessen Zusammensetzung jedoch auch paläozoische Schichten einen wesentlichen Antheil nehmen. Es verläuft auf der Südinsel ungefähr parallel der Westküste, nahe an dieselbe herantretend. Auf der Nordinsel nähert es sich der Ostküste, parallel derselben verlaufend.

Nach Ansicht der Neu-Seeländer Geologen, namentlich des Sir James Hector, hat man dieses Gebirge als einen Theil einer ungeheuren Sattelerhebung aufzufassen, deren nach Westen abfallender Flügel abgebrochen und in das Meer versunken ist. Der Abfall des Gebirges ist daher nach der Westküste zu sehr steil. Nach Osten hin dacht sich das Gebirge in Folge Anlehnung mesozoischer Schichten allmählicher ab. Im Süden schliesst sich, fast rechtwinklig vom Hauptgebirge nach SO. abstreichend, das von zahlreichen Gebirgsketten überragte Hochland von Otago an, welches sich aus archäischen und silurischen Formationsgliedern zusammensetzt. Mächtige Schottermassen tertiären Alters erfüllen zahlreiche, das Faltungsgebirge am Ost- und Westabfall, namentlich aber das Otago-Hochland durchziehende Flussthäler, welche im Süden breiten Seen Raum geben.

Auch in dem durch das Hauptgebirge und das südliche Hochland gebildeten nordöstlichen Vorlande sind weite Ebenen mit tertiären und nachtertiären Ablagerungen bedeckt. Von grosser wirthschaftlicher Bedeutung sind die Steinkohlenablagerungen im Karbon bei Reefton und bei Brunnerton am Grey River (Westküste) und die eocänen Braunkohlenflötze westlich Oamaru im Otago-Distrikt.

Eine von der Südinsel wesentlich verschiedene geologische Ausbildung hat die Nordinsel erfahren. Besteht auch das Grundgerüst derselben aus paläozoischen und mesozoischen Gebirgsgliedern, welchen tertiäre Schichten auflagern, so gab doch eine in tertiärer Vorzeit beginnende und bis in die jüngste geschichtliche Zeit sich fortsetzende rege vulkanische Thätigkeit, welche weithin sich erstreckende jung-eruptive Massengesteine zur Erdoberfläche brachte, dem westlichen und nordwestlichen Theile der Insel ein durchaus vulkanisches Gepräge. Die Trachyte, Andesite und Propylite der Halbinsel von Coromandel verdanken dieser eruptiven Thätigkeit ihren Ursprung.

Ich erwähnte auch schon an früherer Stelle des grossen geologischen Interesses, welches die Umgebung von Auckland, die zahlreichen dort allerwärts erkennbaren erloschenen Vulkankegel, dem Besucher erweckt. Von Hochstetter hat bei Gelegenheit der Novara-Expedition bei Auckland auf einem Gebiete von 8 deutschen Quadratmeilen nicht weniger als 63 selbständige Ausbruchsstellen erloschener Vulkane nachzuweisen vermocht. Die ganze Bodengestaltung auf Festland und Inseln, deutlich verfolgbare Lavaströme, mächtige in Bergeinschnitten blossgelegte

Rapilli- und Tuffanhäufungen lassen erkennen, dass die Umgegend von Auckland dereinst den Schauplatz grossartiger vulkanischer Ausbrüche bildete.

Das hervorragendste Interesse bietet aber das Gebiet der heissen Seen im Innern der Insel, wo noch jetzt eruptive Gewalten wirken.

Südwestlich des inmitten der Nordinsel liegenden Sees Taupo, dessen Wasser in einer vulkanischen Einbruchssenkung sich sammelten, erheben sich der erloschene und mit ewigem Schnee bedeckte, 2803 m hohe Vulkan Ruapehu, und der noch thätige, 2291 m hohe Vulkan Tongariro. In dem nordöstlich dieser Vulkane sich erstreckenden Gelände brodelt und dampft es noch jetzt an unzähligen Orten, in heissen Quellen, heissen Gewässern und Schlammvulkanen; viele Geiser sprühen zeitweilig heisse Wassergarben hoch in die Lüfte; aus Solfataren entweichen gelbliche Schwefeldämpfe; umfangreiche weisse und gelbe Sinterterrassen entstehen aus den Kiesel- und Schwefel-Absätzen der überlaufenden Wasser; Einbrüche des Erdreichs gaben, gleichwie im Taupo-See, zur Bildung des Rotorua-, des Tarawera-Sees, des Rotomahana und anderer Seen Veranlassung. Noch im Jahre 1886 war die Gegend des Tarawera der Schauplatz einer furchtbaren Katastrophe. In der Nacht vom 9. zum 10. Juni entfesselten sich unter Donnergetöse die unterirdisch gespannten Dampfe; sie spalteten den Tarawera-Berg, warfen den Rotomahana-See, das umliegende Erdreich und zwei Sinterterrassen von einer Schönheit, dass sie auf der ganzen Erde ihres Gleichen nicht hatten, hoch in die Lüfte, vernichteten mehrere Maori-Niederlassungen, 104 Menschenleben auf immer begrabend und ein furchtbar-düsteres Trümmerfeld zurücklassend.

Die Goldvorkommen Australasiens.

Geographische Verbreitung des Goldes.

In allen Kolonien Australasiens sind Goldfunde gemacht worden. Ehe in die geologische Beschreibung derselben eingetreten wird, soll ein Ueberblick über die geographische Verbreitung des Goldes gegeben werden.

Alle Gebiete der Kolonien, in denen bauwürdige Lagerstätten in Gruppen vereint gefunden wurden, sind zu Goldfeldern erklärt worden. Doch fällt bei einem Vergleiche der einzelnen Kolonien der Unterschied auf, dass Westaustralien und Neu-Seeland weit umfassendere Gebiete zu Goldfeldern erklärten als die übrigen Kolonien. In diesen grossen Gebieten Westaustraliens und Neu-Seelands, welche füglich als Provinzen bezeichnet werden könnten, treten eine grössere oder geringere Anzahl von Lagerstätten zu Gruppen zusammen. Dem Umfange dieser Einzelgruppen entsprechen die Goldfelder der anderen Kolonien.

Die Verbreitung der Goldvorkommen ist auf den angehefteten Karten I—IV dargestellt, in welche die Namen der Goldfelder, soweit sie nicht gar zu geringe Bedeutung besitzen, in rother Schrift eingetragen worden sind.

Queensland.

In Queensland werden mehr als 25 Goldfelder genannt. Die wichtigsten derselben sind:

Gympie-Goldfeld, 26° 12′ S. Br. 152° 38′ Oest. L. (107 miles) 171 km nördlich der Hauptstadt Brisbane, mit dieser durch Eisenbahn verbunden.

Charters Towers-Goldfeld, 20° 3′ S. Br. 146° 18′ Oest. L. (82 miles) 131 km westlich der Hafenstadt Townsville, mit dieser durch Eisenbahn verbunden.

Crocodile-Goldfeld, (Mt. Morgan) (28 miles) 45 km südwestlich Rockhampton. Von Rockhampton geht Eisenbahn bis Kabra, von dort Postverbindung nach Mt. Morgan.

Etheridge-Goldfeld, Hauptstadt Georgetown 18° 22′ S. Br. 143° 32′ Oest. L.; von Cairns geht Eisenbahn nach Mareeba; von dort Post nach Georgetown (210 miles) 336 km.

Croydon-Goldfeld, 18° 7′ S. Br. 142° 12′ Oest. L. (103 miles) 165 km von Georgetown, (95 miles) 152 km östlich von Normanton (am Golf von Carpentaria). Eisenbahnverbindung ist mit Normanton vorhanden.

Ausserdem sind noch zu nennen:

Ravenswood, 20° 5′ S. Br. 146° 54′ Oest. L. (78 miles) 125 km von Townsville.

Palmer, 16° 4′ S. Br. 144° 20′ Oest. L. (120 miles) 192 km südwestlich von Cooktown.

Hodgkinson, Hauptort Thornborough, 16° 58′ S. Br. 144° 57′ Oest. L. Cloncurry 21° 41′ S. Br. 140° 23′ Oest. L. Coen 13° 55′ S. Br. 143° 15′ Oest. L. Mulgrave 19° 45′ S. Br. 147° 15′ Oest. L. (26 miles) 42 km von Cairns. Russell, (32 miles) 41 km von Cairns. Mackay 21° 9′ S. Br. 149° 13′ Oest. L. Clermont 22° 49′ S. Br. 147° 38′ Oest. L. Gladstone fields, 23° 52′ S. Br. 151° 17′ Oest. L., Kilkivan, 26° 6′ S. Br. 152° 13′ Oest. L. Pikedale. Talgai. Nanango, 26° 41′ S. Br. 152° 1′ Oest. L. Eidsvold, 25° 24′ S. Br. 151° 5′ Oest. L. Paradise.

Neu-Süd-Wales.

Gold ist in Neu-Süd-Wales an so zahlreichen Fundpunkten entdeckt und an so vielen Orten in bergbauliche Ausbeutung genommen worden, dass nur die wichtigsten Namen der Goldfelder in die Karten eingetragen werden konnten.

Die proklamirten Goldfelder erstrecken sich nach Liversidge*) uber mehr als 175 000 qkm; doch soll das Gebiet der Goldverbreitung noch weit grösser sein.

Die Goldfelder sind nachstehend in nördliche, westliche und südliche eingetheilt und nach Distrikten gruppirt angegeben worden.

Nördliche Goldfelder.

New-England District. Hauptort Tenterfield 29° 0′ S. Br. 52° 0′ Oest. L., (314 miles) 502 km nördlich Sydney. Fairfield, Tenterfield, Wilsons Downfall.

Clarence und Richmond District. Hauptort Grafton 29° 40′ S. Br. 152° 55′ Oest. L. (342 miles) 547 km uber See nördlich Sydney. Mit Schiff- und Eisenbahnverbindung. Ballina, Dalmorton, Grafton, Nana Creek, Maclean, Lismore.

Peel und Uralla District. Hauptort Armidale 30° 31′ S. Br. 151° 42′ Oest. L., (313 miles) 500 km nördlich von Sydney. Eisenbahnverbindung. Stewarts Brook, Nundle, Bingera, Barraba, Armidale, Glen Innes, Hillgrove, Hillgrove West, Uralla, Walcha, Kooka-bookra, Swamp Oak. Bendemeer.

Hunter und Macleay District. Hauptort Kempsey 31° 9′ S. Br. 152° 50′ Oest. L., (280 miles) 448 km nordöstlich Sydney. Copeland, Dungoy, Kempsey und Taree.

Westliche Goldfelder.

Mudgee District. Hauptort Mudgee 32° 25′ S. Br. 149° 32′ Oest. L. (80 miles) 128 km nordlich von Bathurst. Gulgong, Hargraves, Peak Hill, Wellington, Windeyer, Mudgee.

Tambaroora und Turon District. Hauptort am Tambaroora 33° 1′ S. Br. 149° 30′ Oest. L. (60 miles) 96 km nördlich von Bathurst. Hill End, Ironbarks, Sofala.

Bathurst District. Hauptort Bathurst 33° 25′ S. Br. 149° 42′ Oest. L. (145 miles) 233 km östlich von Sydney. Eisenbahnverbindung. Blayney, Bathurst, Carcoar, Cowra, Mount McDonald, Mitchell, Lucknow, Orange, Rockley, Caloola, Trunkey, Tuena.

Lachlan District. Hauptort Temora 34° 12′ S. Br. 147° 20′ Oest. L. (291 miles) 465 km sudwestlich von Sydney. Eisenbahnverbindung. Postverbindung von Temora nach Young, Reefton, Barmedman und Wyalong. Barmedman, Cudal, Forbes, Grenfell, Canowindra, Murrumburrah, Parkes, Temora, Young, Cargo, Alectown, Marsden, Trundle, Molong, Yalgogrin, Wyalong West, Reefton.

*) A. Liversidge, Minerals of New South Wales, London 1888. S. 25.

Cobar District. Hauptort Cobar 31° 25′ S. Br. 145° 31′ Oest. L. (550 miles) 880 km westlich von Sydney. Eisenbahnverbindung. Cobar, Mount Hope, Bourke, Gilgunnia, Euabalong, Condobolin, Nymagee.

Albert District. (600—700 miles) 1000—1200 km nordwestlich von Sydney. Milparinka, Tibooburra, Wilcannia, Broken Hill und Liverton.

Südliche Goldfelder.

Tumut und Adelong District. Hauptort Tumut 35° 16′ S. Br. 148° 14′ Oest. L. (264 miles) 422 km südwestlich von Sydney. Eisenbahnverbindung. Germanton, Albury, Adelong, Cooma, Captains Flat, Gundagai, Tumut, Nimity belle, Queanbeyan, Reedy Flat, Tumbarumba, Tarcutta, Corowa, Kiandra, Gundaroo, Narrandera, Garangula, Bungendore, Bywong und Wagga Wagga.

Southern District. Hauptort Pambula 36° 49′ S. Br. 149° 57′ Oest. L. (339 miles) 542 km südlich von Sydney. Dampferverbindung. Araluen, Bombala, Braidwood, Pambula, Burrowa, Little River, Majors Creek, Moruya, Nerrigundah, Yalwal, Nerriga, Shoalhaven, Wagonga, Nelligen, Batemans Bay.

Victoria.

In der Kolonie Victoria sind sieben Goldfelder vorhanden, deren Hauptstädte, mit Ausnahme von Walhalla, mit Melbourne durch Eisenbahn verbunden sind.

Bendigo, 36° 46′ S. Br. 144° 17′ Oest. L. (101 miles) 162 km nord-nordwestlich von Melbourne.

Castlemaine, 37° 4′ S. Br. 144° 14′ Oest. L. (78 miles) 125 km nord-nordwestlich von Melbourne.

Maryborough, 37° 3′ S. Br. 143° 44′ Oest. L. (112 miles) 179 km nordwestlich von Melbourne.

Ballarat, 37° 33′ S. Br. 143° 52′ Oest. L. (74 miles) 118 km nordwestlich von Melbourne.

Ararat, 37° 17′ S. Br. 142° 57′ Oest. L. (131 miles) 209 km nordwestlich von Melbourne.

Beechworth, 36° 22′ S. Br. 146° 41′ Oest. L. (171 miles) 274 km nordwestlich von Melbourne.

Gippsland, Hauptort Walhalla, 37° 58′ S. Br. 146° 26′ Oest. L. (120 miles) 192 km östlich von Melbourne.

Südaustralien.

In der Kolonie Südaustralien sind seither ausgedehntere Goldfelder noch nicht entdeckt worden. Die Goldfunde liegen im südlichen Territorium bei:

Teetulpa	32° 12′ S. Br.	140° 7′ Oest. L.	(280 miles) 448 km nördlich Adelaide					
Mannahill	32° 36′ »	140°	»					
Barossa	34° 38′ »	138° 52′	»	(33	»	)	53 »	»	»
Mount Pleasant	34° 47′ »	139° 3′	»	(35	»	)	56 »	nordöstlich	»
Gumeracha	34° 50′ »	138° 56′	»	(23	»	)	37 »	»	»
Hahndorf	35° 3′ »	138° 57′	»	(17	»	)	27 »	östlich	»
Echunga	35° 7′ »	138° 50′	»	(21	»	)	33,6 »	südöstlich	»
Jupiter Creek	35° 8′ »	138° 48′	»	(15	»	)	24 »	»	»

ferner bei Mount Crawford, Ulooloo, Talunga und Wadnaminga. Auch auf der Kanguruh-Insel und im Nördlichen Territorium im Port Darwin-District sind Gold-funde gemacht worden, von denen an letzterem Orte einige zu Bergbaubetrieb Veranlassung gaben.

Westaustralien.

Die Goldvorkommen Westaustraliens finden sich im ganzen mittleren Theile der Kolonie, und zwar fast von der Süd- bis zur Nordküste hin. Man hat das gesammte Gebiet, in dem diese Goldvorkommen auftraten, in 12 Felder eingetheilt, welche in der Richtung von Süden nach Norden, wie folgt, benannt sind:

Dundas-Goldfeld mit (16 000 sq. miles) 40 000 qkm Flächenraum. Haupt-ort Dundas 32° 23′ S. Br. 121° 47′ Oest. L.

Coolgardie-Goldfeld mit (11 800 sq. miles) 29 500 qkm Flächenraum. Haupt-ort Coolgardie 30° 57′ S. Br. 121° 10′ Oest. L. (357 miles) 571 km von Perth (Eisenbahnverbindung).

Ost-Coolgardie-Goldfeld mit (21 505 sq. miles) 53 762,5 qkm Flächenraum. Hauptort Kalgoorlie 30° 45′ S. Br. 121° 30′ Oest. L. (24 miles) 38 km ost-nordöstlich von Coolgardie.

Nord-Coolgardie-Goldfeld mit (37 200 sq. miles) 93 000 qkm Flächenraum. Hauptort Menzies (100 miles) 160 km von Coolgardie.

Yilgarn-Goldfeld mit (14 320 sq. miles) 35 800 qkm Flächenraum. Haupt-ort Southern Cross 31° 14′ S. Br. 119° 19′ Oest. L. (248 miles) 397 km von Perth.

Yalgoo-Goldfeld mit (17 400 sq. miles) 43 500 qkm Flächenraum.

Murchison-Goldfeld mit (19 000 sq. miles) 47 500 qkm Flächenraum. Haupt-ort Cue 27° 25′ S. Br. 117° 52′ Oest. L. (262 miles) 393 km östlich von Geraldton.

Der Mayor von Coolgardie an Bord des Wüstenschiffes.

Lake View-Goldbergwerk. West-Australien.

Ost-Murchison-Goldfeld mit (60 550 sq. miles) 151 375 qkm Flächenraum. Hauptort Lawlers (250 miles) 400 km östlich Cue.

Ashburton-Goldfeld mit (9000 sq. miles) 22 500 qkm Flächenraum. Hauptort Ashburton 21° 43′ S. Br. 114° 57′ Oest. L..

Pilbarra-Goldfeld mit (34 000 sq. miles) 85 000 qkm Flächenraum. Hauptort Marble bar 21° 11′ S. Br. 119° 41′ Oest. L.

West-Pilbarra-Goldfeld mit (8500 sq. miles) 21 250 qkm Flächenraum.

Kimberley-Goldfeld mit (47 000 sq. miles) 117 500 qkm Flächenraum. Hauptort Halls Creek 18° 15′ S. Br. 127° 46′ Oest. L. (220 miles) 352 km südlich von Wyndham. '

Tasmanien.

Tasmanien hat drei wohl unterschiedene Golddistrikte und zwar den Distrikt der Nordküste, des Nordostens und der Westküste. Der Distrikt der Nordküste umfasst das Tamar-Goldfeld mit dem Haupt-Goldfundort Beaconsfield, ferner die minder bedeutenden Funde bei Lefroy, am Pipers River, am Back Creek, bei Lisle und bei Denison und Golconda. Zum Nordostdistrikt gehören die Mangana- und Mathinna-Goldfelder und als minder wichtige die Funde bei Waterhouse, Gladstone, Mount Horror, Branxholm, Mount Victoria und Scamander. An der Westküste liegen die Funde von drei Gruppen:

vom Piemans und White River,

am Macquarie-Hafen, dem King River und auf Mount Lyell,

in den in Port Davey einmündenden Bächen.

Neu-Seeland.

Auf den beiden Hauptinseln Neu-Seelands sind drei grosse Goldfelder zu unterscheiden:

das Hauraki-Goldfeld,

das Goldfeld der Westküste,

das Otago-Goldfeld.

Das Hauraki-Goldfeld liegt auf der Nordinsel und umfasst die Halbinsel von Coromandel und das südlich bis Waiorongomai hin gelegene Gelände. Innerhalb desselben sind die auf Seite 93 aufgeführten 12 Ganggruppen zu unterscheiden.

Das Goldfeld der Westküste nimmt den auf der Südinsel vom Kap Farewell bis zum Wanganui River westlich des Gebirgskamms sich hinziehenden Geländestreifen ein. Zu ihm gehören die Ganggruppen von Reefton und Lyell und die Alluvialfelder von Collingwood, von Westport, von Kumara, von Hokitika und von Ross.

Das Otago-Goldfeld im Südosten der Südinsel umfasst die primären Lagerstätten und die Alluvial-Goldablagerungen in den Flussläufen des Otago-Hochlands.

Geognostische Verbreitung des Goldes.

Gold ist in Australasien zwar in allen geologischen Formationen gefunden worden, in gewinnbaren Mengen indessen fast nur in den archäischen, paläozoischen und känozoischen Formationen.

Gold tritt fernerhin in den verschiedenartigsten Lagerstätten auf, sowohl eingesprengt in Eruptivgesteine, wie in Gängen, flötz- und seifenartigen Ablagerungen. Von diesen Formen des Goldvorkommens ist diejenige in Gängen die weit überwiegende. Querspaltengänge und Lagergänge sind sehr häufig, Kontaktgänge selten. In den sedimentären Formationen überragen die Lagergänge die Querspaltengänge an Häufigkeit; der Spaltenaufreissung bot sich in der Richtung des Schichtenstreichens der verhältnissmässig geringste Widerstand. Wenn somit die Lagergänge naturgemäss überwiegend dem Streichen der Gebirgsschichten folgen, so kommen doch auch häufig Durchsetzungen der Gebirgsschichten in Streichen und Einfallen vor, und zwar ist die Länge der Durchsetzung kürzer und der Winkel der Durchsetzung mit dem Schichtenstreichen dem rechten Winkel mehr sich nähernd, wenn sprödes massiges Gestein durchsetzt wird; dagegen ist die Länge der Durchsetzung länger und der Winkel der Durchsetzung mit dem Schichtenstreichen spitzer bei dünnschieferigem, zähem Gestein.

Während gangartige Lagerstätten von der Urformation bis zur Tertiärperiode auftreten, kommen die flötz- und seifenartigen Lagerstätten ganz überwiegend in den jüngeren, in den tertiären und quaternären Formationen vor, welche Erscheinung ebenfalls in der Entstehung der jüngeren Goldlagerstätten ihre natürliche Begründung findet.

Um eine hinreichend planmässige Darstellung der Goldlagerstätten Australasiens zu erzielen, erschien es mir geboten, die Lagerstätten nach dem geologischen Alter der Gebirgsformationen, in denen sie auftreten, zu gruppiren. Nach dem geologischen Alter der Lagerstätten selbst eine Gruppirung vorzunehmen, ist unmöglich, weil dasselbe beispielsweise bei den Gängen in den meisten Fällen überhaupt nicht zu ermitteln ist. Zudem wird bei der vorliegend gewählten Gruppirung nach dem Alter der Gebirgsformationen bei den Gängen auch schon in der Mehrzahl der Fälle eine Gruppirung nach dem Alter sich ergeben, weil die älteren Formationen naturgemäss früher die Möglichkeit zur Gangspaltenbildung boten als die jüngeren. Bereiten hierbei nun zwar die Lagerstätten in Eruptivgesteinen wiederum Schwierigkeiten, weil diese ihr geologisches Alter nicht unbedingt mit Sicherheit ermitteln lassen, da der Durchbruch des eine gewisse Formation durchsetzenden Eruptivgesteins sehr wohl erst zu weit späterer geologischer Zeit erfolgt sein kann, so erscheint es doch zweckdienlich, die darin aufsetzenden Lagerstätten ebenfalls bei Beschreibung der im sedimentären Muttergestein des Eruptivgesteins auftretenden Lagerstätten mit zu erörtern. Es ist dies auch um des-

willen nothig, weil der Fall nicht selten ist, dass Gangspalten aus einer Sedimentär-
formation in ein sie durchbrechendes, also jüngeres Eruptivgestein hinübersetzen.

Die Eintheilung nach geographischen Grenzen würde die systematisch-
wissenschaftliche Behandlung erschwert, die Eintheilung nach der Natur der
Lagerstätten bei dem umfangreichen, alle anderen Abschnitte weit überragenden
Kapitel über die Gänge wiederum eine Untergruppirung der Gangvorkommen
erfordert haben. Diese Untergruppirung aber hätte meiner sorgfältigen Erwägung
zufolge dennoch zur Eintheilung nach geologischen Formationen hingeleitet.

Die Lagerstätten der Goldfelder Australasiens ordnen sich demgemäss wie
aus beigefügter Tabelle ersichtlich.

Archäische Gruppe.

Golderzgänge in krystallinischen Schiefern.

Golderzgänge sind häufig in Chloritschiefern, Amphiboliten, Talk- und
Serizitschiefern, und zwar in zahlreichen Goldfeldern Westaustraliens, in den
Talunga-, Wadnaminga-, Gumaracha- und Mount Crawford-, vielleicht auch in
den Barossa- und Mannahill-Goldfeldern von Südaustralien, in den Caloola-,
Mudgee-, Condobolin- und anderen Goldfeldern von Neu-Süd-Wales, in einem
Theil des Gilbert River-Goldfelds und in anderen Distrikten Queenslands.

Sie kommen als Lagergänge und als Querspaltengänge vor. Wie erwähnt, sind die Lagergänge aber weit überwiegend. Da fast alle vorkarbonischen
Gesteine ein nordsüdliches Generalstreichen mit nur selteneren Abschwenkungen
um mehr als 20° nach Ost oder West besitzen, sind die Lagergänge somit ebenfalls
meist nordsüdlich gerichtet. Auch die Gänge der Eruptivgesteine, Diorite,
Diabase, Felsite, Porphyre, schliessen sich diesem Verhalten ziemlich an.

Golderzgänge in den westaustralischen Goldfeldern. Die westaustralischen
Golderzlagerstätten im Gebiete der krystallinischen Schiefer erwecken in geologischer und wirthschaftlicher Beziehung ein besonderes Interesse.

Als Nebengestein einer grossen Anzahl von Golderzgängen tritt in weiter
Verbreitung daselbst ein Gestein auf, welches örtlich von den Bergleuten kurzweg
»Diorit« genannt wird. Dieser Bezeichnung würden körnige Plagioklas-Horn-
blendegesteine entsprechen. Kommen auch im Murchison-Distrikt solche echte
Diorite als Nebengestein der Gänge vor, so erscheint doch die Mehrzahl der sogenannten Diorite, wie die Untersuchung einer grossen Anzahl von uns an Ort
und Stelle entnommener Gesteinsproben ergeben hat, als mehr oder minder
vollkommen geschieferte Gesteine, welche wesentlich aus Hornblende bestehen.
Sie werden daher am besten als Amphibolite bezeichnet.

Die untersuchten Gesteinsproben entstammen Vorkommen an nachstehenden
Oertlichkeiten:

a) In den Coolgardie- und Yilgarn-Goldfeldern:

1. Southern Cross.
2. Lady Loch mine bei Coolgardie.
3. Block 50 der Hampton Plains.
4. Westseite des Mt. Burgess bei Coolgardie.
5. Burbank Birthday Gift Goldmine, 8 Miles südl. Coolgardie.
6. Miriam Gold mine, 7 Miles südöstl. Coolgardie.
7. Big blow mine bei Coolgardie.
8. White Feather reward mine bei Kanowna.
9. Kinambla lease bei Dunnsville.
10. Wealth of Nations.
11. Great Boulder mine bei Kalgoorlie 200'-Sohle.
12. Ivanhoe mine bei Kalgoorlie 193'-Sohle.
13. Hannan's Brown Hill mine bei Kalgoorlie 198'-Sohle.
14. 1 Mile südl. v. Hannan's Brown Hill, anstehend an der Oberfläche.
15. Lady Shenton bei Menzies 160'-Sohle.
16. » » North bei Menzies.
17. Steinbruch 1½ Mile östl. von Menzies.
18. St. Albans bei Menzies.

b) Im Murchison-Goldfeld.

19. Trenton mine bei Day-Dawn.
20. Gang innerhalb des quarzführenden Diorits der Lady Mary mine 100'-Sohle bei Cue.
21. Emperor mine bei Day-Dawn.
22. Cuddingwarra bei Cue.
23. Day-Dawn mine bei Day-Dawn.
24. Austin mine auf der Insel im Lake Austin.

Diese Gesteine haben in frischem Zustande meist dunkelgrüne Färbung. Sie erscheinen bereits makroskopisch als wesentlich aus einem Gemenge von Hornblende-Individuen, welche nicht selten eine Grösse von 2 mm erreichen, bestehend. Bei den meisten Gesteinen ist das Gemenge ein äusserst inniges. Dort, wo ein feldspathiger Gemengtheil in reichlicherem Maasse an der Zusammensetzung Theil nimmt, lässt derselbe sich im nicht ganz frischen Gestein makroskopisch bereits durch Auftreten kleiner weisslicher Flecken erkennen. Viele Gesteine zeigen mehr oder minder deutliche Schieferung.

Durch den Bergbaubetrieb ist nachgewiesen worden, dass die Amphibolite mit Ausnahme verhältnissmässig weniger Stellen, an denen sie unzersetzt zu Tage treten und zur Gewinnung von Baumaterial benutzt werden können, von der Oberfläche bis zu, zwar sehr ungleichmässiger, aber oft beträchtlicher, 70—150' betragender Tiefe hochgradig zersetzt sind. Sie sind alsdann in eisenschüssige graue, gelbliche oder bräunliche bis dunkelbraune, weiche, leicht zerreibliche Massen umgewandelt. U. d. M. tritt als wesentlicher Gemengtheil die grüne, stark pleochroitische Hornblende auf; daneben erscheinen Epidot, Chlorit, Quarz, Karbonate, ferner als untergeordnete Beimengungen Biotit, Apatit, Titanit, Zirkon, Magneteisen, Titaneisen, Leukoxen. Die Hornblende ist stets unregelmässig individualisirt, sie erscheint in den Präparaten meist in Schnitten parallel der Längsachse, häufig in Aggregaten von annähernd parallelen Stengeln; die Individuen sind vielfach an den Enden dismembrirt; Querschnitte sind selten. In der Richtung der Längsachse macht sich manchmal ein ausgesprochener Parallelismus geltend. Vielfach besitzen die ganz irregulär geformten Schnitte lappenförmige Gestalt. Fremde Einlagerungen scheinen, abgesehen von spärlichen Erzkörnchen, durchweg zu fehlen. Epidot tritt bisweilen in einzelnen grösseren Individuen, gewöhnlich aber in körnigen Aggregaten, auf. Schmutziggrüne chloritische Substanzen sind vielfach verbreitet.

Im Allgemeinen liegt zwischen der Hornblende eine farblose, als solche xenomorphe Masse, welche nach ihrem Verhalten zwischen gekr. N. aus einem Mosaik von Quarz und Feldspäthen besteht. Die Quarze sind oft reich an Flüssigkeitseinschlüssen. Zwillingsbildung ist an den Feldspäthen nur in geringem Maasse wahrnehmbar, und dann beschränkt sich dieselbe meist auf das

Dasein nur zweier Individuen mit einer einzigen Zwillingsnaht, wie es nach vielen Erfahrungen für den Albit charakteristisch ist. Eine vielfach repetirte Zwillingsbildung ist in hohem Grade selten. Das Quarz-Feldspath-Mosaik ist stets von einer Unmenge von Hornblende-Mikrolithen durchspickt. Im Amphibolit von der Emperor Mine sind Quarz und Feldspath zu sehr hübschem Schriftgranit stengelig miteinander verwachsen. Hier und da sind grössere Feldspathparthien saussuritisirt. An Stelle derselben gewahrt man alsdann im Präparat bei schief auffallendem Licht trübweisse matte Flecken; dieselben werden u. d. M. vorwiegend aus einem Aggregat von meist wirr gelagerten Zoisitprismen und -körnchen gebildet, welche, wenn sie grössere Dimensionen gewinnen, ihre Spaltbarkeit, gerade Auslöschung, in anderen Richtungen ihre stahlblaue Polarisationsfarbe recht deutlich zeigen. In den saussuritischen Parthien wird der fast farblose Zoisit bisweilen von etwas grösseren, grünlichgelben Epidoten begleitet. Vielfach erblickt man in diesen Aggregaten, gewissermaassen als Untergrund, noch die halbwegs erhaltene polysynthetische Zwillingslamellirung der ehemaligen Feldspathsubstanz. Eine Betheiligung von Granat, Skapolith oder einem zeolithischen Mineral konnte an diesem Saussurit nicht nachgewiesen werden. Der Zoisit findet sich, abgesehen von seinem Auftreten im Saussurit, auch wohl in Gestalt selbstständiger Individuen im Gesteingewebe.

Die stark lichtbrechenden Körnchen des Titanits, die bisweilen als Kern ein schwarzes Erzcentrum zeigen, sind vielfach reihen- und striemenförmig angeordnet. Leukoxenrinden überkrusten häufig die Ilmenitblättchen. Manche Vorkommnisse erweisen sich relativ reich an Karbonat, theils in dünnen dendritenähnlichen Häuten zwischen den Gemengtheilen, theils als grössere Körner mit rhomboedrischen Spaltungsrissen.

Da die Amphibolite mächtige Einlagerungen innerhalb der krystallinischen Schiefer bilden, namentlich auch vielfach vorzügliche Schieferung zeigen, ist man geneigt, sie in genetischer Hinsicht jenen gleichzustellen. Hiermit ist indessen nicht in Einklang zu bringen das Vorkommniss von Amphibolit auf der 196' Sohle der Lady Mary Mine bei Cue, in einem etwa 1 m mächtigen, den dortigen Quarzdiorit durchsetzenden Gange, so dass dessen ursprünglich eruptive Natur auf Grund dieses Vorkommens hier wohl unzweifelhaft erscheint. Wenn auch in diesem Gangkörper keine Parthien gefunden wurden, welche noch an ehemalige diabasische Natur erinnerten, auch selbst der Amphibolit keinerlei Reste eines pyroxenischen Gemengtheils mehr erkennen liess, so wird hier kaum eine andere Deutung möglich sein, als dass, wie dies anderwärts in zahlreichen Fällen festgestellt worden ist, ursprünglich ein Diabas-Gang vorlag, welcher unter dem Einfluss des Gebirgsdruckes in Amphibolit umgewandelt wurde. Dieses gangförmige Vorkommen des Amphibolits lässt immerhin aber auch die Möglichkeit nicht ausgeschlossen erscheinen, dass die übrigen mächtigen Amphibolitmassen ebenfalls als durch Druckmetamorphose veränderte und geschieferte Diabasgesteine aufzufassen sind. Vielleicht gelingt es der fortschreitenden Untersuchung der geologischen Verbandsverhältnisse, hierfür noch weitere Anhaltspunkte zu gewinnen.

Ausser den Amphiboliten treten auch Glimmerschiefer, Phyllite und Talkschiefer in Westaustralien als Muttergesteine von Golderzgängen auf.

Die Gänge streichen vorwiegend S. S. O.—N. N. W. oder S.—N., oder S. S. W.—N. N. O. bei meist westlichem Einfallen. Streichen der Gänge in anderen Richtungen tritt gegen das bezeichnete Hauptstreichen mehr zurück.

Die Gänge treten vielfach örtlich zu Ganggruppen oder Gangzügen zusammen.

Als die wichtigeren der hierher gehörigen Ganggruppen sind zu erwähnen:

Dundas-Goldfeld:
> Dundas Gruppe,
> Norseman Gruppe.

Coolgardie-Goldfeld:
> Coolgardie Gruppe,
> Wealth of Nations Gruppe,
> »25 Miles« Gruppe,
> Siberia Gruppe.

Ost-Coolgardie-Goldfeld:
> Kalgoorlie (Hannan's) Gruppe,
> Kanowna (White Feather) Gruppe,
> Broad Arrow-Bardock Gruppe,
> Bulong (I. O. U.) Gruppe,
> Kurnalpi Gruppe.

Nord-Coolgardie-Goldfeld:
> Goongarrie (90 Miles) Gruppe,
> Menzies Gruppe,
> Niagara Gruppe,
> Edjudina Gruppe,
> Mt. Margaret Gruppe.

Yilgarn-Goldfeld:
> Southern Cross Gruppe,
> Parker's Range Gruppe.

Murchison-Goldfeld:
> Mount Magnet Gruppe,
> »The Island« Gruppe,
> Day-Dawn Gruppe,
> Dead Finish Gruppe.

Ost-Murchison-Goldfeld:
> Lawler's Gruppe,
> Lake Darlot Gruppe.

Yalgoo-Goldfeld:
> Yalgoo Gruppe,
> Pingalling Gruppe.

Ausser diesen gehören noch eine Anzahl kleinerer Ganggruppen hierher, sowie einzelne Gänge, welche bestimmten Gruppen nicht zugetheilt werden können. Es sind zwei Arten der Gänge zu unterscheiden:
> a) einfache Quarzgänge,
> b) zusammengesetzte Gänge.

Die einfachen Gänge sind diejenigen, deren Bruchspalten im Wesentlichen nur mit Quarz erfüllt sind. Unter dem Begriff der zusammengesetzten Gänge beabsichtige ich dagegen diejenigen Goldlagerstatten zusammenzufassen, welche der westaustralische Bergmann als »Lode-Formation« bezeichnet. Es sind Gänge, deren Ausfüllungsmasse aus mehr oder weniger verändertem, von zahlreichen Quarztrümmern und Schnüren durchzogenem Nebengestein besteht.

Die einfachen Quarzgänge durchziehen das Gebirge nach allen Richtungen, vorwiegend aber von Nord nach Süd mit geringen Abweichungen nach West oder Ost. Sie besitzen die verschiedensten Mächtigkeiten von 1 cm bis zu mehr als 1 m; es sind sogar Quarzkörper von 10—25 m Dicke vorhanden. Sie verstärken und verschwächen sich in Streichen und Einfallen vielfach, letzteres oft bis zu vollständigem Auskeilen. Die Begrenzungen der Quarzgänge nach dem Nebengestein hin sind meist gut ausgeprägt.

Einzelne Quarzgänge erscheinen als eigentliche Lentikulargänge; grössere oder kleinere Quarzparthien keilen so vollkommen in Einfallen und Streichen aus, dass sie mehr oder weniger linsenförmige Gestalt annehmen. Am vollkommensten ist die lentikulare Gestaltung der Gange in der Edjudina-Ganggruppe wahrnehmbar. Dort setzt in Phyllit oder einem dünnschieferigen talkigen Thonschiefer, welcher bis zu 25 m Tiefe stark zersetzt ist, ein aus mehreren Parallelgängen bestehender Gangzug auf. Bis jetzt hat daselbst zwar in den Grubenbauen selbst nicht durch Augenschein festgestellt werden können, dass die einzelnen aufgeschlossenen Gangspaltenbildungen eine grosse Längenerstreckung besitzen, weil die einzelnen Schachtanlagen nur in seltenen Fällen mit einander in Durchschlag gebracht worden sind; die vielen Quarzausgehenden aber, welche, wenn auch nicht in direktem Zusammenhange nachgewiesen, doch, die Grubenaufschlüsse verbindend, weithin auf der Oberfläche wahrzunehmen sind, machen die Annahme wahrscheinlich, dass die Gangspalten bis zu 11 km Länge besitzen.

Die diesem Gangzuge zugehörigen Gange sind als lentikulare Lagergänge typischster Ausbildung zu bezeichnen. Sie bestehen fast durchweg aus einer Aneinanderreihung sehr schön ausgebildeter Quarzlinsen, welche die verschiedensten Mächtigkeiten, und zwar Achsenverhältnisse von etwa 6 m : 4 m : 1 m bis herab zu 12 cm : 6 cm : 2 cm besitzen. Die Linsen sind oft durch taube Mittel geringerer oder grösserer Länge von einander getrennt. Meist liegt nur eine Linsenreihe im Gange; zuweilen aber gruppiren sich auch zwei oder drei Linsenreihen zusammen in Wechsellagerung der Linsen. Der Quarz erscheint in grösseren Linsen in Blöcke zertheilt, stellenweise zellig oder drusig. In mehreren, noch nicht 34 m tiefen Schächten des Gangzugs machte sich bei Besichtigung eine so Bedenken erregende Verschwächung der Lagerstatten nach der Tiefe hin bemerkbar, dass baldiges Auskeilen zu erwarten steht.

Der Quarz der einfachen Quarzgange besitzt weisse, graue, braune, gelbliche, grünliche oder schwärzliche Färbung und ist oft von zelliger oder drusiger Beschaffenheit.

Die zusammengesetzten Gänge erscheinen in sehr verschiedener Durchschnitts-Mächtigkeit, theils nur 1 m weit, meist aber mächtiger und bis zu mehr als 20 m ansteigend; dabei ist die Mächtigkeit innerhalb derselben Lagerstätte sehr wechselnd bis zu vollständigem Auskeilen.

Sie sind mit wenigen Ausnahmen bis jetzt nur in oberer Teufe, in der Zersetzungszone des Gebirgs, erschlossen worden und sind daher theils mit einem ziegelrothen, rothbraunen oder gelblichen, eisenschüssigen, thonigtalkigen Gestein, theils mit Kaolin von gelblicher oder röthlicher, oft aber besonders reiner weisser Farbe erfüllt. Diese Gangausfüllungsmasse ist von einer grossen Anzahl nach allen Richtungen, in der Kalgoorlie-Ganggruppe vorwiegend westöstlich streichender Quarztrümmer von sehr wechselnder Stärke durchzogen. Die Quarztrümmer besitzen weisse, graue, braune, grünliche oder schwarze Färbung und sind oft von zelliger, drusiger Beschaffenheit, theils geradezu kieselsinterartig. Je mehr Quarztrümmer und Schnüre die Lagerstätte durchziehen und je zerbrochener oder zelliger der Quarz erscheint, desto reichhaltiger ist in der Regel der Gang.

Die Gangbegrenzungen gegen das Nebengestein sind meist nur am Liegenden deutlich ausgeprägt. Nach dem Hangenden, seltener nach dem Liegenden hin, findet ein mehr allmählicher Uebergang der Gangausfüllungsmasse in das Nebengestein hinein statt.

Am Liegenden und vielfach im Gangkörper selbst sind deutlich ausgeprägte Rutschflächen wahrnehmbar.

Während die Quarzgänge in sämmtlichen Ganggruppen vorkommen, finden sich die zusammengesetzten Gänge, soweit bis jetzt festgestellt wurde, vorwiegend in den Kalgoorlie-, Broad Arrow-Bardock- und Bulong-Ganggruppen; aber auch in den Menzies-, Yalgoo-, Mount Magnet und anderen Ganggruppen sind zusammengesetzte Gänge von mehr oder weniger typischer Ausbildung und stellenweise ausserordentlich mächtiger Entwicklung, wenn auch minder zahlreich als in den erstgenannten Gruppen, nachgewiesen worden.

Auf zusammengesetzten Gängen der Kalgoorlie-Gruppe bauen die sehr bekannt gewordenen Bergwerke Great Boulder, Lake-View, Ivanhoe und Hannan's-Brownhill.

Der Verlauf der Quarzgänge ist an der Oberfläche meist durch Quarz-Rollstücke oder durch mehr oder minder hoch sich erhebende, stellenweise bis zu 6 und 15 m Höhe emporstrebende Quarzkämme verfolgbar; das Streichen der zusammengesetzten Gänge indessen ist vielfach oberflächlich garnicht oder durch Ausgehende von Eisenkiesel und Thoneisenstein angedeutet.

Die westöstlich streichenden Gänge verhalten sich im Allgemeinen in Längenerstreckung, Tiefenentwicklung und Reichhaltigkeit ungünstiger wie die südnördlich streichenden Gänge.

Gold tritt sowohl in den selbstständigen Quarzgängen und in den Quarztrümmern und Schnüren der zusammengesetzten Gänge, wie auch in der übrigen

Ausfüllungsmasse der letzteren auf. Während aber der Goldgehalt in den eigent-
lichen Quarzgängen zu einigen Unzen (30—60 g), in den Quarztrümmern und
Schnüren der zusammengesetzten Gänge zu einem noch höheren Durchschnitts-
gehalt (30—120 g und mehr) in der Tonne sich erhebt, beträgt er in der übrigen
Ausfüllungsmasse der zusammengesetzten Gänge oft nur Spuren, in den reicheren
Lagerstätten nur bis zu 22 g etwa oder 30 g Gold auf die Tonne ansteigend.

Es ist bekannt, dass einzelne Bergwerke zeitweise Pochergebnisse von
(3, 5, sogar 15 Unzen) 90, 150 und 470 g in der Tonne erzielt haben.

Das Gold ist meist derart fein im Erz der Gänge vertheilt, dass es mit
dem Auge nicht wahrgenommen werden kann. Vielfach findet man aber auch
sichtbares Gold. Dieses tritt in den zusammengesetzten Gängen auf in Gestalt
eines ganz feinen staubartigen Beschlages, oder von Punkten oder Sternchen,
ferner in Art eines weichen, moos- oder schwammartigen, mit dem Finger leicht
abwischbaren Ansatzes, in Art feiner zackiger Parthien, in Gestalt dünner Bleche
oder dickerer zackiger und knolliger Stücke verschiedenster Gestaltung, Grösse
und Gewicht. Im November 1895 wurde beispielsweise im Ausgehenden eines
Quarztrummes auf Devon Consols Claim bei Black Flag, und zwar 2 m unter
Tage, ein nur mit wenig Quarz durchwachsener Goldklumpen von 9,438 kg Gewicht
gefunden. In denjenigen Quarzgängen, welche dunkler gefärbte Quarzarten führen,
namentlich solche von gelblicher, bräunlicher oder grauer Farbe, findet sich das
Gold vorwiegend fein vertheilt durch den ganzen Quarz hindurch; bei den weissen
bis milchweissen Quarzen hingegen sitzt das Gold meist in Funken oder kleineren
und grösseren hakigen Parthien in feinen, den Quarz durchziehenden Klüften.
Die weissen Quarze mit Fettglanz sind sehr goldarm.

Das Gold ist in der Regel angereichert in Erzfällen, welche stets ein gewisses Einschieben in der Streichrichtung der Gänge besitzen. Der Gehalt an
Edelmetall erhebt sich in solchen Erzfällen zuweilen zu beträchtlichem Reichthum,
vermindert sich andererseits aber auch ausserhalb der Erzfalle bis zu vollkommener
Unbauwürdigkeit der Lagerstätten. Das Gold ist im Uebrigen selbst innerhalb
der Erzfälle sehr unregelmässig vertheilt; sehr reiche Stellen wechseln vielfach
mit durchaus tauben ab.

Es ist eine andere oft beobachtete Thatsache, dass am Ausgehenden auf
eine gewisse Erstreckung hin oder gar nur in einzelnen Nestern eine beträchtliche
Anreicherung der Gänge vorliegt. Dieser Umstand hat mehrfach zu gänzlich
irrthümlicher Werthschatzung von Lagerstätten Anlass gegeben. Sobald der Bergbau in die Tiefe hinabrückte, führte eine beträchtliche Verminderung des Gold-
gehaltes zur Enttäuschung. In den günstigeren dieser Fälle war das Erz in der
Teufe, wenn auch bedeutend ärmer, so doch immerhin gewinnbringend; in anderen
Fällen war es arm bis zur vollständigen Taubheit. Die Lentikular-Lagergänge
des Edjudina-Gangzuges, welche nahe der Oberfläche nicht unbeträchtlichen Goldgehalt zeigten, verarmten rasch in geringer Tiefe. Auf Londonderry mine sind
am Ausgehenden, in 15 m, in 22 m und in etwa 31 m Tiefe insgesammt nur

vier Nester sehr reichen Erzes von beschranktem Umfange gefunden worden; ausserhalb derselben ist das Erz nur in ganz geringem Umfange bauwürdig.

Von anderen Mineralien treten nur noch ein gewisser, meist unbeträchtlicher Silbergehalt, in den tieferen unzersetzten Gangzonen Eisenkies, Arsenkies, stellenweise auch Bleiglanz, selten Kupferkies auf, sowie in den obersten Teufen deren Zersetzungsprodukte. Tellurgold und Tellursilbergold sind in den zusammengesetzten Gängen des Kalgoorlie-Distrikt gefunden worden.[*])

Der Mineralgehalt zieht sich in geringen Mengen auch öfters in das Nebengestein hinein.

Die Zersetzungszone der Gänge hat in den einzelnen Bergbaubezirken sehr verschiedene Tiefen. Sie reicht beispielsweise im Cue-Distrikt bis zu 20—23 m, im Menzies und Kalgoorlie-Distrikt bis zu 40—55 m durchschnittlicher Tiefe hinab; sie ist aber selbst in den einzelnen Bergbaubezirken oft von recht wechselnder Tiefe.

Die Zersetzung des Nebengesteins geht in der Regel ebenso tief hinab, wie diejenige der Gänge.

Gangdurchsetzungen durch Quergänge, seien es andere Golderz- oder Gesteins-(Diabas- u. s. w.) -Gänge, sowie durch Klufte, meist in Verbindung mit Verwerfungen oder Ueberschiebungen, kommen vor, indessen nicht allzu häufig.

Ueber die etwaige Entstehungsweise der Gänge sprach ich mich in dem kurzen zusammenfassenden Bericht vom Januar 1896, wie folgt, aus: »Die einfachen Quarzgänge wie die zusammengesetzten Gange sind in der Regel als mineralisirte Bruchspalten aufzufassen, aus Anlass deren Entstehung meist auch eine Verschiebung (Verwerfung, seltener Ueberschiebung) der getrennten Gebirgskörper zu einander eingetreten ist; nur sind bei den zusammengesetzten von den bei der Verschiebung der Gebirgstheile zur Geltung gekommenen Druckwirkungen grössere Parthien des Nebengesteins in Anspruch genommen, zerquetscht und zermalmt worden. Dieserart wurde das zwischen den hangenden und liegenden Gangbegrenzungen eingeschlossene zermalmte Gesteinsmaterial, welches zudem durch Minerallösungen eine theilweise Umbildung erfuhr, zur Gangart. Rutschflächen und Harnische, deren Entstehung auf solche Druckwirkungen zurückgeführt werden müssen, sind häufig. Die einfachen Quarzgänge und die zusammengesetzten Gänge bezeichnen aber nur Endtypen der Gangbildungen, denn Uebergänge von diesen zu jenen sind in allen Stufen der Entwicklung wahrnehmbar. Derartige Uebergangsformen, welche in der Regel weit ärmer als die typischen zusammengesetzten Gänge sich erweisen, werden von dem westaustralischen Bergmann

---

*) Diese Mineralfunde sind erst nach meiner Anwesenheit in den westaustralischen Goldfeldern, zum Theil sogar erst nach Abschluss dieses Buches, zuerst in den Gängen der Kalgoorlie-Ganggruppe, dann auch in einigen Lagerstätten der Broad Arrow-Bardock- und Bulong-Ganggruppen entdeckt worden. Sie traten erst in Tiefen von 50—70 m bei dem Uebergange der zersetzten Erze des eisernen Hutes in die unzersetzten Erze der Tiefe auf. Stets kommt Tellurgold mit Tellursilber zusammen vor, und zwar von den vorwiegend Tellurgold führenden Mineralien Sylvanit, Calaverit und Krennerit bis zu den vorwiegend Tellursilber führenden Mineralien, dem Petzit, Hessit und anderen Varietäten hin. Die Tellurerze finden sich meist im Gemenge mit Pyriten.

missbräuchlich gerne ebenfalls als »Lode-Formation« bezeichnet, um die Lagerstätte in höherem Werthe erscheinen zu lassen.«

Ich musste in dem kurzen Berichte davon Abstand nehmen, auf die Erscheinungsweise der gangförmigen Lagerstätten, insbesondere auf die sehr wichtige
Frage, wie Gangart und Erzgehalt der zusammengesetzten Gänge bei der Erreichung des unzersetzten Gebirges sich verhalten, näher einzugehen, weil damals
nur wenige Anhaltspunkte vorlagen. Obwohl ich mein ganz besonderes Interesse
der Feststellung dieses Verhaltens zuwandte, ist uns nur ein Aufschluss eines
zusammengesetzten Ganges im unzersetzten Gebirge, und zwar im Ivanhoe-Berg-
werk, zu Gesicht gekommen. Der Gang bestand daselbst aus einem quarzitischen
Gestein, welches viel Schwefelkies und, wie ich mich selbst überzeugte, einen
nicht unbeträchtlichen Gehalt an Freigold führte. Später ging mir die Mittheilung
zu, dass der Great Boulder-Gang im unzersetzten Gebirge wohl ausgeprägt und
mit 90 g Tonnen-Goldgehalt angetroffen worden sei, dass ferner im Felde des
Boulder Perseverance-Bergwerks die zersetzten Erze des Ausgehenden in etwa
33 m Tiefe in pyritische Erze übergegangen wären und dass der 80 m tiefe Haupt-
schacht des Lake View Consols-Bergwerks Sulfid- und Tellurerze von 250 bis
310 g Tonnengoldgehalt erschlossen habe. Hiermit ist die Möglichkeit des Niedersetzens der zusammengesetzten Gänge in das unzersetzte Gebirge erwiesen, auch,
namentlich bei denjenigen, welche grosse Längenerstreckung mit beträchtlicher
Mächtigkeit vereinen, ein Niedergehen in grössere Tiefen wohl anzunehmen.

Nach weiteren mir zugegangenen Beobachtungen ist aber auch feststehend,
dass andere der zusammengesetzten Gänge nur in zersetztem Gebirge eine mäch-
tigere und reichere Entwicklung erfahren haben und dass sie bei Erreichung des
unzersetzten Gebirges unter bedeutender Verringerung der Mächtigkeit bis zur
Unbauwürdigkeit verarmen oder gar ganz auskeilen. Bei diesen bot die Entstehung eines umfangreichen Systems kleinerer Bruchspalten, welche alsdann wohl
nur in wenigen Fällen Gebirgsverwerfungen zur Folge hatten, einerseits die
Möglichkeit zur Abscheidung von Quarz- und Edelmetallen aus zutretenden Minerallösungen, andererseits aber auch zur tiefgreifenden Zersetzung des Nebengesteins,
welches, soweit es zwischen mehreren Bruchspalten anstand, zur Gangart wurde. Der
in jüngster Zeit mehrfach auftretenden Anschauung, dass Gangart wie Erzausfüllung
der Tellurerzgänge gleichzeitig als Eruptivmagma in den Gangspalten aufgestiegen
seien, vermag ich mich ohne weitere überzeugende Gründe nicht anzuschliessen.

Golderzgänge in Neu-Süd-Wales. Das Verhalten der Gänge in den den
krystallinischen Schiefern angehörigen Goldfeldern von Neu-Süd-Wales schliesst sich
meist demjenigen der einfachen Quarzgänge West-Australiens an, so dass sie keiner
besonderen Besprechung bedürfen. Nachstehend sollen nur noch einige besonders
charakteristischen Ausgestaltungen gewisser Gangvorkommen Erwähnung finden.

Im Eureka-Bergwerk des Condobolin-Goldfeldes liegt offenbar ein Querspalten-
gang vor, weil der Gang nordnordwest-südsüdöstlich streicht, die Gebirgsschichten

4*

dagegen westnordwest-ostsüdöstliche Richtung haben. Der Umstand, dass man im Liegenden der Lagerstätten Talkschiefer im ziemlicher Zersetzung, und im Hangenden harten, theils weissen, theils rothen Sandstein fand, ist durch eine beträchtliche Verwerfung hervorgerufen worden.

Das Ausgehende ist an einigen Stellen bis zu 5 m weit und kann auf 256 m hin im Streichen verfolgt werden.

Eigenartige Goldvorkommen zeigen einige Lagerstätten des Peak Hill, westlich Molong im Mudgee-Goldfeld. Das Talkschiefergebirge ist daselbst durchsetzt von einer Anzahl gangartiger Lagerstätten von stellenweise bedeutender Mächtigkeit, welche ebenfalls stark zersetzte eisen- und kieselreiche Talkschiefer mit mehreren Trümmern eisenhaltigen porösen Quarzes führen. Die Lagerstätten gehen zum Theil ohne ausgeprägte Salbänder allmählich in das Nebengestein über. Sie streichen vorwiegend nordwest-südöstlich.

Eine der Lagerstätten besteht aus:

2 m eisenhaltigem Quarz und quarzigem Talkschiefer,

3 m Talkschiefer,

2 m quarzigem Talkschiefer,

8,5 m Talkschiefer,

1 m Talkschiefer mit eisenreichen Quarzschnuren.

Ein in 11 m Tiefe getriebener Querschlag durchsetzt ähnlich zusammengesetztes Erz.

Mehrere Proben des Talkschiefers mit mehr oder weniger Quarz ergaben einen zwischen 4 und 32 g wechselnden Tonnen-Goldgehalt. Sichtbares Gold soll an einigen Stellen wahrgenommen worden sein; im Allgemeinen ist das Gold aber im Erz fein vertheilt.

An anderer Stelle des Bergwerkseigenthums verfolgte ein Schacht bis zu 26 m Tiefe einen nahezu senkrecht stehenden Gang eisenhaltigen Talkschiefers, welcher mit dünnen Schnürchen porösen eisenhaltigen Quarzes durchzogen war. Das Nebengestein ist grauer Talkschiefer. Das Streichen des Ganges ist westnordwest-ostsüdöstlich, das Einfallen bis zu 21 m Tiefe nördlich, dann südlich. Die Mächtigkeit beläuft sich auf mehr als 1 m. Bis zur Schachttiefe reicht die beträchtliche Zersetzung des Erzes, so dass daselbst noch keine Pyrite auftreten. Eine Probe aus der östlichen Hälfte des Ganges ergab 8 g Gold und 3,75 g Silber auf die Tonne, eine Probe aus der westlichen Hälfte des Ganges 117 g Gold auf die Tonne. Da das Ausgehende noch 36,5 m höher als die Schachthängebank liegt, ist eine Gangtiefe von mindestens 63 m wahrscheinlich.

Ein anderer Gang war in 9,8 m Tiefe am Tage der Besichtigung (am 14. Juni 1890) bis zu 2 m Mächtigkeit überfahren worden; er zeigte ein gut ausgeprägtes Liegendes und sehr weichen, tief braunroth gefärbten Talkschiefer als Nebengestein.

Der Durchschnittsgoldgehalt der Gänge wird auf etwa 15 g in der Tonne angegeben.

Diese Lagerstätten sind als zusammengesetzte Gänge zu bezeichnen. Zwischen die hangenden und liegenden Gangbegrenzungen eingeschlossenes zermalmtes Gesteinsmaterial erlitt durch eindringende Minerallösungen eine theilweise Umbildung und wurde zur Gangart.

Im Caloola-Goldfeld, 9,6 km nordnordwestlich von Rockley in der Grafschaft Bathurst, erscheint das Gold nicht nur in Quarzlinsen, welche zwischen Schichtflächen des Glimmerschiefers eingebettet sind, sondern auch in den unmittelbar an die Quarzlinsen anschliessenden Glimmerschiefern selbst (Tafel V, Profil 2). In einigen Fällen sollen sogar goldleere Quarzlinsen zwischen goldführenden Glimmerschiefern gefunden worden sein.

Gänge im Granit.

Im Granit, welcher zum weit überwiegend grossen Theil archäischen Ursprungs ist, treten an vielen Orten Golderzgänge in grosser Zahl auf. Mögen auch in demjenigen Granit, welcher innerhalb der Verbreitungsgebiete jüngerer Formationsglieder auftritt und demgemäss jüngeren Alters sein könnte, derartige Goldlagerstätten erscheinen, so werden sie doch gleichzeitig mit den im älteren Granit anstehenden erörtert werden müssen, weil die Altersbestimmung zu grossen Schwierigkeiten begegnet, stellenweise überhaupt unmöglich ist.

Dem Granit gehören die Gänge an in den Charters Towers-, Croydon-, Etheridge-, Ravenswood- und anderen Goldfeldern in Queensland, in den Armidale- (z. Th.), Yalgogrin-, Wyalong-, Gundagai-, Tumut-, Adelong-, Braidwood-, Wagonga-, Garangulah-, Majors Creek- und anderen Goldfeldern von Neu-Süd-Wales, sowie im Ararat-Goldfelde in Victoria. Während aber der Granit von Croydon, Etheridge, Wagonga und Ararat normaler, aus Feldspath, Quarz und Glimmer bestehender Granit ist, erscheint in den meisten anderen Goldfeldern der Granit in Folge mehr oder minder vollständigen Ersatzes des Glimmers durch Hornblende als Hornblende-Granit.

Gänge im gewöhnlichen Granit.

Croydon-Goldfeld.

Im Croydon-Goldfelde findet sich neben hartem festem Granit ein umfangreiches Gebiet sehr zersetzten Granits mit Graphitnestern. Eine Gesteinsprobe des unzersetzten Granits von Iguana Hill wurde untersucht.

Er führt blassrothen Feldspath und ist ziemlich quarzreich. Unter dem Mikroskop erweisen sich die Orthoklase stellenweise perthitisch fein geflammt. Die Quarze haben relativ grosse Flüssigkeitseinschlüsse und zeigen in auffallender Weise undulöse Auslöschung, obschon im Allgemeinen keine besonderen Kataklaserscheinungen nachzuweisen sind. Ein kleiner Theil des Quarzes gehört vielleicht nicht zu den ursprünglichen Gemengtheilen, sondern ist sekundärer Entstehung, weil er von den grösseren Körnern auslautende, oft weithin ziehende Spältchen in den angrenzenden Feldspäthen bildet. Die Plagioklase erscheinen etwas angegriffen; stellenweise finden sich schriftgranitische Parthien. Von gefärbten Mineralien tritt nur chloritische Substanz in schmutziggrünen, blättrigen Parthien auf, welche ohne Zweifel auf ehemaligen Biotit zurückzuführen sind. Hier und da bildet der Chlorit hellminthähnliche gekrümmte Aggregate, deren Substanz nach ihrem Auftreten als gewandert gelten muss. Spärlich tritt rhomboedrisch spaltbarer Calcit auf. Auch ein Korn blassvioletten Flussspaths wurde beobachtet.

Bisher hat man im Croydon-Goldfelde nur in dem zersetzten Granit Gold-quarzgänge*) entdeckt. Sie haben meist nordnordwestliches Streichen bei nordöstlichem Einfallen, besitzen grössere Längenerstreckung und fast durchweg beträchtlichere Mächtigkeiten von 0,75—1,75 m. Das Verhalten ist allgemein ziemlich regelmässig. Das Gold findet sich überwiegend als Freigold im Gange. In der Teufe tritt Schwefel- und Arsenkies, seltener Bleiglanz hinzu. In den Ausgehenden fand man die Zersetzungsprodukte dieser Mineralien. Der durchschnittliche Werth einer Unze**) des gewonnenen Goldes beträgt wegen der starken Silberbeimischung nur 46,8 M.

Die bedeutenderen der auftretenden Lagerstätten sind der Iguana-, der Golden Gate- und der Queen-Gang.

Der Iguana-Gang ist im Einfallen, etwa 170 m tief, bis zu einer Querkluft verfolgt worden, von welcher noch nicht feststeht, ob sie eine Verwerfungs- oder abschneidende Kluft ist.

In der nordwestlichen Verlängerung des Iguana-Ganges liegen die Gänge True Blue und Isabel und weiterhin der Golden Gate-Gang, auf dem z. Zt. die bedeutendsten Gruben bauen. Die Grube »Golden Gate No. 8 Block« oder »Croydon-Consols« hat den Gang mit einem Vertikalschachte bei etwa 33 m Teufe angetroffen und alsdann im Einfallen bis zur Teufe von 77 m weiter verfolgt. Er ist 0,75—1,75 m mächtig.

Im Waratah-Bergwerk war der Queen-Gang bis zu 128 m Tiefe schmal und arm, verbreitete sich von da ab aber unter Verbesserung auch im Gehalt, bis er in 164 m Tiefe 1,2 m Mächtigkeit erreichte.

Der Queen-Gang ist ferner im Bergwerk Reine d'or bis zur Teufe von 146 m aufgeschlossen. Er hat etwa 1 m durchschnittliche Mächtigkeit und führt am Hangenden und Liegenden viel Graphit. Das Erz ist geringwerthig.

In dem 21 km nordöstlich Croydon gelegenen Table top-Distrikt finden sich zwar zahlreiche mächtige Quarzausgehende, auch sind umfangreichere Aufschlussarbeiten dort vorgenommen worden, bis jetzt ist aber Houstons »Federation« bei 15 g durchschnittlichem Tonnen-Goldgehalt in Folge niedriger Gewinnungskosten das einzige abbaulohnende Bergwerk. Der Gang ist 1—2 m mächtig, streicht NO.-SW. und fällt SO. ein. Er ist auf 122 m Länge überfahren und hat bräunlichen milden Quarz und braunen weichen Letten zur Gangart. In den benachbarten Feldern beträgt der Goldgehalt des Quarzes nur 7,5 g in der Tonne.

---

*) Die Golderzgänge im Felsit und Quarzporphyr sind auf Seite 59 beschrieben.

**) Ich unterlasse in diesem und ähnlichen Fällen die Umrechnung, weil die Unze (31.1 g) als Masseinheit für den Goldwerth in weiter Verbreitung in Gebrauch steht.

Etheridge-Goldfeld. Die Gänge des Etheridge-Goldfeldes haben west-östliches Streichen bei nördlichem Einfallen und anscheinend östlichem Einschieben der Erzfalle. Die zersetzte Zone des Ausgehenden reicht bis zu 20—25 m Tiefe hinab. Darunter sind dem goldhaltigen Quarz Schwefel- und Arsenkies, weniger Zinkblende und Bleiglanz, beigesellt.

In dem tiefsten Bergwerk des Feldes, der Cumberland-Grube, welche jedoch gegenwärtig ausser Betrieb steht, wurde das Erz in 183 m Tiefe arm; der Gang scheint bei 260 m senkrechter Tiefe ausgekeilt zu sein.

Zur Zeit sind die bekanntesten Bergwerke des Feldes »The Nil desperandum« und »The Queenslander«. Der Gang des ersteren ist über die ganze Feldeslänge von 518 m hinweg durch Schächte nachgewiesen worden. Der Goldgehalt des Ganges soll 56,6 g bis zu 65 g in der Tonne betragen. Der Queenslander-Gang ist bei 1—1,75 m Mächtigkeit recht regelmässig.

Die Unze Gold vom Etheridge-Goldfelde hat durchschnittlich 57 M. Werth.

Wagonga-Goldfeld. In Neu-Süd-Wales ist mir nur eine Lagerstätte im Wagonga-Goldfelde bekannt geworden, welche gewöhnlichen Granit zum Nebengestein hat. Im Mount Dromedary setzt ein Gang auf, welcher westsüdwest-ostnordöstlich streicht. Er wechselt in seiner Mächtigkeit zwischen 3 bis 30 cm. Der Granit ist bis zu beträchtlicher Tiefe verwittert, und zwar so, dass eine Menge noch unzersetzter Knollen im zersetzten thonigsandigen Granitgrus liegen.

Die Gangausfüllungsmasse besteht aus Quarz mit Gold und vielem Schwefelkies. Der Schwefelkies ist aber ebenfalls, etwa so weit hinab wie der Granit, stark zersetzt. Auch der zersetzte Granit ausserhalb des Ganges ist vielfach hinreichend reich an Gold, so dass er mit verpocht werden kann.

Gänge im Hornblende-Granit.

Charters Towers-Goldfeld. Der Granit im Charters Towers-Goldfelde ist im Allgemeinen durch einen Gehalt von Hornblende charakterisirt. Dieser Gehalt an Hornblende ist jedoch sehr verschieden. Die Varietäten wechseln von einem Typus, in welchem in dem gewöhnlichen Gemenge von Quarz, Feldspath und Glimmer die Hornblende als accessorischer Bestandtheil auftritt, bis zu einem Typus, in welchem die Hornblende als wesentlicher Gemengtheil an der Zusammensetzung Theil nimmt, der Glimmer aber zurücktritt.

Der Granit wird von zahlreichen Golderz- und Gesteinsgangen, letztere von Felsit und Diorit, durchzogen. Die Golderzgänge haben nicht etwa ein mehr oder weniger übereinstimmendes Streichen, sondern verlaufen in sehr verschiedenen Richtungen, besitzen aber im Allgemeinen flaches, vorwiegend nach Norden gerichtetes Einfallen.

Die Mächtigkeit der Gänge ist sehr wechselnd; sie mag im Durchschnitt zu 1 m etwa angenommen werden. Das Day-Dawn P. C.-Bergwerk baut einen

Gang, dessen Machtigkeit von 6 bis 90 cm wechselt und in der flachen Tiefe von 677 m im Durchschnitt 80—95 cm beträgt. Besonders bemerkenswerth ist, dass viele Gänge kein nachweisbares Ausgehendes besitzen.

Die Gangart ist Quarz und zersetztes granitisches Nebengestein. Am Ausgehenden fuhrt sie reichlich sichtbares Gold mit Braunstein und Brauneisenstein, in der Tiefe mehr fein vertheiltes Gold mit viel Schwefel- und etwas Arsenkies, aber sehr wenig Bleiglanz und Zinkblende.

Auf dem Gange, welchen die Day-Dawn P. C.-, Day-Dawn-Block and Wyndham- und Mills United-Bergwerke bauen, hat der Erzfall ein nordwestliches Einschieben. In der Tiefe hat man ein vom Hauptgange in das Liegende abstreichendes, besonders reiches Trumm gebaut.

Die bedeutendsten Bergwerke bauen gegenwärtig auf dem Brilliant-Gange. Dieser hat ungefähr nordwestliches Streichen mit ziemlich flachem nordöstlichen Einfallen. Er keilt wiederholt derart aus, dass nur die Gangkluft, mit Letten erfüllt, streckenweise zu verfolgen ist und besteht somit aus einer Aneinanderreihung von Gangkörpern, welche nicht selten bis zu 2 m Machtigkeit erreichen. Dieser Gang wurde zum ersten Male im Brilliant-Grubenfelde mittelst Vertikalschachts in 233 m Tiefe angetroffen und dann noch auf weitere 232 m im Einfallen verfolgt.

Im Brilliant-Block-Bergwerk wurde die Lagerstätte in 340 m Vertikaltiefe erschlossen und dann im Einfallen auf weitere 213 m uberfahren.

Das Brilliant- and St. George-Bergwerk richtete die Lagerstatte in 308 m Tiefe aus und verfolgte sie von da aus 243 m im Einfallen.

Im Felde Brilliant Extended hat man den Brilliant-Gang mittelst Vertikalschachtes in 613 m Teufe angetroffen und ihn alsdann uberfahren. Die Lagerstätte ist in dieser Tiefe an verschiedenen Stellen fast 2 m mächtig und stellenweise sehr stark mit Erz durchsetzt.

Der Vertikalschacht im Bergwerke The Brilliant (Charters Towers) Deep levels hat in fast 780 m Tiefe den Gang durchteuft. Man treibt gegenwärtig söhlige Untersuchungsstrecken in der Lagerstätte. Das Erz ist aber bis jetzt noch sehr arm.

Der Goldgehalt des Brilliant-Ganges ist im Allgemeinen sehr verschieden; Pochergebnisse von 1—2 Unzen (30—60 g) in der Tonne Erz waren häufig; doch hat das Bergwerk Brilliant Extended aus den der grössten erreichten Tiefe entnommenen Erzen noch nicht mehr als 23,5 g Tonnen-Goldgehalt gewonnen.

Von den übrigen Goldfeldern Queenslands, deren Gänge im Hornblende-Granit auftreten, hat nur noch das Ravenswood-Goldfeld einige Bedeutung. Die Erze enthalten daselbst Beimengungen von Kupferkies, Arsenkies und Zinkblende. Der Goldgehalt schwankt zwischen 12—23 g in der Tonne.

Gänge in Neu-Süd-Wales. Die Armidale-, Yalgogrin-, Wyalong-, Garangulah-, Gundagai-, Tumut-, Adelong-, Majors Creek- und Braidwood-Goldfelder

Buschleben im Goldfelde.

Buschleben im Goldfelde.

7

von Neu-Süd-Wales haben im Allgemeinen eine sehr gleichartige Ausbildungsweise. Hier wie dort bildet Hornblende-Granit das Nebengestein. Derselbe
erlangt im Majors Creek-Goldfelde in Folge zahlreicher Einschlüsse grosser
Hornblende-Krystalle eine fast porphyrische Ausbildung. Im Wyalong-Goldfelde
liegt er unter einem Thone pleistocänen Alters. Er ist daselbst über eine weite
Fläche hin bis zu beträchtlicher Tiefe hochgradig zersetzt, während die über die
Ebene emporragenden Graniterhebungen unzersetzt sind. Der zersetzte Granit
ist von grauer, gelber, brauner und rother Farbe.

In den meisten dieser Goldfelder wird der Granit von zahlreichen, in verschiedenen Richtungen streichenden Gängen durchzogen. Nur selten zeigt sich
ein gewisser Parallelismus der Gangspalten. Im Wyalong-Goldfelde streichen
wenigstens 8 parallele Gangzüge nordnordost-südsüdwestlich bei östlichem
Einfallen, während einige rein nordöstlich und einige andere ostnordöstlich
bei nördlichem Einfallen streichen. Diese Lagerstätten erscheinen als Lentikulargänge mit mehr oder weniger regelmässiger Linsenform der einzelnen
Erzkörper.

Im Garangulah-Goldfelde ist die lentikulare, fast linsenförmige Entwickelung
noch weit mehr ausgebildet.

Die Gangmächtigkeit wechselt im Allgemeinen zwischen wenigen Centimetern und 2 m; sie scheint meist etwa 0,5 m im Mittel zu betragen. Die Gangausfüllungsmasse besteht in den oberen Tiefen der Lagerstätten aus Quarz mit
Gold und Brauneisenerz, zuweilen, wenn auch selten, mit Manganoxyden, Kupferoxyd, Malachit, Kupferlasur, Bleiglanz, Weiss- und Gelbbleierz, unter der Zersetzungszone aus goldführendem Quarz mit Schwefel-, weniger Arsenkies und
Kupferkies, ferner mit Zinkblende und Bleiglanz.

Das Gold kommt im Erz zumeist fein vertheilt, selten, und dann namentlich im Ausgehenden, in grösseren Parthien vor. Der Goldgehalt ist in
den Lagerstätten sehr wechselnd. Auch der Durchschnittsgoldgehalt der
einzelnen Lagerstätten ist natürlich sehr verschieden. Auf dem von mir untersuchten Gibraltar-Bergwerke betrug er zur Zeit meines Besuches 90 g. Im Allgemeinen ist er aber bedeutend geringer. Der Goldgehalt ist in Erzfallen angereichert.

Während manche Gänge bis zu beträchtlichen Tiefen hinab hinreichend
reich befunden worden sind, haben andere nur an der Oberfläche reiches
Erz ergeben und verarmen in der Tiefe, falls sie nicht gar vollkommen auskeilen.

In einigen Gängen des Wyalong-Goldfeldes finden sich mehr oder weniger
rundliche Erznieren, welche im Innern aus Arsenkies, nach der Oberfläche hin
in allmählichem Uebergange aus Brauneisenstein mit fein eingesprengtem sichtbaren Golde bestehen.

Man hat auch im Granit des Nebengesteins selbst schon Gold gefunden,
und zwar zuweilen in feinen Funken dem Auge sichtbar.

Verwerfungen und Durchsetzungen durch Klüfte oder durch Diorit- und Felsitgänge, auch Nebengesteinsbruchstücke in der Gangmasse sind nicht selten.

Golderzgänge im Quarzdiorit.

Murchison-Goldfeld. Im Murchison-Goldfelde W. A. tritt in einem grösseren Gebiete nördlich Cue und bis auf etwa 5 km südlich dieser Stadt hin, zwischen westlich und östlich vorkommenden krystallinischen Schiefern, Quarzdiorit von fast granitischem Aussehen auf, welcher bis zu 27—33 m Tiefe hinab hochgradig zersetzt und in eine zerreibliche, kaolinartige, meist weisse, öfters auch bräunliche Gesteinsmasse umgewandelt ist. Er ist in Light of Asia-Gold-Mine schon in 27 m Tiefe ziemlich gut erhalten.

Eine Gesteinsprobe aus unzersetztem Gebirge der 60 m Sohle der Lady Mary-Gold-Mine wurde untersucht.

Dieser Quarzdiorit ist ziemlich grobkörnig, so dass er seine Gemengtheile schon makroskopisch erkennen lässt. Durch seinen fast gleichmässigen Gehalt an Biotit und Hornblende ist er dem Tonalit genähert. Das Gestein muss als ein solches angesehen werden, welches in seiner jetzigen Beschaffenheit den primären Charakter noch zur Hauptsache erhalten hat, und kann nicht etwa als umgewandelter ehemaliger Diabas gelten. Wenn auch u. d. M. die Plagioklase bisweilen reich sind an eingelagerten feinen, ganz blassgrünen Hornblendepartikelchen, so wird man diese doch nicht als auf sekundärem Wege eingewandert betrachten können, weil sie sich vielfach nur auf den Kern des Feldspathes beschränken, welcher dann äusserlich eine ganz reine und ziemlich frische peripherische Zone aufweist. Dass letztere kein sekundärer Anwachs ist, zeigt die an manchen Feldspäthen ausgezeichnet hervortretende kontinuirlich wandernde Auslöschung.

Der Quarzdiorit wird von zahlreichen, in den verschiedensten Richtungen streichenden und einfallenden Gängen durchzogen. Die Mächtigkeit derselben wechselt beträchtlich; sie erhebt sich in Princess Aida stellenweise auf 2 m, im Red White Blue-Bergwerk auf 2,5 m und in Light of Asia auf 3 m, beträgt aber im Durchschnitt nicht mehr als 1—1,25 m.

Derber weisser Quarz von unregelmässig lentikularer Ausbildungsweise ist die Hauptausfüllungsmasse der Gänge. Zwischen dem Quarz und den meist gut ausgeprägten Salbandern befindet sich oft ein mit zahlreichen Quarzkörnchen durchsetzter, daher sich scharfkörnig anfühlender Kaolin von theils schön weisser, theils gelblicher oder bräunlicher Farbe. Dieser Kaolin ist offenbar aus der Zersetzung des Nebengesteins hervorgegangen.

Vorwiegend dem derben Quarze, weniger dem begleitenden Kaolin, gehört das Gold an, und zwar meist fein vertheilt, oft aber auch, dem Auge sichtbar, in Funken oder etwas grösseren, gediegenen Parthien. Im Cue I-Goldbergwerk hatte man bis zur Zeit meines Besuches aus 1089 t Erz 54,5 kg Gold, mithin 50 g Gold in 1 t gewonnen. In Light of Asia soll der Tonnen-Goldgehalt 28,5 g, in Princess Aida 36 g, in Arcadia 86 g betragen haben. Meine Probeentnahme ergab dagegen in Arcadia nur 29,5 g. Da am Ausgehenden der Gänge fast durchweg eine gewisse Anreicherung des Goldgehalts beobachtet worden war, ist es fraglich, ob diese Gehaltszahlen in der Tiefe den Gängen erhalten bleiben.

Auch im Murchison-Goldfelde ist das Verhalten der Gänge in Längenerstreckung und Tiefe sehr ungleich; einige zeigen eine Regelmässigkeit, welche zu guten Erwartungen in Tiefe und Längenerstreckung berechtigt, andere keilen in beiden Richtungen rasch aus oder verschmälern sich in Bedenken erweckender Weise.

Gänge von Amphibolitgesteinen*), welche wohl als veränderte Diabase aufzufassen sind, finden sich mehrfach vor. Ein Theil des Red White Blue-Ganges erscheint wie ein Kontaktgang zwischen Quarzdiorit im Liegenden und Amphibolit im Hangenden.

Gut ausgeprägte Rutschflachen durchsetzen häufig die Gangmasse.

Golderzgänge in Felsit und Quarzporphyr.

Goldführende Quarzgänge traten nordöstlich der Stadt Croydon im Felsit und in dem etwa 29 km entfernten Golden Valley im Quarzporphyr auf. Der Felsit von True Blue Block Extended wurde näher untersucht.

Er ist ein homogenes dunkelgrünes Gestein. Unter dem Mikroskop erscheint ein fein granitisches Gemenge von vorwiegend Feldspath und Quarz. Der erstere, wie es scheint stets ungestreift, bildet vielfach rektanguläre Durchschnitte, welche aus einem mit verunreinigendem und trübendem allerfeinsten Staub erfüllten Kern und denselben umschliessender, schmaler, wasserklarer Zone bestehen. Der Quarz erscheint in gerundeten, völlig klaren Kornern. Zahlreiche kleine, schmutzig grüne Biotitschuppen liegen in dem Quarz-Feldspath-Aggregat. Nur ganz spärlich treten in diesem Gemenge der drei Mineralien etwas grössere, getrübte Feldspäthe und Biotitanhäufungen hervor. Die letzteren enthalten Titanite, Zirkone, Apatite eingewickelt; kleine Zirkone kleben auch an den schwarzen Magnetitkörnern. Stellenweise umhüllen Biotitaggregate centrale isotrope Granatkörner. Ausserdem kommt noch in spärlicher Menge ein lebhaft polarisirendes, spaltbares Mineral, vielleicht Epidot, vor.

Der Quarzporphyr von Golden Valley ist ein dunkles, bräunlichschwarzes Gestein mit ausgeschiedenen kleinen Quarzen und Feldspäthen. Unter dem Mikroskop zeigt sich ein feines Aggregat von farblosen Theilchen (Quarz und Feldspath), durchwachsen mit blassgrünen, blättrigen Schüppchen, welche mehr dem Biotit, als dem Chlorit anzugehören scheinen. Ausgeschieden sind grössere abgerundete Quarze mit Fl. E. (kein Glas), ungestreifte grössere Feldspäthe von unregelmässiger Begrenzung. In beide greift die Grundmasse buchtenartig hinein. Theilchen des grünlichen, blättrigen Minerals liegen in Feldspäthen und Quarzen, ebenso Partikel der mosaikähnlichen Grundmasse. Auch zeigen sich einzelne grössere Schnitte, die verschwommen plagioklastische Zwillingsstreifung haben, sonst aber mit der grünlichen Substanz in hohem Grade erfüllt sind. Ob die grünliche Substanz primär oder ein Umwandlungsprodukt, ist schwer zu entscheiden. Stellenweise bildet sie etwas grössere Aggregate, an denen aber weder Reste noch Umrisse eines alten Bisilikats zu gewahren sind. In diesen Aggregaten liegen Zirkone, Apatit, Titanit. Das Quarz-Feldspath-Aggregat der Grundmasse bildet bisweilen um Orthoklase sehr schönen stengeligen Schriftgranit.

*) Vergleiche die Ausführungen auf S. 45.

Die diese Gesteine durchziehenden Golderzgänge stehen nahezu vertikal. Sie sind geringer mächtig, führen aber höherwerthiges Gold als die im Granit aufsetzenden Gänge. Die Unze Gold aus den Gängen im Felsit und Quarzporphyr hat 65 Mk., diejenige aus den Gängen im Granit 44,8 Mk. Werth.

Golderzgänge im Porphyrit.

Im Black Snake-Goldfelde (Qu.) und im Cargo-Goldfelde (N. S. W.) ist Porphyrit von zahlreichen Golderzgängen durchzogen. Im Black Snake-Goldfelde haben sie vorwiegend nordwestliches Streichen und fast saigeres oder schwach östliches Einfallen bei ziemlicher Mächtigkeit. Die Gangart ist ebenfalls porphyritisch. Die Erze bestehen aus einem Gemenge von Schwefel- und Arsenkies, Bleiglanz, Zinkblende, Kupferkies und Quarz mit ungefähr 30 g durchschnittlichem Tonnen-Goldgehalt.

Im Cargo-Goldfelde setzen 0,5 bis 2 m mächtige Golderzgänge von ostnordöstlichem Streichen und guter Regelmässigkeit im Porphyrit auf. Sie führen schön blutrothen Eisenkiesel, in welchen goldhaltiger Schwefelkies eingebettet ist.

Golderzgänge im Syenit.

In Browns Creek, in der Grafschaft Bathurst (N. S. W.) wird Syenit von mehreren mächtigen, ziemlich steil fallenden Parallel-Gangen durchzogen. Diese Gänge sind meist gewöhnliche Quarzgänge. Einer nur hat zur Gangart braunen oder gelben Eisenkiesel von muscheligem Bruch, welcher Uebergange in weissen und gefärbten Chalcedon und Farbenspiele von Weiss bis Gelb, Braunroth bis Tiefbraun und Schwarz aufweist. In diese Gangart sind Kupfersilikate, Kupferkies, Kupferoxydul und Kupferoxyd, gediegen Kupfer und Zinkblende, sowie in innigem Gemenge mit diesen Gold eingesprengt, von denen letzteres indessen nur selten sichtbar wird. Auch Malachit und Kupferlasur finden sich in Drusen und Klüften.

Die Mächtigkeit dieses Ganges wechselt zwischen 2 und 4,5 m.

Das hangende Nebengestein ist bis auf etwa 3—6 m, das liegende Nebengestein bis auf 6—10 m Entfernung hin stark zersetzt und von Netzwerken von Chalcedon und von rothem und braunem Eisenocker durchzogen.

Das zersetzte Nebengestein zeigte sich fast in gleichem Maasse goldführend, wie die Gangart, so dass beides gewonnen wurde. Es ergab sich aber nur ein Gehalt von 4,7 g Gold in der Tonne Erz.

Goldlagerstätten im Silur.

Der Silurformation gehören die sämmtlichen Goldfelder der Kolonie Victoria an, ferner bedeutungsvolle Lagerstätten in den Orange-, Hargraves-, Hillend-, Wellington-, Lyndhurst-, Cobar-, Mt. Drysdale-, Nerrigundah-, Bywong-, Pambula-

und anderen Goldfeldern von Neu-Süd-Wales, die Tamar-, Lefroy-, Back Creek-, Mt. Victoria-, Mangana- und Mathinna-Goldfelder im Nordosten Tasmaniens und die Otago-Goldfelder im Süden Neu-Seelands.

Gold in sedimentären Gebirgsgliedern.

An dieser Stelle ist ein Goldvorkommen im Mount Drysdale-Goldfeld, 40 km nordwestlich Cobar, zu erwähnen, dessen geologische Bestimmung mir noch nicht hinreichend festgestellt zu sein scheint. Wir haben das Goldfeld selbst nicht besuchen können.

Angeblich sind dort sehr kieselreiche Schiefer, Sandsteine und Konglomerate goldhaltig. Das Edelmetall ist indess sehr fein im Gestein vertheilt und nur in seltenen Fällen dem blossen Auge sichtbar, namentlich auf Schichtflächen und in Drusen. Das reichere Erz findet sich in Art von Erzsäulen.

In dem Drysdale-Goldbergwerk besitzt die Erzsäule 12 m Länge und am Ausgehenden 1,9 m, in 38 m Tiefe 1,5 m Breite; sie scheint aber, wie im Profil 3 Tafel V angedeutet, ihrerseits aus einer Aneinanderreihung fast lentikularer Parthien bei geringer seitlicher Versetzung zu bestehen. Das Gold ist selbst innerhalb der Erzsäule so ungleichmässig vertheilt, dass es in Mengen von 90 bis zu 900 g Tonnengehalt auftritt.

Im Eldorado-Bergwerk hat man in 15 m Tiefe eine Erzsäule angetroffen und bis zu 38 m Tiefe verfolgt. Der Tonnen-Goldgehalt nahm, dem Bericht des Regierungsgeologen Jaquet vom 5. Dezember 1894 zufolge, nach der Tiefe hin fortschreitend von 15 bis zu 200 g zu.

Aehnliche goldführende Schiefer sollen auch zu Mount Allen bei Mount Hope und in den Occidental- und Albion-Bergwerken bei Cobar gefunden worden sein.

Golderzgänge.

Das wichtigste Gebiet Australasiens für silurische Golderzgänge ist die Kolonie Victoria.

Dem im Westen der Kolonie auftretenden untersilurischen Gebirge gehören die Goldfelder von Ballarat und Bendigo, von Ararat, Maryborough und Castlemaine an; dem im Osten der Kolonie anstehenden obersilurischen Gebirge sind die Goldfelder von Beechworth und Gippsland zuzurechnen.

Aber auch in dem weitausgedehnten Silurgebiete der Grafschaften Wellington, Roxburgh, Bathurst, Forbes, Ashburnham, Sandon u. s. w. in Neu-Süd-Wales treten eine grosse Zahl goldführender Quarzgänge auf. Hierher gehören die Gänge am Macquarie River, bei Ironbarks, Muckerawa, Hillend- und Gullyswamp, im Sugarloaf-, Armidale-, Hargraves- und Bingara-Goldfeld, weiterhin aber auch im Brimbermala-, Currowan-, Mount Browne-, Mount Poole- und in anderen Goldfeldern.

Hier wie dort finden sich sowohl Lager-, wie Querspaltengänge, überwiegend aber wiederum die ersteren, und zwar vielfach mit langgestreckt-linsenförmigem Horizontalquerschnitt. Sie haben meist nord-südliches Streichen.

Im Ballarat-Goldfelde sind fünf Gangzüge zu unterscheiden: der Bonshaw-, Guiding Star- und Consols-Gangzug im Westen der Stadt und der Suleiman Pascha- und Indikator-Gangzug im Osten der Stadt.

Auch in den Goldfeldern von Neu-Süd-Wales treten die Einzelgänge meist zu Gangzügen zusammen.

Die Mächtigkeit der Gänge ist sehr verschieden; sie mag durchschnittlich etwa 1 m betragen, in Victoria eher mehr als weniger.

Die westlich Ballarat aufsetzenden Gänge erweisen sich im Allgemeinen mächtiger, als die östlich gelegenen, doch schwillt der zu den östlichen gehörige Suleiman-Gang örtlich bis zu 15 m Mächtigkeit an (Tafel V, Profil 1).

Der Gang von South Star-Gold-Mine wurde in 228 m Tiefe mit nur 15 cm Mächtigkeit angefahren; er erweiterte sich aber im Absinken derart, dass er in 265 m Tiefe 5,5 m durchschnittliche Mächtigkeit hatte.

Besonders mächtige Spaltengänge, Erznester, Netzwerke schmälerer Gang-trümmer von eigenartiger Entwickelung, sowie Sattel- und Muldengänge, welche uns wegen ihrer interessanten Erscheinungsweise noch besonders be-schäftigen werden, finden sich im Bendigo-Goldfelde.

Profil 5 auf Tafel V zeigt einen Gang des New Red White Blue Consolidated-Goldbergwerks, dessen aus mehr oder weniger zersetztem Nebengestein be-stehende Gangart von zahlreichen Quarztrümmern durchsetzt wird.

Die Gänge gehen zu Tage aus oder sind von jüngeren Schichtenfolgen bedeckt.

Ballarat-Goldfeld. Im Ballarat-Goldfelde entdeckte man die goldführenden Gangausgehenden der Silurschichten, als man in etwa 100 m Tiefe eine gold-führende Flussseife tertiaren Alters abbaute.

Die Salbänder sind theils gut ausgeprägt, theils undeutlich. Die Gänge führen vorwiegend Quarz als Gangart, zuweilen auch ein thoniges oder thonig-sandiges Gestein und mehr oder weniger zersetzte oder noch gut erhaltene Parthien von Nebengesteinsbruchstücken.

Der Gangquarz ist in der Zersetzungszone am Ausgehenden theils bröcklig, theils drusig und mit eisenschüssigen, von der Zersetzung von Pyriten herrührenden Massen, in welchen oft Freigold, sehr fein vertheilt, sich befindet, durchzogen.

Das Gold ist auch in der unzersetzten Gangzone theils fein vertheilt, theils in gröberen sichtbaren Parthien im Erz ausgeschieden.

Schwefel- und Arsenkies kommen stellenweise in grösseren derben Massen vor.

Besonders eigenartige Entwickelung zeigt der sogenannte Indikator-Gangzug im Ballarat-Goldfelde.

Etwa 240—300 m östlich des Suleiman-Pascha-Gangzuges sind dem Gebirge mehrere dünne Schichten sehr bitumenreichen Schieferthons, welche viel Eisenkies führen, eingelagert. Sie stehen mit den anderen Gebirgsschichten nahezu vertikal bei schwach östlichem Einfallen und bilden, weil sie von dem anderen grauweissen, sandigthonigen Gestein des Gebirges durch dunkle, oft fast schwarze Farbe sehr scharf sich abheben, Leitschichten vorzüglichster Beschaffenheit. Man hat deshalb auch diese Leitschichten durch charakteristische Namen gekennzeichnet.

Die hervorragendste derselben ist der »Indikator« selbst. Er ist selten dicker als 1 cm und stellenweise sehr reichlich mit Schwefelkieswürfeln durchsetzt. Man hat ihn bei geringen Unterbrechungen auf fast 13 km Länge verfolgen können.

Etwa 9 m östlich des »Indikators« liegt die »Bleistift-Marke« (Pencil mark). Sie ist auf etwa 900 m Länge hin wahrnehmbar und zeigt sich zwischen den lichten Schiefern des Nebengesteins wie ein 8 mm dicker, dunkelgrauer Bleistiftstrich.

18 m östlich befindet sich die »Schwarze Schnur« (black seam), deren Mächtigkeit zwischen Faden- und 5 cm-Dicke wechselt.

Dann ist noch das »Arsenkies-Band« (Mundic slate) in 24 m, das »Schiefer-Band« (Ribbon slate) in 36 m, der »östliche Indikator« in 60 m und der »Zick-Zack-Indikator« in 70 m östlicher Entfernung vom Hauptindikator aufgefunden worden.

Ferner liegen der »Telegraph« 2,4 m und der »westliche Indikator« 27 m westlich des Haupt-Indikators.

Der Gebirgszug, welchem die neun Leitschichten angehören, wird von einer grossen Anzahl in allen Richtungen streichender Quarzgänge durchzogen. Sie bilden theils ein ziemlich verwickeltes Netzwerk oder gruppiren sich in parallele Züge, welche das Nebengestein bei ziemlich flachem südlichen Fallen unter nahezu rechtem Winkel durchsetzen und bis auf 100—200 m Längenerstreckung erreichen; in anderen Fällen erscheinen die Lagerstätten als Lagergänge, also mit gleichem Streichen und Einfallen wie die Gebirgsschichten.

Die Lagergänge enthalten meist sehr weissen Quarz, wenig oder gar kein Gold oder andere Mineralien.

Die unter rechtem Winkel zum Gebirgsstreichen verlaufenden Gänge dagegen, deren durchschnittliche Mächtigkeit 30—45 cm beträgt, führen in weisslichem Quarz Schwefelkies, Bleiglanz, Zinkblende, und da, wo sie die Leitschichten kreuzen, sowie auf etwa 30 cm beiderseits der Kreuzungsebene in reichlicher Menge Gold in Blechen, Drähten und dickeren Stücken. Diejenigen Gangtheile, welche den »Indikator« durchsetzen, sind in der Regel reicher, als diejenigen, welche die anderen Leitschichten schneiden. In grösserer Entfernung als 30 cm von der Kreuzungsebene sind die Gänge meist nicht mehr abbaulohnend. Nur in dem Falle, wenn sie mehrere Leitschichten kreuzen, sind sie auf die ganze Länge zwischen den Leitschichten abbauwürdig.

Die Kenntniss hiervon führte zu der bergmännisch sehr nützlichen Maassregel, dass nach Ansatz einer neuen Tiefbausohle zunächst eine der Leitschichten querschlägig aufgesucht und dann je nach Lage der Verhältnisse durch streichenden Streckenbetrieb oder durch vertikales Aufbrechen die Leitschicht bis zum Antreffen der Quergänge verfolgt wird.

Die Anreicherung der Goldquarzgänge in den Zonen der Leitschichten findet wohl die einfachste und natürlichste Deutung darin, dass der Bitumengehalt der Leitschichten eine stark reduzirende Wirkung auf die in die Gangspalten tretenden Minerallösungen ausübte und dadurch eine verstärkte Ausscheidung des Goldes hervorrief.

Verwerfungen und Ueberschiebungen sind häufig.

Wegen grosser Mächtigkeit, gleichmässigen Verhaltens und Erzreichthums besonders bemerkenswerth ist Cohens-Gang bei Walhalla in Gippsland (V.). Er streicht nordnordwestlich bei westsüdwestlichem Einfallen. Die Lagerstätte erscheint als zusammengesetzter Gang von noch nicht ausreichend bestimmter, angeblich eruptiver Gangart, welche von zahlreichen Quarztrümmern durchsetzt ist. Das Gold ist angereichert in einem mit 32° nördlich einschiebenden Erzfall; dieser ist bis zu 243 m Tiefe in sehr regelmässigem Verhalten erschlossen worden.

Professor G. Ulrich zu Dunedin[*]) weist auf den grossen Einfluss der Diorite auf den Goldgehalt der Golderzlagerstätten hin. Die obersilurischen Gebirgsschichten von Victoria werden von Dioritgängen, deren Mächtigkeit bis zu 30 m ansteigt, vielfach durchbrochen. Ulrich behauptet, dass der Schwefelkies dieser Dioritgänge fast stets goldhaltig sei und dass die Quarzgänge, welche Dioritgänge durchsetzen, goldführend in der Zone der Durchsetzung, arm in den innerhalb der Silurschichten liegenden Gangtheilen seien, sowie dass Quarzgänge, welche Dioritgänge an einem der Salbänder begleiten, ebenfalls Goldgehalt führten. Er stützt seine Behauptungen neben anderweiten Beobachtungen namentlich auf das Verhalten des Dioritganges in der Cohens-Grube und der Lagerstätte der Albion Gold Mining Company am Crossover Creek in Nord-Gippsland.

Uebrigens behauptet Murray, dass die Gänge im Untersilur von Victoria in der Regel zahlreicher, mächtiger, aber ärmer, die Gänge im Obersilur weniger häufig, geringer in Mächtigkeit, aber reicher seien.

Thatsächlich stand 1890 einem durchschnittlichen Tonnen-Goldgehalt

im Beechworth-Goldfelde von 21 g,

» Gippsland-   »   » 24 »

ein Gehalt

im Ballarat-Goldfelde von nur 12 g

und » Bendigo-   »   » » 13,8 g

gegenüber.

Sattel- und Muldengänge im Bendigo-Goldfelde. Die vielfache, scharfe Faltung der untersilurischen Schiefer und Sandsteine des Bendigo-Distrikts führte zur Entstehung einer Reihe parallel gerichteter, NNW. streichender Sattel- und Muldenbildungen.

[*]) Vergl. Wolff, Das australische Gold, seine Lagerstätten und seine Associationen. Zeitschrift der Deutschen Geologischen Gesellschaft, XXIX. Band, 1877.

In den Sätteln, seltener in den Mulden, sind bis in grosse Tiefen hinab, sich häufig wiederholend, zahlreiche Quarzlagergänge zur Ausbildung gelangt, welche Sätteln und Mulden auf lange Erstreckung hin folgen, deren Schenkel aber nach meist verhältnissmässig geringer Erstreckung im Einfallen zwischen den Faltenschenkeln der Gebirgsschichten auskeilen. Man vergleiche den Ideal-schnitt No. 4 auf Tafel V.

Elf parallele Gebirgssättel mit goldführenden Quarzsattelgängen sind bis jetzt aufgefunden worden. Nur drei derselben aber, der New Chum-, der Garden Gully- und der Hustlers-Sattel, sind in umfangreichere bergbauliche Ausbeutung genommen worden. Der New Chum-Sattel ist vom Axe-Creek bis zur Franklin Grube in Sailors Gully auf eine Länge von 22 km hin aufgeschlossen worden. Der Garden Gully-Sattel wurde von der Suffolk- und Mond-Grube, jenseits Eaglehawk, bis zur Great Southern Extended, jenseits Bendigo-Creek, auf 11 km Länge hin verfolgt. Der Hustlers-Sattel endlich ist von Fortuna Hustlers bis zum Bergwerk »König von Preussen« im Opossum Gully auf 8 km Erstreckung hin in Bau genommen worden.

Nach der Tiefe hin hat man den New Chum-Sattel bis zu 975 m, den Garden Gully-Sattel bis zu 700 m und den Hustlers-Sattel bis zu 609 m erschlossen.

Bis zum 31. Dezember 1894 waren folgende Tiefen überhaupt erreicht worden:

von Garibaldi Co.	736 m	(2415')
» Great Extended Hustlers Co.	737 »	(2420')
» New Chum United Co.	758 »	(2489')
» Victory and Pandora Co.	762 »	(2500')
» Carlisle Co.	793 »	(2502')
» Shenandoah Co.	803 »	(2639')
» New Chum Railway Co.	811 »	(2662')
» Lazarus Co.	846 »	(2777')
» New Chum and Victoria Co.	853 »	(2800')
» New Chum Consolidated Co.	885 »	(2905')
» Lansells-Grube 180	951 »	(3122')

Zur Zeit unseres Besuches im Januar 1896 war das Shenandoah-Bergwerk 848 m, Lansells-Grube 975 m tief, so dass letztere das tiefste Bergwerk nicht nur des Bendigo-Goldfeldes allein, sondern ganz Australasiens ist.

Da ausser der scharfen west-östlichen Faltung der Gebirgsschichten auch eine nord-südliche Wellung vorliegt, haben die Sättel streckenweise nach Norden, streckenweise nach Süden hin eine Neigung, welche bis zu 20° und darüber ansteigt. Mit einer gewissen Ueberkippung der Gebirgsfalten nach Westen hin ist der Umstand verbunden, dass die Sattelgänge nicht genau vertikal untereinander liegen, sondern meist etwas seitlich versetzt sind. Will man einen Sattel mit einem Schachte erschliessen, so pflegt man daher den Schachtansatzpunkt östlich des zu Tage ausgehenden Sattels zu nehmen. Man hat alsdann die oberen

Sattelgänge durch nach Westen aufzufahrende, in der Tiefe immer kürzere Querschläge, die tieferen Sattelgänge dagegen durch nach Osten aufzufahrende, in der
Tiefe immer längere Querschläge aufzusuchen.

In einigen Bergwerken folgen die Erzkörper einander so häufig, dass man
in demselben Querschlage die Kuppe des unteren Sattelganges, nur durch geringere Gebirgsmittel getrennt, zwischen den Schenkeln des oberen findet; in
anderen Bergwerken sind die Erzkörper so selten, dass man den Schacht mehr
als 100 m bis zur Erreichung des unteren Sattelganges niederbringen muss.

So hat man beispielsweise bis zu 731 m Tiefe in den Victoria- und New
Chum-Bergwerken 30 und in der Grube 180 nur 5 Sattelgänge erschlossen. Das
Lazarus-Bergwerk durchteufte Sattelgänge

in 259 m (850') Tiefe   in 437 m (1435') Tiefe

   » 283 » (930')   »   » 490 » (1630') »

   » 317 » (1040')   »   » 533 » (1750') »

   » 353 » (1160')   »   » 545 » (1790') »

   » 378 » (1240')   »   » 560 » (1837') »

   » 382 » (1253')   »   » 576—609 m (1889—2000') Tiefe.

Oft erschwert die stark ausgeprägte Transversalschieferung die richtige
Deutung eines Sattelganges; man hält sie für Schichtung und demgemäss den
einen Sattelschenkel für einen quer zu den Gebirgsschichten streichenden Gang-
ausläufer (Gangtrum). Andererseits entstand zuweilen ein falscher Sattelgang dadurch, dass bei der Aufreissung eines Querspaltenganges und bei der Durchsetzung desselben durch eine Schichtungsfläche zweier Gebirgsschichten diese
letzteren durch eine Seitenwirkung der gangbildenden Kraft ausser Zusammenhang
gesetzt wurden.

Bis jetzt beschränkte sich der Bergbau fast nur auf die Sattel, weil diese,
zu Tage ausgehend, den Blick des Bergmannes zunächst auf sich zogen und weil
man weiterhin, um etwa möglichen Kapitalverlust zu vermeiden, nach Abbau
eines Sattelganges stets vertikal in die Tiefe ging, um den nächst tieferliegenden
Sattel zu erschliessen. Man hat daher nur wenige der Muldengänge, welche den
Aufschlüssen in den Bergwerken Hercules, Energedie und Confidence Extended
zufolge zwischen den Sattelgängen zweifellos vorhanden sind, und auch diese
meist nur unfreiwillig, infolge vorliegender Gebirgsverwerfungen, gefunden. Ja
man hat sogar wegen Kapitalmangels sich seither fast nur auf die drei bezeichneten Hauptsattel beschränkt, obgleich die acht anderen Sättel und die zwischenliegenden Mulden höchst wahrscheinlich noch eine Menge gleicher Lagerstätten
bergen werden.

So weit übrigens nach den jetzigen wenigen Muldenaufschlüssen zu urtheilen
ist, sind die Muldengänge nicht nur weniger umfangreich, sondern auch ärmer,
als die Sattelgänge.

Ist das Liegende eines Sattelganges Sandstein, so ziehen sich häufig recht-
winkelig vom Sattelgang abstreichende Trümmchen in den Sandstein hinein (man

vergleiche Profil No. 6 auf Tafel V von Bergwerk 222 und Lazarus). Der Sandstein erlitt bei der Gebirgsfaltung zahlreiche Brüche, welche für die Bildung der
Trümmer Raum schafften. Auch die Sattel-Schenkel theilten sich im Einfallen
öfters in mehrere Trümmer (Tafel V, Profil 7 von New Chum Consolidated).
Zuweilen brach das hangende Nebengestein über der Sattelkuppe auseinander,
so dass der Sattelgang sich nach oben hin in einen echten Spaltengang von stellenweise beträchtlicher Höhe fortsetzen konnte (Tafel V, Profil 6). Mitunter setzt auch
einer der beiden Sattelschenkel über die Sattelkuppe hinweg in eine Verwerfung fort.

Die Gangart besteht aus meist weissem Quarz, welcher oft schön gebändert
oder gefleckt ist. Scharfkantige Nebengesteinsbruchstücke sind häufig in denselben eingebettet.

Die Vertheilung des Goldes in der Gangart ist, gleichwie bei den normalen
Querspaltengängen, sehr ungleichmässig; reiche und arme Parthien wechseln vielfach mit einander ab. Während wohl alle Sattelgänge Goldgehalt zeigen, ist
doch nur die geringere Zahl abbaulohnend. Der New Chum-Sattel hat sich
bisher als der reichste erwiesen, sowohl in Anzahl der bauwürdigen Sattelgänge,
wie in der Nachhaltigkeit derselben in der Längenerstreckung. Die durchschnittliche Anzahl der abbaulohnenden Sattelgänge beträgt auf demselben bis zu
609 m Tiefe etwa 10.

Das Lazarus-Bergwerk erschloss

in 259 m	(850') Tiefe	einen		abbaulohnenden	Sattel
» 283 »	(930')	»	»	nicht	»	»
» 317 »	(1040')	»	»	»	»	»
» 353 »	(1160')	»	»	»	»	»
» 378 »	(1240')	»	»	10,5 g, später 6 g führenden	»
» 382 »	(1263')	»	»	nicht abbaulohnenden	»
» 437 »	(1435')	»	»	»	»	»
» 490 »	(1630')	»	»	»	»	»
» 533 »	(1750')	»	»	gut	»	»
» 545 »	(1790')	»	»	armen	»
» 560 »	(1837')	»	»	»	»	»
» 576—609 m	(1889—2000') Tiefe	einen sehr guten Sattel.			

Die Grube 180 weist indessen unter 5 Sattelgängen nur 3 zahlbare auf. Der
Garden Gully-Sattel hat nur 2 zahlbare Gänge; andererseits fand sich auf diesem
Sattel aber in 200—230 m Tiefe der mächtigste und reichste Erzkörper des
ganzen Feldes.

Das Gold ist zumeist im Erz fein vertheilt, öfters aber auch in gröberen,
sichtbaren Parthien ausgeschieden. Schwefel- und Arsenkies sind nicht selten
vertreten, in der Regel aber nur in Gesellschaft von Feingold, während die
Pyrite fehlen, wo grobes Gold ausgeschieden ist. Die in den Pochwerken er-

haltenen Pyrite betragen im Durchschnitt etwa 1 % des verarbeiteten Erzes. Gerade im Bendigo-Goldfelde findet sich gediegen Gold, welches aller Wahrscheinlichkeit nach nicht aus der Zersetzung von goldfuhrenden Pyriten hervorgegangen ist. Auch Zinkblende und zuweilen Bleiglanz kommen vor.

Der Bendigo-Distrikt ist fur den Goldbergbau deshalb von ganz besonderer Bedeutung, weil durch ihn die Möglichkeit, dass der Goldgehalt der Golderzlagerstatten, namentlich auch das Vorkommen gediegenen Goldes, in recht bebedeutende Tiefen niedersetzen kann, erwiesen ist. Im Jahre 1890[*]) schon wurde im New Chum Railway-Bergwerk in 617 m Tiefe, im North Old Chum-Bergwerk in 699 m Tiefe gut zahlbares Golderz vorgefunden. New Chum Railway erzielte von 7325 t Erz einen durchschnittlichen Tonnen-Goldgehalt von 43,5 g. Im North Old Chum-Bergwerke traf der vom Schachte aus nach Osten aufgefahrene Querschlag den Westschenkel eines Sattelganges in 21 m Entfernung und den Ostschenkel in 35 m Entfernung vom Schachte. Der Westschenkel war 6 m südlich des Querschlages nur 60 cm, dagegen in Folge des nördlichen Einschiebens des Sattels 6 m nördlich des Querschlages 2,4 m mächtig. Er hielt daselbst viel grobes Gold; Arsenkies war dem Erz reichlich eingesprengt. In einer Erzmenge von 141 t wurde ein durchschnittlicher Tonnen-Goldgehalt von 50 g ermittelt. Auch der Ostschenkel ist in gut zahlender Beschaffenheit erschlossen worden. Der Jahresdurchschnitt aus 1752 t betrug 19,8 g Gold in der Tonne.

Im Shenandoah-Bergwerk wurde im Fruhjahr 1896 in der 848 m-Sohle ein Durchschnitts-Goldausbringen von 16,5 g in der Tonne ermittelt. Der thatsächliche Gehalt des Erzes ist demnach höher.

Die Salbänder der Sattelgänge, welche gleichbedeutend sind mit den Schichtflächen des angrenzenden Nebensgesteins, zeigen vielfach Rutschflachen und Rillen, welche auf bedeutende Gebirgsbewegungen hindeuten. Auch Harnischbildungen sind zu beobachten.

Ich wies schon an früherer Stelle darauf hin, dass das Silurgebirge Bendigos ausser den Sattel- und Muldengängen und den schon erwähnten falschen Satteln auch Spaltengänge, Netzwerke schmalerer Gangtrümmer und Erznester führt, welche sich oft als beträchtlich goldreich erwiesen haben und lohnende Ausbeute ergaben.

Gesteinsgänge und Gebirgsklüfte, welche haufig Verwerfungen verursachen, sind nicht selten (Tafel VII, Profil 1).

In Grube 180 konnte ein Gesteinsgang von selten mehr als 23 cm Mächtigkeit von Tage aus bis zur tiefsten Sohle hin nachgewiesen werden. Howitt[**]) erklart das Ganggestein fur die von Rosenbusch »Limburgit« benannte Basaltart.

---

[*]) Neuere Zahlen, welche noch grössere Tiefen ergeben werden, stehen mir leider bezüglich dieser Bergwerke nicht zur Verfügung.

[**]) Vergl. Notes on Samples of rocks, Collected in the 180 mine at Bendigo, Victoria, Department of mines special report. Melbourne 1893.

Wie jedoch O. Mügge[*]) bemerkt, sind diese Gesteine eher als Monchiquite zu bezeichnen. Eine von uns untersuchte Probe aus einem solchen Gesteinsgange der Windmill Hill Mine erwies sich auch durchaus als monchiquitartig.

Das Gestein ist makroskopisch dunkelgrün, fast ganz homogen. Unter dem Mikroskop erscheinen Augite in langen Prismen von blassvioletter Farbe, an den Rändern etwas dunkler, mit mehr oder weniger horizontalen Quersprüngen. Dunkelbraune Prismen von Hornblende, stark absorbirend, mit sehr deutlichen Querschnitten, liegen durcheinander. Der Augit ist wohl etwas vorwaltend. Keine grösseren Ausscheidungen beider Mineralien. Als grössere Ausscheidungen bloss automorphe Olivine, z. Th. in blassen Serpentin umgewandelt; keine kleineren Olivine. Die nicht reichliche Zwischenmasse zwischen den genannten Mineralien ist blassgrau, ohne oder fast ohne Wirkung auf das polarisirte Licht. Sie gleicht bisweilen klarem Glase, während sie anderswo nicht ganz struktur-los erscheint oder von ganz ungemein feinen, parallel gestellten mikrolithischen Faserungen durchwachsen ist.

Das Bendigo-Goldfeld bietet dem Studium der Erzlagerstätten ein überaus reiches Beobachtungsfeld. Da der Rahmen der vorliegenden Arbeit mir aber nicht gestattet, auf weitere Einzelheiten der Beobachtung näher einzugehen, kann ich nur auf die ausführlichen Arbeiten von Dunn[**]) und Rickard[***]) über das Bendigo-Goldfeld verweisen. Diesen Arbeiten sind auch die Profile 4—7 auf Tafel V, das Profil auf Tafel VI und die Profile 1 und 2 auf Tafel VII entnommen worden.

Die Entstehung der Sattel- und Muldengänge ist nach Maassgabe aller Beobachtungen dahin zu deuten, dass bei der Faltung der Gebirgsschichten in den Satteln und Mulden derselben Hohlräume sich bildeten, in denen aus Minerallösungen Golderze sich ausschieden.

Die Deutung etwa, dass die Erzlagerstätten vor Faltung des Gebirges schon vorhanden gewesen sein könnten und durch Auswalzen der Faltenschenkel in Folge des Seitenschubs in Satteln und Mulden zusammengepresst worden wären, findet in den verschiedenen Lagerstätten-Erscheinungen keine hinreichende Stütze.

Sattelgänge im Hargraves-Goldfelde. Im Hargraves-Goldfelde (N.S.W.) sind mehrere Sattelgänge, ähnlich denjenigen bei Bendigo, wenn auch in sehr bescheidenem Umfange, gefunden worden. In einem Schächtchen steht in 6 m Tiefe ein Sattel an, dessen Rücken daselbst 1,2 m mächtig ist; sein Streichen geht von Nordnordwest nach Südsüdost. Die Schenkel des Sattels fallen mit etwa 20° nach West und Ost ein und haben 3 m von der Sattellinie abwärts 45—50 cm Mächtigkeit. 15 t vom Sattel gewonnenen Erzes ergaben 780 g Gold. Nur 6 m südlich dieses Schachtes fand man in einem anderen Schachte bis zu 12,1 m Tiefe drei wohlausgebildete Sattelgänge, welche stellenweise sichtbares Gold führten.

[*]) Neues Jahrbuch f. Min., Geol. u. Pal., 1894.
[**]) Dunn, E. J., 1893. Report on the Bendigo Gold Fields (Publ. by the Vict. Mines Dept. Melbourne).
[***]) Rickard, T. A. The Bendigo Goldfield. (Transact. of the American Institute of Mining Engineers).

Sattel- und Muldengänge im Hillend-Goldfelde. Auch bei Hillend soll ein Sattelgang gefunden worden sein. Wolff erwähnt*) eine Gangmulde von dort und führt aus, dass in solchen Mulden stets beträchtlichere Anreicherungen des Erzgehaltes zu beobachten seien. Er schreibt:

»Als Belege für den Einfluss, welchen Synklinen auf die Goldführung der Gänge und Lagergänge haben, führe ich einige selbst beobachtete Beispiele an. Zu Hillend in Neu-Süd-Wales liegen in einem zur oberen (?) Silurformation gehörigen Gebirge verschiedene Gangzüge, welche, wenn sie auch Sprunge und Verwerfungen aufweisen, doch in ihrem meridianen Streichen auf viele Meilen Erstreckung verfolgbar sind. Der interessanteste und best aufgeschlossene dieser Lagergangzüge ist vor allen jener, welcher sich durch die reichen Gruben am »Hawkin's Hügel« zieht und dessen nördliche Verlängerung bei dem 5 km entfernten Tamharoora durch Chinesen, dessen südliche Verlängerung in dem 11—13 km entfernten Chamber's Creek durch Europäer zur Untersuchung und zum Abbau gelangt ist. Er besteht an dem genannten Hawkins hill aus sechs Quarzlagergängen, welche in Mächtigkeit zwischen 5 und 40 cm schwanken und nie mehr, meistens weniger als je 1 m Schiefermasse zwischen sich haben. Mit dem Quarz werden auch die zwischenliegenden Schiefer abgebaut, so dass die Weite der Baue von 3 bis 4,5 m schwankt. Von Tage bis zu 35 m Teufe war ihr Fallen, wie das der einschliessenden grobsandigen, feldspathreichen Schiefer, wechselnd von 25° bis 35° östlich und ihr Goldgehalt steigend von 15,5 bis 311 g p. Ton. Von jener Teufe ab treten die Gänge allmählich in schwarzblaue Schiefer ein, welche eine den Urthonschiefern ähnliche Ausbildung besitzen; gleichzeitig wurde ihr Fallen dem dieser Schiefer konform 80° bis 85° östlich, wurde ihr Goldgehalt grösser und es traten in und neben dem Quarz auch reichlicher als vordem Pyrit, Carbonspäthe und Spuren von Pyrophyllit auf. Mit etwa 58 m Teufe stellte sich eine Stauchung der Schiefer und Lagergänge ein; letztere zweigten zum Theil rein gangförmige Verbindungsglieder durch den in Folge der Stauchung mulmigen, zarten und theilweise zu schwarzem Thon umgewandelten Schiefer ab und bildeten eine niedere, im Streichen langgestreckte und komplizirte synkline Mulde. In dieser Mulde waren die Gangmassen: wenig Quarz, mehr Pyrit und Kupferkies und reichlich Pyrophyllit in rosenblätterigen Aggregaten; diese und der tiefschwarze, zarte Thon, sowie der reiche Thonschiefer nahmen gleichmässig Theil an dem Goldgehalt, welcher an manchen Stellen bis auf 50 % stieg. Es wurden mehrmals Stücke von 0,1—0,18 cbm Grösse durch gutgesetzte Schüsse losgelegt, welche 100 bis 150 kg Gold enthielten. Die Gesammtproduktion der Mulde betrug annähernd 12300 t Erze mit 4167,4 kg Gold von 910 bis 912 pro Mille Feingehalt, wobei zu bemerken ist, dass zwei Gruben, welche kaum 45 m Länge im Streichen der Lagergänge besitzen, sich mit 1844 t Erzen und 2623,6 kg Gold (= 1421 g p. Ton) an jener Produktion betheiligten und dass die ganze

---

*) G. Wolff a. a. O.

Mulde innerhalb zehn Monaten abgebaut war. Das Nebengestein und die Lagergänge sind durch saiger stehende, wasserführende Klüfte mehrfach verworfen, aber
die Verwerfungen erreichen niemals bedeutende Dimensionen. Oestlich von der
Stauchung kam man durch einen Querschlag auf einen zwar zersetzten, aber doch
festen und massigen Grauwackensandstein, der den Schiefern parallel, aber von
unten her aufkeilend, eingeschaltet ist und möglicherweise die nächste Stauchungs-
ursache gewesen sein mag. Die Mulde erstreckte sich in ihrer anreichernden
Wirkung bis zu 73 m Teufe, dann trat wieder der für den ganzen Distrikt eigen-
thümliche, ungleichförmige (patchy Gold der Digger) Goldgehalt der Lagergänge
— von 15,5 bis 620 g p. Ton — ein; mit 80 m Teufe schwanden sie in Mächtigkeit und zerschlugen sich, ohne dass dadurch der Goldgehalt erhöht oder ver-
ringert worden wäre, und erst mit 122 m Teufe stellte sich wieder grössere
Regelmässigkeit der Gänge und der Goldführung ein. Das Fallen der Schiefer
und der Lagergänge bis zu dieser Teufe war zuerst saiger, dann steil westlich
geworden, in der Gangmasse traten neben Quarz Pyrit und Pyrophyllit wieder
reichlicher auf, so dass im Juli 1875 eine zweite Anreicherungszone in etwas grösserer
Teufe bestimmt erwartet wurde. Die letztgenannten Thatsachen wurden mir erst
vor Kurzem mitgetheilt — zur Zeit meines Besuches war nur erst die Mulde eben
durchteuft —, und sie sind von Wichtigkeit, weil dadurch die allgemeine, trotz
der Teufe gleichbleibende Haltigkeit der Gänge bewiesen und meine schon in
1872 gebildete Ansicht, dass der shoot of Gold, der Goldfall, nur eine Folge
der Synklinenwirkung sei, bestätigt wird.

Parallel mit diesem Gangzug und von ihm durch ein tiefes Thal getrennt,
liegen die Gänge, welche Marshalls reefs genannt werden und den vorerwähnten
Gängen nach Zusammenhang und Goldgehalt ganz ähnlich sind; sie fallen westlich. In ihrer Streichverlängerung schwellen sie auch, wie jene, zu sehr mächtigen
Quarzkörpern mit einem Goldgehalt von 6,2 bis 124 g p. Ton an, und die früher
schon beschriebenen armen antiklinen Lagergänge, welche an der Furth des
Magraria-Flusses zu Tage gehen und in ihrer Streichlinie liegen, dürften mit ihnen
identisch sein.

Ausser den genannten sind noch andere Lagergangzüge und auch mehrere
echte, z. Th. sehr mächtige Gänge vorhanden.«

Andere Goldfelder in Neu-Süd-Wales. Bei Nerrigundah, nordwestlich des
Mount Dromedary, sind Quarzgänge lentikularer Entwickelung in bergbaulichem Betriebe gewesen. Wenn auch einige derselben örtlich sehr reiche Anbrüche enthalten
haben, so hat doch keines sich als nachhaltig in Tiefenerstreckung und Erzgehalt erwiesen. Nur die Gänge der ›Belle Australia‹ und ›Lady Carrington‹, welche etwa
15 g durchschnittlichen Tonnen-Goldgehalts führen, scheinen nachhaltiger zu sein.

Im Bywong-Goldfelde in der Grafschaft Murray (N.-S.-W.) liegen eine grosse
Anzahl paralleler, dünner Quarzschnüre in den Schichten der nord-südlich
streichenden, etwa 65° östlich einfallenden Silurschiefer (Tafel VII, Profil 3). Einzelne
quer zu den Gebirgsschichten verlaufende Abzweigungen derselben beweisen, dass

regelrechte, wenn auch sehr gering entwickelte Spaltengänge vorliegen. Die Mächtigkeit der Schnüre beträgt meist nur 1 cm und erhebt sich selten über 10 cm.

Die Schnüre folgen so vollkommen den Gebirgsschichten, dass einer derselben, welcher im Lowes-Schacht in 8 m Tiefe angetroffen wurde, mit den Schichten zunächst eine abgerundete Mulde und einen Sattel beschreibt, dann aber auskeilt. Der Sattelrücken verdickt sich bis zu 30 cm Mächtigkeit (Tafel VII, Profil 5). Gold war mit dem blossen Auge sichtbar. Fünf Tonnen des Erzes aus dem Sattelrücken ergaben 1,8 kg Gold. Arsenkies kommt ebenfalls reichlich im Erz vor.

Golderzgänge in den Goldfeldern des Nordostens Tasmaniens. Die Goldquarzgänge in den Silurschichten des Nordostens Tasmaniens, in den Tamar-, Lefroy-, Back-Creek-, Mt. Victoria-, Mangana- und Mathinna-Goldfeldern, zeigen keine wesentlichen Verschiedenheiten von den silurischen Golderzgängen des Austral-Continents. Das z. Z. bedeutendste Golderzbergwerk ist die Tasmania-Gold-Mine bei Beaconsfield, deren Lagerstätten bei 38,6 g durchschnittlichem Tonnen-Goldgehalt zwischen 30 cm und 5 m Mächtigkeit wechseln. Der Abbau ist bis zu 219 m Tiefe vorgerückt.

Die grösste Tiefenerstreckung aber hat die Golden Gate Mine im Mathinna-Goldfelde erreicht. Wir haben dieses Bergwerk nicht besuchen können Einer mir vorliegenden, allerdings aus dem Jahre 1893 stammenden Beschreibung*) des Regierungsgeologen Montgomery entnehme ich Folgendes:

Vier vorwiegend nord-südlich streichende und steil östlich einfallende Quarzgänge, der Hauptgang (Main reef), Loanes-Gang (Loanes reef), der Mittel-(Central-) und Westgang (Western reef), sind in derselben erschlossen worden. Die Mächtigkeit schwillt im Loanes-Gange bis zu fast 7 m an, beträgt aber im Durchschnitt 1,2 m. Soweit die bis zur 121,9 m-Sohle damals vorhandenen Aufschlüsse erkennen liessen, liegen der Hauptgang mit dem Loanes-Gange, welche sich im südlichen Verlaufe schaaren, und der Mittelgang mit dem Westgange derart zwischen je gemeinsamen hangenden und liegenden Salbändern, dass das Vorhandensein von zwei etwa 18 und etwa 33 m mächtigen zusammengesetzten Gängen angenommen werden muss (Tafel XI, Profil 4).

Das zur Gangart gewordene Nebengestein von blauem Schiefer, welches zwischen den gut ausgeprägten Salbändern und den Quarzkörpern, sowie zwischen diesen selbst sich befindet, ist von zahlreichen Quarztrümmchen und Schnüren durchzogen. Nebengesteinsbruchstücke sind in den vier Quarzgängen häufig; ebenso finden sich oft Rutschflächen. Vom Ausgehenden bis zu 21 m Tiefe hinab ist die Gangart sehr zersetzt.

Erzverpochungen vom Westgange ergaben 14 g, 20 g und 4,5 g Gold in der Tonne. Im Loanes-Gange fand man Erz mit 43 g Tonnen-Goldgehalt.

---

*) Tasmania. Report of the Secretary of Mines for 1891/2.

Londonderry-Goldbergwerk. (West-Australien.)

Schurfschacht im Buschwald.

Grössere Gangparthien nicht abbaulohnenden Erzes wechseln mit gut zahlendem Erz. Von Juni 1888 bis zum 31. Juli 1892 gewann man aus 24 175 t Quarz 902 kg Gold, mithin einen Durchschnitt von 34,6 g in der Tonne.

Vom Verhalten der Lagerstätten in der Tiefe habe ich keine genaueren Mittheilungen erhalten, wohl aber, dass in der 305 m-Sohle gut lohnendes Erz in Abbau genommen werden konnte.

Golderzgänge im Otago-Goldfelde auf Neu-Seeland. Der Otago-Distrikt Neu-Seelands wird nach Professor Ulrich in etwa 112 km breitem Bande von thonigen Glimmerschiefern oder Phylliten mit sehr zahlreichen Quarzeinlagerungen durchsetzt. Letztere erscheinen theils lentikular, in Streichen und Einfallen vielfach auskeilend, als unregelmässige Quarzlinsen oder als Quarzlamellen; sie besitzen Viertelzoll- bis Zollbreite, nehmen stellenweise auch bis zu mehr als 1 m Dicke zu und geben den Gebirgsgliedern ein so eigenartiges Gepräge, dass T. A. Rickard[*]) vorgeschlagen hat, sie als Quarzit-Glimmerschiefer »quartzose mica schist« oder kurzweg als Quarzitschiefer »quartzose schist« zu bezeichnen. Auch Hornblendeschiefer und Quarzite finden sich vor. Die ganze Gebirgsgruppe, welche meist sehr flache Lagerung, selten und nur örtlich Faltung besitzt, wird dem Untersilur zugerechnet. Ihr gehört das Otago-Goldfeld an, denn nicht nur die beschriebenen Quarzeinlagerungen führen häufig Gold, sondern das Gebirge wird auch mehrfach von echten goldführenden Spaltengängen durchsetzt.

Die Gänge treten auf bei Nenthorn, bei New Bendigo an der Old Man Range, bei Macetown, an dem Shotover River und dem Skippers Creek.

In der Phönix-Grube am Skippers Creek, in der Premier-Grube bei Macetown und in anderen Gruben finden sich mehrere Parallel-Gänge zu Ganggruppen ziemlich übereinstimmender Ausbildungsweise zusammen. Die Gänge haben meist wohl ausgeprägte Salbänder, doch so, dass die äusseren Salbänder der äusseren Gänge solcher Ganggruppen besonders deutlich, die einander zugekehrten Salbänder meist undeutlicher sind.

Die Phönix-Grube hat drei Gänge (Tafel VII, Fig. 6), welche nördlich eineinfallen und im Allgemeinen WNW. streichen. Sie zeigen die Eigenart, dass sie wechselweise anschwellen und sich verschwächen, derart, dass niemals Anschwellungen verschiedener Gänge einander gegenüberstehen. Der Nordgang wechselt zwischen 1,2 und 3 m, der mittlere Gang zwischen 1,2 und 4 m, der Südgang zwischen 1,2 und 1,5 m Mächtigkeit.

Die Premier-Ganggruppe besteht aus drei Parallelgängen und einem Quergang, welche 40—50 cm Mächtigkeit besitzen.

Die Nenthorn-Gänge sind bei 30 cm durchschnittlicher Mächtigkeit verhältnissmässig schmal, verschwächen sich in nur geringer Tiefe, theils bis zu vollständigem

[*]) Rickard, T. A., The Goldfields of Otago. (Transact. of the Amer. Instit. of Min. Eng.) 1892.

Auskeilen. Die Gangart ist Quarz, theilweise wie Zucker bruchig und zerreibbar, oder quarziger Mulm (quartz mullock).

Der Goldgehalt ist sehr wechselnd. Er soll in den Nenthorn-Bergwerken 17 g. in dem Phönix-Bergwerk 25,5—27 g. in der Premier- und anderen Gruben indessen weit weniger betragen haben. Stellenweise ist sehr reiches Erz gefunden worden.

Eisenkies kommt häufig, Antimonglanz, Zinkblende und Bleiglanz seltener vor.

Golderzgänge im Südwest-Otago-Goldfelde. Das im Südwest-Otago- oder dem Wilson River- und Preservation Inlet-Goldfelde anstehende Gebirge setzt sich aus untersilurischen Quarziten, Sandsteinen und bitumenreichen oder graphitischen Schiefern, welche in dunkelblaue Schiefer übergehen, zusammen. Wo diese Gebirgsglieder in Kontakt treten mit dem sie umgrenzenden, theilweise auch in Gängen durchbrechenden Granit, sind sie umgewandelt in mehr oder weniger kieselige Glimmerschiefer. Es lassen sich drei Zonen gangführenden Gebirges unterscheiden:

1. die von der Golden site-Mine in Mitte der Wilsonfluss-Thalschlucht (Wilson River Gorge) südwärts zur Kuste an der Kiwi-Mündung sich hinziehende Zone;
2. die von Cuttle Cove nach Preservation Inlet sich erstreckende und die Gangzüge von Long Beach und Morning Star umfassende Zone;
3. Die Cavern Head und Coal Island umschliessende Zone.

Es liegen noch nicht so umfassende Aufschlüsse vor, dass nähere Angaben über das Verhalten der Gänge gemacht werden könnten.

Der Jahresbericht der Kolonialregierung für 1896 spricht sich dahin aus, dass die Otago-Goldfelder keine Aussichten für Entwickelung eines bedeutenden Quarzbergbaues bieten; dagegen ist Rickard der Ansicht, dass das eigenartige Vorkommen des Goldes in Gangzonen und in den Quarziten des Gesteins die Hoffnung auf einen Bergbau von z. Z. nicht zu ahnender Bedeutung nach Verbesserung der Goldextraktionsmethoden und Verringerung der Selbstkosten sehr wohl gestatte.

Gold im Eruptivgestein.

Einsprengung in Diorit.

Auf dem linken Ufer des Bellubula Rivers (N.-S.-W.) zwischen Mandurama Ponds Creek und Marangulla Creek stehen im ziemlich steil nach dem Fluss hin abfallenden Berghange, sowie nördlich des Bellubula Rivers in den Grubenfeldern Frenchman und Cornishman eigenartige Goldlagerstatten an, welche als mineralisirte Zonen eines grossen Dioritstocks zu betrachten sind.

Der Dioritkörper hat, wahrscheinlich durch Druckwirkungen, derartige Veränderungen in seinem Zusammenhange erlitten, dass gewisse Zonen des Diorits zur Aufnahme später hinzutretender Minerallösungen und zur Ausscheidung von

Pyriten und Gold vorbereitet wurden, andere Zonen aber eine geradezu dünn-plattige, anscheinend geschichtete Ausbildung erfuhren. Es trat hinzu eine mehr oder weniger tiefgehende Zersetzung, so dass der feste Dioritkern des Gebirges wie von einem Zersetzungsmantel umgeben erscheint.

Andere Beobachter stimmen mit dieser Anschauung nicht ganz überein; einige nehmen an, dass die goldführenden Dioritzonen nicht durch dünnplattigen Diorit, sondern durch silurische Thonschiefer getrennt würden; wieder andere halten das ganze Gebirge für sedimentären Ursprungs.

Meine Anschauung wird mir aber bestätigt durch Aufschlüsse, welche ober-halb der Fälle des Bellubula Rivers bei den Arbeiten zur Gewinnung des Gesteins-materials für die im Bau begriffene Thalsperre gemacht worden sind. Es steht dort ebenfalls ein sehr frischer Diorit an, welcher nach der Tagesoberfläche hin in einen zuerst weniger, dann mehr und mehr zersetzten und dünnplattigen Diorit übergeht. Der frische Diorit ist selbst schon in dicke Bänke, welche zwischen parallelen Kluftflächen liegen, zertheilt, und selbst im frischen Diorit sind schon nahezu parallele Lagen verschiedenkörnigen Gesteinsmaterial zu unter-scheiden, von denen einzelne grösseren Pyritausscheidungen Raum gaben. Bei dieser Annahme, dass die Goldlagerstätten an das Eruptivgestein gebunden sind, ist eine besonders weite Verbreitung nicht wahrscheinlich.

Wie die Mineralisirung der Goldzonen des Diorits stattfand, ob nämlich durch Zuströmung von Minerallösungen aus entfernten Quellen oder etwa durch Konzentration im Diorit in Spuren vertheilten Goldes in den jetzt goldführenden Zonen, mag dahingestellt bleiben. Sollte aber letzteres der Fall sein, so dürfte die Goldanreicherung voraussichtlich nur auf den Zersetzungsmantel des Diorits sich beschränken.

Es ist sehr schwierig, die Mächtigkeit der verschiedenen goldführenden Zonen und der tauben Zwischenmittel festzustellen; nach Beobachtung in verschiedenen Grubenbauen gruppiren sie sich, ohne dass damit aber ein vollkommenes Gebirgs-profil gegeben werden soll, etwa wie folgt:

Dammerde . . .	30 cm
Goldzone	30 »
Taubes Gestein . .	23 »
Goldzone	30 »
Taubes Gestein . .	2 m
Goldzone	45 cm
Taubes Gestein . .	3 m
Goldzone	6 m, mit 3 tauben Zwischenmitteln von 10—30 cm Mächtigkeit,
Taubes Gestein .	7,9 m
Goldzone . . .	2 »
Taubes Gestein . .	4,2 »
Goldzone	6 »

Taubes Gestein . . 1 m
Goldzone . . . . 1,5 ,
Taubes Gestein . . 1,5 ,
Goldzone . . . . 3,3 ,
Taubes Gestein . . 10 cm
Diorit mit viel Schwefel- und Arsenkies.

Hiernach haben die tauben Gesteinsmittel etwa dieselbe Gesammtmachtig-
keit, wie die goldführenden Zonen.

Die Goldzonen haben ein Streichen von NO. nach SW. und fallen mit
20—30° nordwestlich nach dem Bellubula-Flusse hin ab, ziemlich die Neigung
des Berghanges einhaltend.

Goldzonen, wie Zwischenmittel wechseln vielfach in Machtigkeit wie innerem
Verhalten. Die Goldzonen bestehen meist aus einem mulmigen, theils thonigen,
theils quarzigen, röthlich- oder gelblichbraunen Gestein, welches im Streichen
oder Einfallen der Zonen aber öfters in ein gelbliches oder weisses Gesteinsmaterial von beträchtlichem Feldspathgehalt und sehr lockerem Gefüge übergeht.
Nur die liegenderen Zonen zeigen zuweilen festere Struktur. Die liegendste,
stark arsenkieshaltige Parthie ist von ganz ungewöhnlicher Harte. Der Gold-,
wie Silbergehalt ist im Erze sehr fein vertheilt, so dass er nirgendwo mit un-
bewaffnetem Auge wahrgenommen werden kann. Er ist ferner sehr ungleich
vertheilt, so dass Parthien mit einem Gehalt von 30—60 g in der Tonne mit fast
ganz tauben Parthien abwechseln. Der thatsächliche Durchschnittsgoldgehalt lässt
sich nicht angeben; er dürfte aber sehr gering sein. An mehreren Stellen, namentlich in den liegenderen Zonen, kommen die Edelmetalle nesterweise mit Schwefel-
und Arsenkies vor. Die Kiese sind zuweilen hochgradig zersetzt. Das Gebirge ist
von einer Anzahl W.-O. und S.-N. streichender jüngerer Dioritgange durchzogen,
welche das Grubenfeld gewissermaassen schachbrettförmig zertheilt haben. Mehrfach haben die Durchsetzungen Verwerfungen im Gefolge gehabt. In der Nähe
dieser Durchsetzungen sind die Goldzonen angereichert.

Gänge im Diorit.

Mehrfach treten goldführende Gange in den die silurischen Schichten durchdringenden Dioritstöcken auf. Hierher gehört die Lagerstätte von Mitchells Creek
Freehold Estate Gold Mine bei Daviesville nördlich Wellington (N.-S.-W.).

Der Gang ist bei N.-S.-Streichen in der südlichen Grubenabtheilung auf 300 m,
in der nördlichen Grubenabtheilung auf 330 m Länge überfahren worden. Zwischen
beiden Grubenabtheilungen ist er ebenfalls auf längere Erstreckung hin an der
Oberfläche festgestellt.

Er fällt mit 45° östlich ein und ist in der Südgrube auf 207 m, in der
Nordgrube auf 150 m flache Tiefe nachgewiesen. Er zeigt eine grosse Regel-
massigkeit, wenn auch stellenweise Verdruckungen und andererseits Ausweitungen

über 1 m Mächtigkeit nicht ausgeschlossen sind. Die Durchschnittsweite beträgt 50 cm.

Die Salbänder sind gut ausgebildet. Das Erz erscheint im Querschnitt meist gebändert; den Salbändern parallele Quarzstreifen wechseln mit Bändern von Pyriten ab. Der durchschnittliche Tonnen-Goldgehalt beträgt 23 g. Deutlich ausgeprägte Rutschflächen an den Salbändern und im Gange, jenen parallel, deuten auf bedeutende Verschiebungen, welche den Gang während der Bildung der Gangausfüllungsmasse betroffen haben. Anscheinende Schieferung des Diorits und Faltung der plattenartigen Absonderungen in den Gangraum hinein lassen die ausserordentlichen Druckwirkungen erkennen, welche bei der Abrutschung des hangenden Gebirgskörpers zur Geltung gekommen sind.

Grössere und kleinere Nebengesteinsbruchstücke, zum Theil mehr oder weniger zersetzt, finden sich in der Gangmasse vor.

Verwerfungen im Streichen sind nicht vorhanden.

Gänge im Rhyolit.

Im Pambula-Goldfelde in der Grafschaft Auckland (N.-S.-W.) tritt Rhyolit zusammen mit Quarzporphyr auf. Die Ausbrüche dieser Eruptivgesteine schliessen sich mit einem Verlaufe in NNW. dem allgemeinen Streichen an.

Der Rhyolit wird von einer Anzahl in verschiedenen Richtungen, vorwiegend aber nord-südlich streichender eigenartiger Gänge durchzogen, welche ebenfalls Rhyolit als Hauptausfüllungsmasse führen. Wahrscheinlich durch mächtige Druckwirkungen ist der Rhyolit zonenweise derart umgebildet worden, dass Parthien von grösserer Längenerstreckung und mehr als Meterbreite in linsenartige Gesteinsbrocken von unregelmässiger Gestaltung zerlegt wurden, zwischen denen, wohl als Produkt der Zermalmung und Zersetzung von Gesteinsmaterial, mulmig-thonige Zwischenmittel sich bildeten. Meist ist das hangende Salband gut ausgebildet, während nach dem Liegenden hin ein mehr allmählicher Uebergang der Gangmasse in das Nebengestein hinein stattfindet. Zuweilen zieht sich nahe dem Hangenden in der Lagerstätte ein Quarztrumm entlang, welches bis zu 23 cm Breite erreicht. Während aber dieses Quarztrumm nur wenig oder gar kein Gold zeigt, ist das Gold der Lagerstätte vorwiegend in den schmalen Klüften des nach dem Liegenden hin anschliessenden, zermalmten Gesteins gefunden worden, und zwar besonders reich da, wo thonige Massen die einzelnen Rhyolitbrocken trennen (Tafel VII, Fig. 4).

Je zerbrochener die Gangart und je breiter die Lagerstätte, desto reicher ist sie an Gold. Zudem erscheint der Gang angereichert in Erzfällen von südlichem Einschieben, welche meist von kurzer Länge sind, in einem Falle aber doch 120—150 m Längenerstreckung erreichen.

Die Gangmasse ist am Ausgehenden gebleicht, darunter von Eisenoxyden geröthet, während sie in weiterer Tiefe grünliche Farbe erhält und mehr oder weniger mit Pyriten durchsetzt ist.

Die nord-südlich streichenden Gänge sind reicher als die in anderen Richtungen verlaufenden. Es ist auf solcher Lagerstätte mit Vortheil Bergbau betrieben worden auf dem Gipfel des Mount Gahan, wo 50 g Gold in der Tonne Erz gefunden wurden, sowie im Pipe Clay Gully, wo das zum Pochwerk gesandte ausgesuchte Erz 967 g Gold in der Tonne enthielt.

Kontaktgänge zwischen Pyroxen-Andesit und Serpentin.

Die Bergbaufelder der Wentworth Goldfields Proprietary Company Lim. und der Aladdins Lamp Gold Mining Company Lim. bei Lucknow im Orange-Gold-felde der Grafschaft Bathurst (N.-S.-W.) werden von einer SO.-NW. streichenden und theils steiler, theils flacher östlich einfallenden Kontaktkluft durchsetzt. Im Liegenden dieser Kluft steht ein örtlich »Diorit« genanntes Gestein, im Hangenden Serpentin an. Die mikroskopische Untersuchung des sogenannten Diorits ergab jedoch, dass dieses Gestein von einem pyroxen-andesitischen Typus ist.

Bis zu 4 mm grosse monokline Pyroxene sind neben Feldspäthen in einer Grundmasse ausgeschieden. Die Pyroxene werden im Schnitt grünlich gelb und enthalten eine Unmasse von Fetzen und libellenführenden Einschlüssen blassbräunlichen Glases; letztere sind manchmal sehr schön aneinandergereiht, und der Verlauf der oft mehrfach repetirten Streifen entspricht den Schnittkonturen des Pyroxes. Die Feldspäthe sind nicht mehr frisch, reichlich mit doppelbrechenden Schüppchen erfüllt, zwischen denen aber noch zu die Plagioklasstreifung erkennbar ist. Sie scheinen auch viele Glaseinschlüsse enthalten zu haben. Die Grundmasse ist offenbar auch nicht mehr frisch, sie scheint früher zum grossen Theile glasig gewesen zu sein. Die zahlreichen dünnen blassen Pyroxenprismen, die in ihr liegen, sind offenbar primäre Ausscheidungen; andere faserige Stellen dürften Umwandlungsprodukte des Glases sein. Uebrigens findet man noch zahlreiche, ganz strukturlose Flecken, die sich ganz einfachbrechend verhalten.

Das Gestein aus dem Hangenden der Lagerstätte, der Serpentin, zeigt unter dem Mikroskop einen ziemlich reichlichen Gehalt an Talkschüppchen. Die seegrünen Parthieen des Serpentins, durchwachsen von feinstem Erzstaub und stellenweise von schwarzen Mikrolithen, zeigen so unregelmässige Umrisse, dass eine Zurückführung auf den Prototyp mit Sicherheit nicht möglich ist. Dennoch scheinen gewisse Konturen auf der noch erkennbare Verlauf von ehemaligen Sprüngen darauf hinzuweisen, dass es vielleicht ein ehemaliges olivinführendes Bronzitgestein war, welches der Umwandlung in Serpentin anheimfiel. Kleine borstige oder warzenförmige grüngelbe Körnchen, welche vielfach haufen- oder schnurweise versammelt sich vorfinden, gehören dem Titanit an, wie auch die Umsäumung schwarzen Titaneisens durch solche Körnchen zeigt.

In anderen Präparaten ist das Gestein zum grössten Theil aus Fragmenten von Serpentin, bis 3 mm Länge, zusammengesetzt. Dieselben zeigen zwar hin und wieder noch theilweise Krystallwinkel, sind aber grösstentheils ganz irregulär, polygonal begrenzt mit stellenweise ganz gerundeten oder halbkreisförmig einspringenden Umrissen; auch kommen förmlich splitterähnliche Formen vor, so dass eine wirkliche Breccie vorzuliegen scheint. Die einzelnen Splitter, grosse wie kleine, sind durch einen aussen verlaufenden schmalen Rand von Erzpartikelchen sehr deutlich gegen einander und gegen die Zwischenmasse abgegrenzt. Ihre Substanz erscheint im gewöhnlichen Licht als eine fast farblose homogene Masse, in welcher ausser Schnürchen von schwarzem Erz eine ausserordentliche Menge von zartesten, auf das Verschiedenartigste gebogenen, dunkelen, trichitähnlichen Fäden gelegen ist. Zwischen gekreuzten Nikols ergiebt diese Serpentinsubstanz eine blätterige Aggregatpolarisation. Wenn auch die Umrisse der Fragmente nicht auf die Zugehörigkeit zu einem früheren Material hinweisen, so sind doch jene Systeme von Blättern derart häufig rechtwinklig auf einander gekreuzt, dass es den Anschein gewinnt, als ob der fragmentäre Serpentin aus einem Pyroxengestein nach Art des Antigorits hervorgegangen sei. Die für den Olivin charakteristische Maschenstruktur fehlt gänzlich. Zwischen den Serpentinfragmenten lagert spärlich als verbindender Kitt eine im gewöhnlichen Licht ganz homogene und interpositionsfreie Substanz, welche vermuthlich dem Serpentin angehört, indessen nur schwach auf polarisirtes Licht reagirt.

In einigen Präparaten zeigte sich das meiste Erz zwischen den fragmentaren Partikeln gelagert, und die letzteren sind im Inneren frei von den gewundenen trichitischen Fadengebilden. Die Breccien-natur tritt dann nicht so deutlich hervor. Im polarisirten Licht offenbaren jedoch die Serpentin-parthien genau dasselbe Gefüge aus oft rechtwinklig auf einander stehenden Blattsystemen.

Nach der Mineralzusammensetzung des Serpentins ist es ganz unwahrscheinlich, dass derselbe etwa mit dem das Liegende bildenden pyroxen-andesitischen Gestein als in genetischem Zusammen-hange stehend aufzufassen wäre.

In der Kontaktzone der beschriebenen Gesteine tritt eine Reihe von Kalkspath- und Dolomitgangkörpern von 1—1,2 m Mächtigkeit und je bis zu 25—30 m Länge auf. Wie im Streichen der Kontaktzone, so findet auch im Einfallen derselben ein Auskeilen und Wiederansetzen der Gangkörper statt.

In der späthigen oder dolomitischen Gangart, zum Theil auch in an die Kontaktkluft anlehnenden Parthien des hangenden Nebengesteins, treten Gold, Arsen- und Schwefelkies und gediegen Antimon auf. Der Arsenkies ist meist reich, der Schwefelkies meist arm an Gold.

Da wo die Kontaktkluft Haken schlägt, sind die Gangkörper besonders umfangreich und senden Gangtrümmer in das Hangende, nur in einem Falle auch in das Liegende hinein.

Eine Tonne Erz fuhrt im Durchschnitt 109 g Gold.

Devon.

Im Nundle-Goldfelde in der Grafschaft Parry (N.-S.-W.) treten in devonischen Schiefern, Konglomeraten und Sandsteinen, wie auch in Diorit und Serpentin goldführende Quarzgänge auf. Mehrere der Gänge setzen aus den Sediment-schichten in Diorit und Serpentin über.

Die Gänge wechseln zwischen 1 und 30 cm Mächtigkeit. Sie führen Gold im Durchschnitt zu 10 bis 90 g auf eine Tonne Erz. Das Gold ist aber sehr ungleichmässig nesterweise vertheilt. Es erscheint in Erzfallen. Die Gänge sind da meist angereichert, wo sie Thonschieferschichten durchsetzen.

In den devonischen Schiefern und Sandsteinen von Nana Creek in der Graf-schaft Fitzroy (N.-S.-W.) und des Mount Poole-Goldfeldes finden sich gleich ent-wickelte Gänge.

Nach Wolff[*] ist bei den Dioritgängen, welche Devonschichten Queenslands durchsetzen, ein ähnlicher Einfluss auf die Goldführung von Erzgängen beobachtet worden, wie er bei den Dioriten Victorias[**] festgestellt wurde: Goldführende Quarz-, Kalkspath- und Pyritgänge, welche Dioritgänge durchsetzen oder begleiten, sind reich an Gold in oder nahe dem Durchbruch oder der Schaarung, arm oder

---

[*] G. Wolff a. a. O., S. 551.
[**] Siehe S. 64.

gar goldleer in einiger Entfernung vom Diorit. Oft ist auch der Pyrit des Diorits selbst entschieden goldführend.

Gleiches Verhalten hat man in Neu-Süd-Wales beobachtet.

Steinkohlenformation.

Gold in Sandsteinen und Konglomeraten.

Gold ist in karbonischem Sandstein am Springs Creek, 19 km von Clermont, und im Konglomerat von Tallawang in der Grafschaft Philip (N.-S.-W.) gefunden und gewonnen worden. Es zahlte bei Springs Creek indessen nicht die Kosten der Gewinnung.

Ferner sind Goldfunde in Schieferthonen und Konglomeraten des produktiven Steinkohlengebirges am Peak Downs (Qu.), in Kohlenflötzen bei Shelleys Flat am Shoalhaven River (N.-S.-W.), bei Hobart (T.) und in Neu-Seeland gemacht worden.

Sir Thomas Mitchell fand Gold bei Wingello (N.-S.-W.) im Quarzkiesel eines Konglomerats.

Golderzgänge im Karbon.

Golderzgänge treten in der Karbonformation auf in den Gympie-, Hodgkinson- und Palmer-Goldfeldern, sowie wahrscheinlich auch in dem Crocodile-Goldfelde von Queensland, in den Swamp Oak-, Niangala- und Copeland-Goldfeldern von Neu-Süd-Wales und in den Reefton- und Lyell-Goldfeldern Neu-Seelands.

Unter ihnen überwiegen die Gympie-, Crocodile- und Reefton-Goldfelder weit an wirthschaftlicher Bedeutung und geologischem Interesse.

Gympie-Goldfeld. Das Gebirge des Gympie-Goldfeldes gehört der sogenannten Gympie-Formation, dem untersten Gliede des Karbons, an. Sie besteht hauptsächlich aus einer Wechselfolge von Grauwacken, Sandsteinen, Konglomeraten, Schiefern und Kalksteinen mit Diabaszwischenlagerungen. Die Schichten fallen durchschnittlich mit 22^n östlich ein (siehe Karte VIII).

Dieses Gebirgssystem wird von einer grossen Anzahl nordnordwestlich streichender und mit etwa 20° bis zum rechten Winkel zur Schichtenneigung einfallender Gänge durchsetzt; nur der Monkland-Gangzug hat nordwestliches Streichen bei südwestlichem Einfallen und der Inglewood-Gang westnordwestliches Streichen mit nordnordöstlichem Einfallen.

Diese Gänge haben einen abbaulohnenden Goldgehalt nur, soweit sie die Schieferschichten durchsetzen. Bei der Untersuchung des Goldfeldes ermittelt man daher durch vertikale Schächte die Schiefergebirgsparthien und richtet darin mittelst west-östlich aufgefahrener Querschläge die Gänge aus. Manche der Querschläge haben bis zu 10 Gängen durchquert.

Man hat bis jetzt vier wohlunterschiedene Schiefergebirgszonen erschlossen, innerhalb deren die Gänge goldreich sich erwiesen. Die obere derselben, die Phönix- oder Monkland-Schieferzone, hat eine Mächtigkeit von etwa 600 m. Von den Gängen dieser Zone stammt die Hauptmenge des im Gympie-Goldfelde überhaupt gewonnenen Goldes. Als bedeutendste der Lagerstätten sind die Phönix-, Smithfield-, Glanmire-, Monkland-, Great Eastern- und Orient-Gänge zu nennen.

Die anderen Schieferzonen, welche als das »erste«, »zweite« und »dritte« Schieferbett« bezeichnet werden, haben sich an manchen Orten ebenfalls gehaltreich erwiesen, sind aber, wie gesagt, von geringerer Bedeutung als die Phönix-Zone.

Die Gänge führen vorwiegend weisslich-trüben Quarz, stellenweise auch Kalkspath als Gangart, worin das Gold meist als Freigold und dem Auge sichtbar, aber sehr ungleich, nesterweise vertheilt, auftritt. Man hat oft Nester von grossem Reichthum gefunden; im Oktober 1895 förderte man beispielsweise in der Grube »Jones Caledonia« 23 t Erz, welche fast 2,177 kg Tonnen-Goldgehalt führten. Die reichsten Parthien finden sich in der Regel bei kleineren Störungen, geringeren seitlichen Ablenkungen der Gänge.

Pyrite und Bleiglanz kommen ebenfalls im Erz vor; sie sind aber durchweg goldarm.

Im Streichen, wie im rechten Winkel zu den Gebirgsschichten verlaufende Klüfte, von denen namentlich letztere beträchtliche Störungen hervorgerufen haben, sind häufig. Die bedeutendste Verwerfung, der Smithfield-Quersprung, bewirkte eine Absinkung des nördlichen Gebirgstheils um 161 m und trennte das Goldfeld in zwei wohl unterschiedene Parthien, in das »Monkland-« und das »One Mile«-Feld.

Der tiefste Schacht des Goldfeldes, der Monkland-Schacht, hat etwa 500 m Tiefe erreicht.

Hodgkinson- und Palmer-Goldfelder. Die Gänge der Goldfelder »Hodgkinson« und »Palmer« treten in Schiefer-, Sandstein- und Konglomeratschichten auf, welche als gleichaltrig mit der Gympie-Formation betrachtet werden.

Im Hodgkinson-Goldfelde sind zwei Gruppen von Gängen zu unterscheiden. Die einen streichen parallel den W.-O. verlaufenden Schichten, jedoch mit entgegengesetztem Einfallen. Die anderen verlaufen quer zur Schichtenfolge bei nord-südlichem Streichen und östlichem Einfallen. Das Gold kommt vor in einer Gangart von gebändertem Quarz ohne viel Pyrit oder Bleiglanz, zuweilen aber mit viel Antimonglanz, und zwar in schmalen Erzfällen, welche jedoch bereits in der geringen Teufe von 100—130 m auszukeilen scheinen.

Wenn zwar auf dem Palmer-Goldfelde in den Jahren 1874—1890 mehr als 30000 kg Alluvial-Gold gewonnen worden sind, haben die Gänge, welche man bisher aufgefunden hat, doch nur wenig Bedeutung.

Crocodile-Goldfeld. Mount Morgan. Das Crocodile-Goldfeld führt nur eine Lagerstätte von grösserer Bedeutung. Diese aber hat seinem Namen einen um so helleren Klang gegeben. Es ist der berühmte Mount Morgan,

die mächtigste Goldlagerstätte, welche man bis jetzt auf der Erde entdeckt hat.

Sie befindet sich 42 km südwestlich Rockhampton. Das von oben nach
unten aus einer Wechselfolge von Wüsten-Sandstein, Grauwacke, Quarzit, Schiefern
und gelegentlichen Serpentineinlagerungen bestehende Gebirge wird von der
geologischen Kartirung Queenslands der Gympie-Formation zugerechnet, während der Wüsten-Sandstein, fossilen Resten zufolge, dem Kreidegebirge unter-
zuordnen wäre.

Im Gebiete des Quarzits erhebt sich am Linda Creek, bis zu 152 m über
das am Bache gelegene Städtchen Mount Morgan und bis zu 373 m Meereshöhe
ansteigend, ein Hügel von stumpfkegelförmiger Gestalt, welcher zum überaus
grössten Theile aus abbauwürdigem Golderz besteht. Die Krone des Berges ist
durch einen ausgedehnten Tagebau schon nahezu vollkommen beseitigt worden.
Mehrere lange Stollen mit zahlreichen Seitenstrecken durchziehen den Berg in den
verschiedensten Höhenlagen. Der tiefste derselben ist der Linda-Tunnel, welcher
am Fusse des Berges im Linda Creek angesetzt worden ist. Von ihm aus ist die
Lagerstätte auf weitere 60 m in die Tiefe verfolgt worden. Alsdann hat man
von der Sohle des Gesenks aus wiederum Strecken nach den verschiedensten
Richtungen zu Felde getrieben.

Durch diese umfangreichen Aufschlussarbeiten hat sich nunmehr ein hinreichendes Bild der ursprünglich mit mannigfachen Wahnvorstellungen umwobenen,
eigenartigen Kolossal-Lagerstätte bilden lassen. Es ist nachgewiesen worden, dass
sie, was früher mehrfach bestritten wurde, unter die Thalsohle in die Tiefe geht,
wenn auch wahrscheinlich unter geringerer Mächtigkeit als oberhalb derselben.

Bis zu etwa 90 m Tiefe hinab ist das Erz ganz aussergewöhnlich ungleich-
artig. Es besteht aus bläulich grauem Quarz, kieseligem Rotheisenstein von licht-
rother bis zu blauschwarzer, schön irisirender Färbung, Braun- und Mangan-
eisenerz, weissem, blasigem, oft fast schaumigem, bimssteinartigem Kieselsinter.
Kaolin und Ockererde. Diese Mineralien finden sich theils in grösseren Parthien
je für sich, oder in gröberem oder feinerem Gemisch. Das Erz ist vielfach wenig
fest, sehr bröcklig und drusig. In den Drusenräumen finden sich häufig Stalaktiten
von Kieselsinter. Von etwa 90 m Tiefe an geht das zersetzte Erz des eisernen
Hutes allmählich, aber ungleichmässig, in unzersetztes pyritisches Erz, in Schwefelkies führenden Quarzit, über.

Während das Gold nahe dem Ausgehenden zuweilen, wenn auch selten, als
gediegen Gold ausgeschieden war, ist es in der Tiefe im Erz sehr fein vertheilt,
nur selten in Funken sichtbar.

Der Durchschnittsgoldgehalt betrug

im Halbjahre bis zum	1. Dezember	1886	3	ozs	0	dwt	11	grs	in der Tonne	
» » » »	1. Juni	1887	5	»	16	»	16	»	» »	»
» » » »	1. Dezember	1887	5	»	3	»	7	»	» »	»
» » » »	1. Juni	1888	5	»	6	»	23	»	» »	»

im Halbjahre bis zum 1. Dezember 1888 5 ozs 6 dwt 0 grs in der Tonne
, , , , 1. Juni 1889 4 » 11 » 19 » » » »
, , , , 1. Dezember 1889 4 » 0 » 18 » » » »
, , , , 1. Juni 1890 2 » 14 » 22 » » » »
, , , , 1. Dezember 1890 2 » 19 » 20 » » » »
, , , , 1. Juni 1891 2 » 17 » 21 » » » »
, , , , 1. Dezember 1891 2 » 1 » 17 » » » »
, , , , 1. Juni 1892 2 » 1 » 10 » » » »
, , , , 1. Dezember 1892 1 » 19 » 16 » » » »
, , , , 1. Juni 1893 1 » 17 » 12 » » » »
, , , , 1. Dezember 1893 1 » 19 » 13 » » » »
, , , , 1. Juni 1894 1 » 13 » 15 » » » »
, , , , 1. Dezember 1894 1 » 10 » 16 » » » »
, , , , 1. Juni 1895 1 » 9 » 10 » » » »
, , , , 1. April 1896 1 » 10 » 23 » » » »

Vom Ausgehenden an ist mit zunehmender Tiefe somit ein entschiedener Rückgang des Tonnengoldgehalts zu verzeichnen. Derselbe hat sich aber in den letzten Jahren auf ziemlich gleichem Stande erhalten.

Die Jahresförderung beträgt z. Z. etwa rund 95000 t mit 4560 kg (147 000 ozs) Gold.

Die Lagerstätte ist von mehreren Dolerit-, Rhyolith- und Felsitgängen durchzogen, deren durchgreifende Zersetzung im eisernen Hute zur Bildung der vielen verschiedenen Mineralien wesentlich beigetragen hat.

Der Quarzit des Nebengesteins ist ebenfalls pyritisch und führt Goldspuren.

Natürlich veranlasste die Auffindung einer derartigen Goldlagerstätte, dass zahlreiche andere Bergbaugesellschaften unter den Namen Mount Morgan North, Mount Morgan West, Mount Morgan Extended u. s. w. Bergwerksfelder ringsum erwarben; keine derselben vermochte indessen eine abbaufahige Erzlagerstätte zu erschliessen. Es scheint somit eine rein beschränkt örtliche Entwicklung der Mount Morgan-Lagerstätte vorzuliegen. Umsomehr regte die Eigenartigkeit derselben zu theoretischen Erwägungen über ihre Entstehung an:

R. S. Jack hält den Mount Morgan für den Absatz eines Geisers.

J. Macdonald Cameron nimmt an, dass eine goldführende Gebirgszone von einem Netzwerk pyritischer Quarzgänge durchzogen worden sei.

Andere, namentlich die örtlich angesessenen und an der Lagerstätte interessirten Bergbau-Ingenieure behaupten, dass der Mount Morgan das Ausgehende eines stockförmigen Pyritganges von riesiger Ausdehnung sei, daher zu grossen Tiefen hinabsetzen müsse.

T. A. Rickard dagegen ist auf Grund einer sehr sorgfältigen Untersuchung der Lagerstätte zu dem Ergebnisse gelangt, dass durch zahlreiche Ausbrüche von Eruptivgesteinen eine grössere Gebirgsscholle derart zerbrochen und zermalmt

worden sei, dass zutretende Minerallösungen Gesteinsbestandtheile des zertrüm-
merten Körpers der Lösung und Wegführung unterziehen und an deren Stelle
goldführenden Quarz ausscheiden konnten. Er schreibt derselben Ursache auch
die Umwandlung des carbonischen, z. Th. gar kretaceïschen Nebengesteins in
anscheinend krystallinische Felsarten zu. Seiner Anschauung dürfte der Vorzug
der grösseren Wahrscheinlichkeit zuzusprechen sein.

Golderzgänge in Goldfeldern von Neu-Süd-Wales. Die Schiefer und
Sandsteine der Lepidodendron-Schichten des Karbons in den Swamp Oak-,
Niangala- und Copeland-Goldfeldern (N.-S.-W.) werden von vielen Spaltenbildungen
durchzogen, welche der Entstehung von Quarzgängen Raum boten. Diese
Quarzgänge sind aber nur in der Nähe einiger Dioritgänge, welche die Karbon-
schichten durchbrochen haben, goldführend. Das Goldfeld von Swamp Oak ist
etwa 3,6 km lang und 2,4 km breit. Die meisten Gänge dieses Goldfeldes haben
fast nord-südliches Streichen, während die Niangala-Gänge mehr nordwestlich
verlaufen.

Im Felde der Storm King-Goldmine (Swamp Oak-Goldfeld) treten mehrere
Parallel-Gänge zu einem Gangzuge zusammen. Sie haben meist östliches Ein-
fallen nach einem Diorit-Durchbruche hin und werden von einer Anzahl vertikal
niedersetzender Gänge durchbrochen und verworfen. Die Salbänder sind gut ausgeprägt. Manche dieser Gänge lassen beträchtliche Abrutschungen der hangenden
Gebirgsglieder erkennen, so dass eine gute Tiefenentwicklung wahrscheinlich ist.
Die Durchschnittsmächtigkeiten betragen 25—30 cm; stellenweise weiten die
Gänge bis zu 90 cm aus oder ziehen sich bis zu wenigen Centimetern zusammen.
Sie führen meist mehr oder weniger Arsenkies. Das Gold ist sehr unregelmässig
im Gange vertheilt; es kommt vorwiegend in Erzfallen, welche bis zu 6 m Länge
erreichen, vor. Es sind aber auch die zwischen den Erzfallen liegenden ärmeren
Gangtheile meist abbaulohnend. Der Goldgehalt der Gänge steigt bis zu mehr
als 0,5 kg in der Tonne an; er beträgt im Durchschnitt oft 30—60 g.

Golderzgänge im Reefton-Goldfelde. Im Reefton-Goldfelde auf der Südinsel von Neu-Seeland setzen in mehreren bis zu 1,6 km mächtigen Parthien
grauer talkiger Thonschiefer und Sandsteine des produktiven Steinkohlengebirges
Lagergänge auf, welche, wie die Schichten des Nebengesteins, vorwiegend fast
süd-nördliches, wenige Grade nach Osten abweichendes, seltener bis west-östliches
Streichen besitzen. Zuweilen treten mehrere der Lagergänge zu Gruppen von
Parallelgängen zusammen.

Die Salbänder sind oft sehr gut ausgeprägt. Die Gangart ist theils derber,
grauweisser, theils bröckliger, zerreiblicher, ganz weisser Quarz.

Das Gold ist vorwiegend als Freigold in fein vertheiltem Zustande vorhanden, im bröckligen Quarz mehr in gröberen Parthien dem Auge sichtbar
ausgeschieden. Einige Gänge (Cadmans-Bergwerk) führen beträchtliche Mengen

Antimonglanz. Schwefelkies mit reichlichem Goldgehalt ist häufig, Bleiglanz ziemlich selten.

Es ist kein eigentlicher eiserner Hut vorhanden; selbst die Antimongänge zeigen am Ausgehenden nur selten Antimonoxyd.

Uebrigens ist das gewonnene Gold meist trotz der bezeichneten Beimengungen sehr rein; der Werth einer Unze erhebt sich bis zu £ 4. Der durchschnittliche Tonnengehalt des ganzen Goldfeldes betrug 1894/95 15,5 g, 1895/96 22,86 g.

Die Quarzkörper keilen mehrfach nach mehr oder minder grosser Längenerstreckung, welche zwischen 15 und 150 m wechselt, aus, setzen weiterhin aber wieder an. Die Mächtigkeit der Quarzkörper ist demgemäss ebenfalls sehr verschieden. In der Progress-Mine wechselte die Mächtigkeit eines durchweg abbaulohnenden Gangmittels zwischen 1 und 33 m. Verwerfungen sind selten.

Grosse Bestürzung und eine bedenkliche Erschütterung des Vertrauens in die Lagerstätten erregten vor wenigen Jahren die Verschwächung und das vollständige Auskeilen einiger Gänge in der Tiefe. Um so grösser war die Freude der Bergbautreibenden, als in der Keep it dark-Mine, dem tiefsten Bergwerke des Goldfeldes, in welchem der Hauptgang zwischen 150 und 220 m Tiefe vielfach gestört war und schliesslich ganz auskeilte, ein um 76 m weiter abwärts verfolgtes schmales Trümmchen allmählich bis zu einer Mächtigkeit von 5 m ausweitete und gleich wie in den oberen Sohlen 17—18 g durchschnittlichen Tonnengoldgehalts zeigte. Die tiefste Sohle des Bergwerks steht jetzt 332 m unter dem Ausgehenden, 260 m unter der Hängebank des Hauptschachtes und 60 m unter Meeresoberfläche. Dadurch hat sich die Hoffnung, dass auch in anderen Bergwerken neue Gangmittel in der Tiefe aufgethan werden möchten, sehr belebt.

Die Bergwerke dieses Goldfeldes geniessen den besonderen Vorzug, dass Steinkohlenflötze die Kohlenschieferzone im Hangenden und Liegenden begleiten. Sie sind daher vielfach mit Steinkohlenbergwerken in der Hand derselben Gesellschaft zur billigen Versorgung mit Feuerungsmaterial vereinigt.

Golderzgänge im Lyell-Goldfelde. Das Lyell-Goldfeld liegt etwa 40 km nördlich Reefton und zeigt dieselben geognostischen Verhältnisse. Es treten ebenfalls Lagergänge auf, deren Quarzkörper bis zu 3 m Mächtigkeit besitzen; daneben finden sich aber auch schmale, meist quer zu den Gebirgsschichten verlaufende Gangtrümmer. Namentlich letztere haben sich örtlich zuweilen sehr goldreich erwiesen.

Zur Zeit ist das einzige Bergwerk von einiger Bedeutung die United Alpine-Mine. Sie förderte in der Zeit vom 1. November 1893 bis 31. Oktober 1894 8107 t Erz mit 136 kg Goldgehalt und im folgenden Jahre 1958 t Erz mit 21 kg Goldgehalt, so dass sich ein Durchschnitt von 15 g bezw. 10,6 g ergiebt.

Trias.

Im Sandstein der Hawkesbury-Schichten an der Nordküste des Sydney-Hafens bei Govetts Leep und am Togo Creek, ferner in Konglomeraten derselben Gebirgsformation in der Mittagong Range und in der Umgegend von Goulburn sollen Goldspuren ermittelt worden sein.

Jura.

Jurassische Gesteine bei Fitzroy-Downs und Peak Downs (Qu.) und Schieferthone mesozoischer Kohlengebilde in Victoria fuhren das Edelmetall, letztere in Gesellschaft von Schwefelkiesen.

Kreide.

Golderzlager treten in Gebirgsschichten kretaceïschen Alters auf bei Mount Browne, bei Tibooburra und am Peak zwischen Kayrunnera und Tarella am Wege von Milparinka nach Wilkannia (N.-S.-W.).

Ein altes, von abgerollten, gerundeten Geschieben erfülltes Flussbett erstreckt sich von dem Mount Browne-Höhenzuge, welcher aus silurischen Schiefern mit zahlreichen Quarzgängen besteht, und zwar etwa von den Four miles-Bergwerken an, zunächst etwa 6,5 km nach dem Billygoat Hill hin, auf dessen Gipfel die Geschiebe in einer Schicht von 1—1,20 m Mächtigkeit anstehen. Von da aus fällt das Bett über eine Schieferklippe thalwärts und verschwindet am Westende der Mount Browne-Kette unter den Kreide-Sandsteinen, welche das Gebirge umgeben. Das Golderzlager ist in der westlichen Erstreckung durch die Mount Browne Gold Mining Company bis zu 75 m Tiefe verfolgt worden und hat sich beträchtlich goldführend erwiesen. Nicht zu wältigende Wasserzuflüsse zwangen aber zum Verlassen der Baue.

Bei Tibooburra nehmen Golderzlager bei Granitbergen ihren Ursprung.

Der Peak an der Milparinka-Wilkannia-Strasse besteht aus silurischen Schiefern, welche von Quarz- und Eisenerz-Konglomeraten der Kreide bedeckt sind. Diese Konglomerate ziehen sich nach Nordosten hin unter Kreidesandstein beträchtlicher Mächtigkeit. Aus den Konglomeraten ist in jüngeren, sie durchziehenden Thälern, in denen das Edelmetall durch Umlagerung konzentrirt wurde, eine ansehnliche Menge Goldes herausgewaschen worden.

Der Wüsten-Sandstein (Desert sandstone) Queenslands wurde ebenfalls stellenweise goldhaltig befunden; es ist mir aber nicht bekannt geworden, dass der Goldgehalt irgendwo bis zu abbaulohnender Reichhaltigkeit konzentrirt gewesen sei.

Westaustralische goldführende Sandsteine und Konglomerate.

An dieser Stelle seien noch einige Golderzlagerstätten erwähnt, deren geologisches Alter mangels irgend welcher organischer Fossilien nicht mit Sicherheit bestimmt werden kann. Sie könnten zwar, da sie dem archaischen Gebirge unmittelbar abweichend auflagern, beträchtlichen Alters sein; die ganze Erscheinungs- und Ausbildungsweise scheint mir aber mehr auf mesozoisches Alter hinzudeuten.

Es sind dies Golderzlager sandsteinartiger, stellenweise auch konglomeratartiger Ausbildung, welche — ›Cemente‹ genannt — in West-Australien in bergbauliche Gewinnung genommen worden sind.

Zuerst im Kanowna-Distrikt entdeckt, sind sie bald auch im 25 Miles, im Ost-Murchison-Distrikt und an anderen Orten gefunden worden.

Die bekanntesten Vorkommen sind diejenigen von Kanowna und 25 Miles. Im Kanowna-Distrikt sind theils scharfkantige, theils an den Ecken mehr oder weniger abgerundete, zuweilen bis zum vollkommen linsen- oder kugelförmigen Kiesel abgerundete Quarzbruchstücke verschiedener Grösse eingebettet in ein weiches, thonig-talkiges Mineral von weisser, röthlicher, bräunlicher, gelblicher oder grünlicher Farbe. Bei 25 Miles, nordwestlich Coolgardie, dagegen sind gleichgestaltete Quarzbruchstücke eingelagert in ein meist weisses, kaolinartiges Mineral.

Das Vorkommen hat im 25 Miles-Distrikt eine zwischen 30 cm und 1,20 m wechselnde, an einzelnen Plätzen bis zu 2,20 m zunehmende, im Kanowna-Distrikt bis zu 6 m betragende Mächtigkeit.

Die Lagerstätten dürften der Zersetzung der höher gelegenen Ausgehenden von Quarzgängen, welche an beiden Orten theils unter-, theils noch in Resten in der Lagerstätte selbst anstehen, ihre Entstehung verdanken. Der zertrümmerte, durch die Wasser oder Winde bewegte Quarz wurde eingebettet in das Zersetzungsprodukt des Nebengesteins, welches im Kanowna-Distrikt Amphibolit, im 25 Miles-Distrikt Granit ist. Durch die Einbettung des in den Quarzausgehenden enthalten gewesenen Goldes, vielleicht auch durch eindringende Minerallösungen wurden diese Ablagerungen zu Goldlagerstätten. [*])

Tertiär.

Aeltere Goldseifen.

In den grösseren Thälern von Neu-Süd-Wales, Victoria, Süd-Australien, Tasmanien und Neu-Seeland, in anscheinend geringerem Maasse auch in Queensland, findet man deutlich erkennbare ehemalige Flussbetten tertiären Alters, erfüllt mit abgerollten Flussgeschieben, welche fast überall da, wo die Geröllmassen aus der Abtragung primärer oder paläozoischer Formationsglieder hervorgegangen sind, mehr oder weniger goldführend sich erwiesen haben. Es sind dies die in Australien allgemein unter der Bezeichnung ›deep leads‹ bekannten Goldlagerstätten, welche als echte Goldseifen anzusehen sind.

Lange vor der Inangriffnahme der primären Lagerstätten wurden sie in bergbauliche Ausbeutung genommen. Hierher gehören die Goldfelder von Nundle, Mudgee, Gulgong, Tumbarumba, Wattle Flat, Uralla, Lucknow, Parkes, Forbes,

---

[*]) Vergl. auch S. 106.

Garangulah, Cargo, Adelong, Kiandra und vielen anderen Orten in Neu-Sud-Wales, von Ballarat (Tafel X), Bendigo, Maryborough, Gippsland, Beechworth und Ararat in Victoria, von Ulooloo, Barossa und Echunga und aus dem Jupiters Creek in Süd-Australien, in den Thälern der Savage-, White- und Pienar-River in Tasmanien und umfangreiche Goldseifen des Otago-Distrikts in Neu-Seeland und der Westküste der Südinsel zwischen dem Grey- und dem Hokitika-Flusse, sowie im Westport- und Nelson-Distrikt. An diesen Orten Neu-Seelands ist, wie namentlich die Untersuchungen der Blue Spur-Lagerstätte erwiesen haben, mehrfach die Mitwirkung von Gletschern zu erkennen.

Die alten Flussbildungen unterscheiden sich in keiner Weise von denen der Neuzeit. Eingeschnitten in die Gesteine der archäischen und paläozoischen Formationen, besitzt die Sohle der Betten ein meist zwischen 0° und 15° wechselndes, mitunter durch jähe Abstürze unterbrochenes Längsgefälle, bei 10° bis zuweilen fast 90° Neigung der Thalböschungen. Mehrere Seitenarme vereinigen sich nicht selten zu einem Hauptflussbett.

Im Flussbett sind Quarzrollstücke, welche zuweilen selbst goldhaltig sind, ferner Granit-, Diorit-, Serpentin-, Kieselschiefer-, Porphyr-, überhaupt Rollstücke aller von den Flussbetten durchsetzten Gesteinsarten, soweit sie nur hinreichende Festigkeit besassen, abgelagert. Sie haben theils kugelige, theils ellipsoidische Formen der verschiedensten Grösse, bis weit über Mannskopfgrösse, mitunter zu Blöcken von mehr als 5 m Durchmesser ansteigend. Dazu gesellen sich Sand, Thon, Lehm, zuweilen auch durch Eisenoxyd, eisenhaltigen Thon oder kieseliges Bindemittel verkittete Konglomerate. Theils kamen die einzelnen Gesteinsformen je für sich zur Ablagerung, so dass Kies- und Geröll-, Sand- und Thonschichten in Wechsellagerung traten, theils setzten sie sich mehr oder weniger mit einander gemischt ab. Die aus granitischen Gesteinen herrührenden Seifen sind durch beträchtlichen Glimmergehalt kenntlich.

Hügelgrade festerer Gebirgsschichten oder Quarzgänge, welche die Erosion nicht abzunagen vermochte, kreuzen die alten Flussbetten.

Von den vielen Basaltausbrüchen der Tertiärzeit her ergossen sich Lavaströme in die alten Flussläufe. Auf der Basaltdecke fand neue Geschiebeablagerung statt, welche wiederum von einem Basaltstrom eingedeckt wurde.

Auf North Duke Goldmine, 11 km nördlich von Maryborough (V.), ist nachfolgendes Gebirgsprofil erschlossen worden:

Dammerde und Lehm	5,6 m
Sand und Thon	2,4 »
Feiner gelber Sand	2,1 »
Poröser Basalt	4,3 »
Zersetzter Basalt	4,1 »
Harter blauer Basalt	17 »
Uebertrag	35,5 m

Leviathan-Pochwerk bei Kalgoorlie. (West-Australien.)

Schurfer und Eingeborene in West-Australien.

	Uebertrag	35,5 m
Schwarzer Thon	1	m
Grauer sandiger Thon	3	»
Feiner und grober Sand	14	»
Grober Sand mit Kies	6,2	»
Goldführender grober Kies mit Kieseln bis zu Kinderkopfgrösse, theilweise konglomeratartig verbunden, . .	1	»
Feiner Töpferthon und fester anstehender Schiefer	5	»
	Im Ganzen	65,6 m

Der Duke of Cromwell-Schacht hatte:

Dammerde und Basalt	10	m
Rother Thon	2,1	»
Basalt	34,5	»
Grauer Thon	3	»
Kies und Sand	2	»
Basalt	27,1	»
Goldführender Kies und Sand . . .	1,2	»
	Im Ganzen	79,9 m

Auf Band of Hope und Albion Consols stehen vier Lavaströme mit den Flussgeschieben in Wechsellagerung. Im Otago-Goldfelde sind Basaltdecken unbekannt.

Die Basaltdecken waren für die Erhaltung der alten Goldseifen von grosser Bedeutung, weil sie der Wiederabschwemmung derselben Widerstand entgegensetzten.

Von dem Flussbette durchsetzte, von der Erosion abgenagte Goldquarzgänge oder goldhaltige Gesteine lieferten das Edelmetall für die Seifen. Bei der Bewegung des losgebröckelten Haufwerks durch die Wasserfluthen fand eine natürliche Aufbereitung, eine theilweise Wegschwemmung der leichteren oder der verwitterbaren Gebirgsarten, eine Trennung des zurückbleibenden Gesteins und der Schwermineralien nach Maassgabe des spezifischen Gewichtes, eine Anreicherung des Goldes in den tieferen Gerölllagen statt. Durchschnitten die Flussbetten, wie in Ballarat, Adelong, Gulgong u. s. w., wiederholt primäre Goldlagerstätten, so wurden die Seifen reicher und länger anhaltend bis zu vielen Meilen Länge. Ich erwähnte schon an früherer Stelle, dass auf manchen Goldfeldern, z. B. bei Ballarat und stellenweise im Otago-Distrikt, die primären Goldlagerstätten ebenfalls inzwischen in bergbauliche Gewinnung genommen wurden.

Das Gold kam vorwiegend in den Kiesen und Sanden zum Absatz und zwar sowohl auf dem untersten, aus dem festen, anstehenden Gestein gebildeten Flussboden, wie auch in den Kiesen, Sanden und Konglomeraten (Cement) höherer Schichtlagen. In letzterem Falle werden die unterlagernden Thon- oder Basaltschichten vom Australier »falsches Liegendes« (False bottom) genannt.

Der Schacht der Ross United Goldmine, südwestlich Hokitika, durchteufte sogar 8 Zonen mit beträchtlicherer, wenn auch nicht stets abbaulohnender Gold-führung. Das dort erschlossene Gebirgsprofil ist Folgendes:

Kiese und Sande	6 m
Wasserführender Kies	0,60 »
Goldführender Sand und Kies	1,66 »
Grober Kies	15 »
Goldführender Sand und Kies	2,10 »
Feiner Kies	2,10 »
Wasserführender Kies	1,66 »
Thoniger Kies	2 »
Sandiger Thon	1 »
Wasserführender Kies	2,10 »
Goldführender Sand und Kies	2 »
Thon und Geröll	0,5 »
Thon	0,5 »
Konglomerat	0,60 »
Grober goldführender Kies	2 »
Konglomerat	0,60 »
Grober Kies mit wenig Gold	1 »
Wasserführender Kies	0,60 »
Grober Kies	8,5 »
Goldführender Sand und Kies	2,10 »
Kies mit Gold	2 »
Thon	1 »
Feiner Kies mit wenig Gold	1,66 »
Thon	4 »
Konglomerat	2 »
Grober Kies mit wenig Gold	17 »
Goldführender Sand und Kies	1 »
Kies mit wenig Gold	3 »
Goldführender Sand und Kies	2,10 »
Thoniger Sand	3,3 »
Grobes Geröll	1,66 »
Kies mit Gold	3,3 »
Goldführender Sand und Kies	1,2 »
Thoniger Sand	1,66 »
Kies mit Thon und Eisenstein	7,3 »
Goldführender Sand und Kies	1,2 »

Das Gebiet der Westküste zwischen Grey- und Hokitika-Fluss ist etwas abweichend von den sonstigen Flussufern zur Ausbildung gelangt. Der Grey, der Teremakau, Kapitea, Arakura und Hokitika nebst ihren Zweigarmen und andere Küstenbäche sind gemeinsam mit früheren zahlreichen Gletschern, welche grosse Massen Moränenschutt mitführten, beschäftigt gewesen, das Tertiärgelände, welches dem ziemlich nahe an die Westküste herantretenden Kettengebirge seewärts vorgelagert ist, zu bilden.

Die Beschaffenheit der alten Flussbetten war von wesentlicher Einwirkung auf die Vertheilung des Goldes. Waren sie uneben, so kam das Gold oft nur nesterweise zur Ablagerung; grössere im Flussbett liegende Granit- oder andere Gesteinsblöcke bewirkten, dass das Edelmetall unmittelbar unter und neben, wie zwischen ihnen sich absetzte. Wo eine Gesteinsbarre den Fluss kreuzte, oder eine Krümmung den Fluss ablenkte, mithin Stauungen der fluthenden Wasser eintraten, da fand der Goldabsatz in reichlicherem Maasse statt.

Die alten Flussbetten sind entweder seicht, wie im Cargo-Goldfelde (N.-S.-W.), wo sie kaum mehr als einen Meter mächtig sind, oder sie erreichen bis zur jetzigen Tagesoberfläche bis über 60 m, im Ballarat-Goldfelde (V.) sogar bis zu 100 m Mächtigkeit.

Der goldführende Theil der Seifen erhebt sich von 0,30 bis zu 6 m Höhe; im Nundle- und Hanging Rock-Goldfelde hat er selten mehr als 13 m Breite und 2,75 m Mächtigkeit betragen. In vor Jahren zum Abbau gelangten Seifen Victorias, bei Ballarat und anderen Orten, war der Goldgehalt zuweilen 100 kg in der Tonne Haufwerk; in den reichen Flussseifen von Adelong, Gulgong, Lucknow, Parker belief er sich lange Zeit auf 15—30 g in der Tonne. In den Seifen von Neu-Süd-Wales betrug der mittlere Goldgehalt der Tonne Haufwerk 1894: 1 g, 1895: 9,6 g, in den Seifen von Victoria 1894: 2,3 g. In den tertiären Flussseifen Victorias wurden vor Jahrzehnten riesige Goldklumpen gefunden, welche die Welt in Erstaunen setzten.[*]

In schmäleren Betten ist der Goldgehalt reicher als in flachen und breiten, wo er sich auf grössere Flächen vertheilte. Im Gulgong-Goldfelde sollen innerhalb eines Kreises von 11 km Halbmesser im Zeitraume von 7 Jahren etwa 16 t Gold gewonnen worden sein.

Die äussere Form des Goldes ist je nach der Länge des zurückgelegten Weges mehr oder weniger verändert worden. Während einige Vorkommen die Krystallisation oder die eigenartig hakige Gestaltung trotz theilweiser Abrundung der Ecken und Kanten deutlich erkennen lassen, sind andere vollkommen zu flachrundlichen oder ellipsoidischen Körnern abgerollt. Auch die Herkunft des Goldes lässt sich oft aus der Erscheinungsweise erkennen. Auf die Form, Feingehalt und Begleiter des Goldes werde ich aber an anderer Stelle näher eingehen.[**]

In manchen Gebirgsthälern Neu-Seelands haben Flussläufe erneut ihre Betten in alte, mächtige, goldführende Flussbettablagerungen eingegraben, so dass

[*] Vergl. S. 106.
[**] Vergl. S. 107 u. 108.

nur Reste der alten Seifen in wiederholter Wechsellagerung mit Thon-, Mergel- und Lehmschichten an den Berghängen erhalten blieben.

Säugethierreste, Zweige, Blätter, Früchte und Muscheln, welche die Seifen selbst oder die überlagernden thonigen Sedimente, vulkanische Bomben, welche die Seifen gewisser Goldfelder, z. B. des Wattle Flat, führten, haben jeden Zweifel hinweggeräumt, dass die meisten der älteren Goldseifen des Austral-Kontinents gleich denjenigen Californiens etwa der Pliocängruppe des Tertiärs einzuordnen sind. Dagegen sind die Goldseifen des Otago-Distrikts anscheinend zumeist miocänen Alters.

In Zinnseifen, wahrscheinlich tertiären Ursprungs, im Norden von Neu-Süd-Wales, ist Gold in geringen Mengen gefunden worden.

Golderzlagerstätten in Eruptivgesteinen.

Einsprengung in Basalt. Etwa 0,8 km nördlich der Mündung des Richmond Rivers steht eine senkrecht zur See abfallende Basaltklippe an. Sie ist zusammengesetzt, soweit wahrnehmbar, zu unterst aus hartem, dichtem Basalt, darüber bis zu 1—3 m Dicke aus schlackigem, basaltischem Tuff, alsdann aus hartem Basalt von säuliger Ausbildung, und zu oberst aus weichem, zersetztem Basalt. Aus dem unteren schlackigen Basalt sind mehrere Proben entnommen worden, deren eine in Menge von 3 t einen Tonnengoldgehalt von 3,75 g, die andere in Menge von 965 kg einen Tonnengoldgehalt von 27,75 g ergab. 7,86 t enthielten im Durchschnitt 18 g Gold in der Tonne.

Golderzgänge im Propylit. Das die Halbinsel von Coromandel auf der Nordinsel Neu-Seelands einnehmende und nach Süden hin bis über Waiorongomai hinaus sich erstreckende Gebiet ist von James Park,[*] dem ehemaligen Direktor der Bergschule zu Grahamstown im Thames-Goldfelde, eingehend untersucht worden. Seinen Ausführungen zufolge treten über den grössten Theil dieses Gebiets hinweg jüngere Eruptivgesteine zu Tage, welche theils Schichten palaozoischen Alters, zwischen Coromandel und Cabbage Bay aber der jüngeren Kreide und dem Tertiär angehörenden Sedimenten auflagern, mithin dem Tertiär zugerechnet werden müssen.

Die Eruptivgesteine sind theils als Andesite verschiedener Varietäten, theils als Andesitbreccien, Trachyte und Tuffe etc. erkannt worden. Es sind sowohl Hornblende-Andesit, wie Dacit, Augit-Andesit, Hypersthen-Augit-Andesit und Enstatit-Andesit festgestellt worden.

Die Andesite besitzen dunkelblaue bis grünlich-schwarze Farbe bei fein-körnig-krystallinischer Struktur.

Obgleich in frischem Zustande von beträchtlicher Härte, ist der Andesit doch, wie an manchen Orten an der Tagesoberfläche und in den Grubenbauen

---

[*] Papers and Reports relating to Minerals and Mining (veröffentlicht von der Kolonial-regierung). Wellington 1894, S. 52.

nachgewiesen werden kann, leichter Zersetzung unterworfen und geht alsdann in gleicher Weise, wie Becker von dem Nebengestein des Comstock behauptet, durch graugrüne und gelbbraune Verwitterungsstadien in das ziemlich milde, gelblich-graue, mit zahlreichen, aus der Verwitterung des Feldspaths herrührenden weissen Punkten durchsetzte Gestein über, welches v. Richthofen in der Annahme, dass es sich um ein selbstständiges, und zwar relativ älteres Gestein handle, als »Propylit« bezeichnet hat.

Ich nehme davon Abstand, in der noch nicht ganz gelösten Streitfrage über das Verhältniss des Propylits zum Andesit, an deren Erörterung bekanntlich auch Zirkel und Rosenbusch sich betheiligten, meinerseits eine bestimmte Stellung einzunehmen, weil wir keine hinreichend eingehenden petrographischen und geologischen Beobachtungen vornehmen konnten, und beschränke mich darauf, diesbezüglich lediglich Park's Auffassung wiederzugeben.

Die Zersetzung des Andesits hat seiner Anschauung zufolge in umfangreichen Gebirgskörpern bis zu beträchtlicher Tiefe stattgefunden. So kommt es, dass die Andesite zahlreiche Propylit-Einbettungen enthalten, welche letzteren ihrerseits aber wieder oft von Parthien unzersetzt gebliebenen Andesits oder von Durchbrüchen jüngeren Andesits durchsetzt sind. Propylit wie Andesit werden von zahlreichen Quarzgängen durchzogen, welche, soweit sie im Propylit anstehen, meist goldführend sind, beim Eintritt in den Andesit aber in der Regel sowohl an Mächtigkeit, wie an Erzgehalt beträchtlich abnehmen, in einigen Fällen sogar bis zur einfachen Gangkluft sich verschmälern.

Im Hauraki-Goldfelde, welches die sämmtlichen Goldlagerstätten innerhalb des vorbezeichneten Andesit- und Propylit-Gebiets umfasst, unterscheidet man 12 Ganggruppen:

1. die Coromandel-Ganggruppe
2. » Kuaotunu- »
3. » Tapu- »
4. » Thames- »
5. » Puriri- »
6. » Marratoto- »
7. » Ohinemuri- »
8. » Komata- »
9. » Waitekauri- »
10. » Waihi- »
11. » Karangahaki- »
12. » Te Aroha- »

Unter diesen ist die Thames-Gruppe die geologisch und wirthschaftlich interessanteste (vergl. die Karte des Goldfeldes, Tafel IX).

Das nördlich des Hape Creek gelegene, etwa 2,7 km breite Gebiet wird von zahlreichen südwest-nordöstlich streichenden Propylitmassen, welche durch

Andesitparthien getrennt sind, durchzogen. Die Andesitparthien haben meist steil nordwestliche Neigung. Die in den Propylitmassen auftretenden Golderzgänge besitzen meist ebenfalls nordöstliches Streichen.

Zwei Verwerfungen, der Moanataiari-Sprung und der Collarbone-Sprung, deren ersterer mit 45°, deren letzterer mit 45—60° nach dem Hauraki-Golf hin einfällt, haben so beträchtliche Abrutschungen der hangenden Gebirgsschollen hervorgerufen, dass das Thames-Goldfeld wie aus drei Terrassen bestehend erscheint. Die Verwerfungen (s. Tafel IX, Profil 2) sind über Tage an plötzlich um 100—130 m über das seewärts liegende Vorgelände emporragenden Höhen, unter Tage in Klüften mit sehr ausgeprägten Rutschflächen deutlich wahrnehmbar. Während der Moanataiari-Sprung das gesammte Feld, rechtwinklig zu den Gängen, durchsetzt, streicht der Collarbone-Sprung im Bogen auf den Moanataiari-Sprung zu, am Einfluss des Collarbone Creek in den Karaka-Bach sich ihm schaarend.

Beide Sprünge sind jünger als die Golderzgänge, haben daher gleichzeitig mit der Verwerfung des Gebirges auch beträchtliche Verwerfungen der Gänge bewirkt. Sie waren sogar jünger als die Anfänge der jetzt vorhandenen Thalbildungen, so dass Verschiebungen der westlich der Verwerfungen liegenden Thaltheile zu den östlich liegenden hervorgerufen wurden. Der Moanataiari-Sprung führte bei dem Anfahren durch unterirdische Strecken den Grubenbauen grosse Wasser- und Schlammmengen zu.

Zwischen Moanataiari-Sprung und der Golfküste, etwa noch 480 m von letzterer entfernt, ist an der Tagesoberfläche, besonders aber in den Grubenbauen, ebenfalls ein jäher Abfall des Gebirges wahrzunehmen, welchem seewärts Sande, Kiese, Schottermassen, Breccien u. s. w. vorlagern. Einige vermuthen darin eine dritte grosse Verwerfung; andere sehen in ihm eine frühere Meeresküste und nehmen an, dass die heutige Küste durch abgeschwemmten und vorgelagerten Gebirgsschutt weiter westwärts verlegt wurde.

Die wichtigsten Lagerstättentheile westlich des Moanataiari-Sprungs sind die Barry's-, Shotover-, Moanataiari No. 9-, Caledonia No. 1- und 2-, Waiotahi-, Mariner's-, Saxon-, Queen of Beauty- und Vanguard-Gänge; die wichtigsten Lagerstättentheile östlich des Sprunges sind die Sylvia-, Dixon's-, Sons of Freedom-, Reuben Parr-, Golden Age-, Big Reef-, Nana-, Adelaide-, Moa-, Duke's-, Loyalty-, Dayspring-, Occidental-, Magnolia-, Jupiter- und Hague-Smith-Gänge.

Es wird nach übereinstimmenden Merkzeichen angenommen, dass Barry's-Gang und Dixon's-Gang, Sons of Freedom und Shotover, Reuben Parr und Moanataiari No. 9, Caledonia No. 1 und Golden Age, sowie Big Reef und Waiotahi die durch die Verwerfung auseinander gerissenen Gangtheile derselben Gangspalten sind.

Die Gänge haben mit der Längsachse der Propylitmassen südwest-nordöstliches Streichen; nur der Hague-Smith streicht im Bogen nach Norden zu, um später wieder nach Nordosten zu schwenken. Sie besitzen meist eine beträchtliche Längenerstreckung. Die nördlichen Gänge haben steil nördliches, die mittleren Gänge flacher nördliches, die südlicheren Gänge wieder steileres, theils nördliches, theils südliches Einfallen. Sie wechseln sehr in der Mächtigkeit.

Der Shotover-Gang war meist 0,75—1,5 m weit, konnte aber in Hunt's old Claim einschliesslich Nebengestein bis zu 6—8 m Breite abgebaut werden. Die Duke-, All Nations- und Moanataiari No. 9-Gänge wechseln zwischen 0,30 und 2 m. Caledonia No. 1 hat 1—1,5 m, Caledonia No. 2 dagegen 1—4 m Breite. Die letzteren Beiden schaaren sich, streichen wieder auseinander, schaaren sich wiederholt und durchsetzen sich. Die Saxon-Gänge No. 1 und 2 und die Queen of Beauty-Gänge No. 1 und 2 fallen einander steil zu; jene schaaren in nordöstlichem Streichen, diese in der Tiefe. Der Waiotahi ist der mächtigste und gleichmässigst entwickelte Gang; er hat im Durchschnitt 3,5 m, weitet aber stellenweise bis zu 10 und 13 m aus.

Fast sämmtliche Gänge haben sowohl im Liegenden, wie Hangenden Trümmer von verschiedener Dicke. Diese fanden sich namentlich im Kuranui-Berge und im Liegenden des Waiotahi so zahlreich, von Faden- bis 15 cm Dicke wechselnd, dass sie einschliesslich des Nebengesteins im Ganzen abgebaut werden mussten.

Die Gangart der Gänge und Trümmchen besteht aus Quarz, oft von bröckliger, gleichsam zuckeriger Beschaffenheit, am Ausgehenden vielfach durch Eisenoxyd röthlich oder durch Manganoxyd schwarz gefärbt.

Die mächtigeren Gänge sind im Allgemeinen gering goldhaltig; sie haben nach den Untersuchungen der letzten Jahre einen zwischen 3 und 15 g wechselnden durchschnittlichen Tonnengoldgehalt. Vom Waiotahi sind im Moanataiari-Bergwerk in 76 und 91 m Tiefe vom Cambria-Schachte aus 403 t Erz gewonnen worden, in denen 6 kg Gold, mithin 13,5 g in der Tonne gefunden wurden.

Das Gold ist aber sehr unregelmässig nesterartig vertheilt. Die steil fallenden Gänge sind reicher und weniger wechselnd im Goldgehalt als die flacher fallenden. In beiden aber sind stellenweise Nester von beträchtlichem, zuweilen wunderbarem Reichthum gefunden worden. Die schmalen Trümmchen sind in der Regel lohnender als die Hauptgänge, oft sogar sehr reich. Besonders werthvolle Nester finden sich da, wo Trümmer sich miteinander oder mit dem Hauptgange vereinigen.

Das Gold ist meist sehr fein im Erz vertheilt, oft aber auch, namentlich nach dem Ausgehenden hin, in umfangreichen Parthien in Drähten und Platten gediegen sichtbar.

Dem Golde ist Silber bis zu 30—40 pCt. zugesellt, so dass der Werth der Unze Rohgold, nicht nur der Gänge, sondern sogar der einzelnen Gangtheile, zwischen 48 und 56 M. wechselt und die Farbe des Goldes weit matter, mehr in weisslichgelb übergehend erscheint. Gold vom Kuranui-Berge ist meist weniger werthvoll, während Gold vom Sylvia-Gange bis zu 60 und 73 M. Werth ansteigt.

Der durchschnittliche gegenwärtige Feingehalt des Thames-Goldes beträgt etwa 680 Tausendtheile.

Schwefelkies ist häufig vertreten. In den Tararu-Gängen tritt auch Kupfer-kies, Bleiglanz, Manganerz und Zinkblende hinzu. In den mittleren und nörd-lichen Gängen finden sich Antimonglanz und Rubinglimmer ein.

Die Gangtheile westlich des Moanataiari-Sprunges liegen in mehr zersetztem Gebirge als diejenigen östlich desselben; im Zusammenhang damit scheinen jene thatsächlich auch reicher wie diese zu sein.

Der Bergbau bewegte sich seither vorwiegend in dem seewärts gelegenen Theile. Während der mächtige, aber geringwerthige Waiotahi-Gang noch nicht wesentlich in Abbau genommen wurde, sind die übrigen hervorragenderen west-lichen Gänge schon zu beträchtlichen Tiefen hin abgebaut worden. Der Shotover-Gang, welcher sehr reiches Erz ergeben hatte, endete in 20—25 m Tiefe in harten Andesitbreccien. Aehnlich schienen mehrere andere Gänge der nörd-lichen Gangparthien sich zu verhalten; jedenfalls verloren sie ihren früheren Gold-gehalt in der Tiefe. Andere Lagerstätten führten gutes Erz bis zu 130 und 160 m unter dem Ausgehenden, oder bis zu 80—100 m unter Meeresspiegel. Wenn auch nicht als ausgeschlossen gelten mag, dass auch in der Tiefe noch wiederholt Bonanzas angetroffen werden mögen, so ist der Durchschnitts-Goldgehalt daselbst doch zurückgegangen. Die Zukunft des Goldfeldes beruht daher auf der Inangriff-nahme der geringhaltigen, bis jetzt noch fast nirgendwo umfassender in Abbau genommenen mächtigen Gänge, wie der Sons of Freedom-, Reuben Parr-, Golden Age-, Waiotahi-, Hague Smith- und Jupiter-Gänge, sowie der Lagerstätten in den Tararu- und Puru-Thälern, auf dem Niederdringen in grössere Tiefen auf den seither westlich des Moanataiari-Sprunges mit Erfolg gebauten Gängen und auf der Möglichkeit, geringerhaltige Erze nutzbringend abbauen und zu Gut machen zu können.

Wenn aber selbst die Frage der Verarbeitung der ärmeren Erze zur Zu-friedenheit gelöst werden wird, ist die Entscheidung noch von besonderer Be-deutung, bis zu welcher Tiefe die Gänge überhaupt niedersetzen werden. Wir erinnern uns, dass der Shotover-Gang und die ihm benachbarten Lagerstätten der Nordparthie des Thames-Goldfeldes bei Erreichung des Andesits in der Tiefe endeten. Man wird also bei den mittleren und südlichen Gängen gleiches Ver-halten erwarten können. Wie tief aber wird der Propylit, das »kindly country« des Bergmannes, niedersetzen? —

Der Queen of Beauty-Schacht ist schon bis zu 228 m, der Big Pump-Schacht bis zu 195 m Tiefe abgeteuft worden, ohne den Andesit zu erreichen. Es war daher von der grössten Bedeutung für das Goldfeld, dass eine Ge-sellschaft sich bildete zu dem Zwecke, den Queen of Beauty-Schacht bis zu 600 m Tiefe theils zur Untersuchung der Tiefenentwicklung der Gänge, theils zur tiefen Wasserlösung niederzubringen, und dass die Kolonial-Regierung zur För-derung dieses Unternehmens eine Beihilfe von 510 000 M. beisteuerte. Die Abteufungsarbeiten sind im Gange. Das Ergebniss derselben wird an der Thames mit grosser Spannung erwartet.

Aus dem Vorgetragenen ist zu ersehen, dass hinsichtlich der Aussichten
für ein Niedersetzen der Golderzgänge im Thames-Goldfelde der Nachweis nicht
unwesentlich wäre, dass der Propylit ein selbstständiges Eruptivgestein ist, welches
somit für sich in grössere Tiefen niedersetzen kann. So lange man den
Propylit indessen als ein Zersetzungsergebniss des Andesits auffasst, wird man
auch erwarten müssen, dass er in geringerer oder grösserer Tiefe in Andesit
übergeht und dass die Golderzgänge gleichzeitig auskeilen oder verarmen.

Die Lagerstätten der anderen Ganggruppen des Hauraki-Goldfeldes haben
im allgemeinen räumlichen und inneren Verhalten grosse Aehnlichkeit mit den
eben beschriebenen der Thames-Gruppe; es sollen daher nur noch die wesentlichsten Beobachtungen aus denselben mitgetheilt werden.

In der Coromandel-Gruppe sind im ganzen Gebiete zwischen West- und
Ostküste zahlreiche goldführende Gänge bekannt, welche zum Theil jetzt schon in
Ausbeutung sich befinden, theils noch der Erschliessung harren.

Recht günstige Ergebnisse unter denselben hat die Hauraki Gold Mine
erzielt. Sie führt zwei fast nord-südlich streichende und mit 60—70° östlich
einfallende Gänge und einen diese schneidenden Quergang. Die Mächtigkeit
der Gänge wechselt zwischen 2 und 45 cm und beträgt im Durchschnitt 23 cm.
Sie führen stellenweise nur Letten, sonst von Quarztrümmchen durchzogenen,
zersetzten Propylit. Der Quarz ist vielfach drusig. Das Gold kommt in einem
nordöstlich einschiebenden Erzfall von 50 m Länge vor; aber auch darin ist es
sehr verschieden vertheilt, zuweilen zu ausserordentlichem Reichthum gehäuft.
Ausserhalb des Erzfalles sind die Gänge sehr arm.

Im Jahre 1895 sind auf der Hauraki-Goldmine von 1611 t Erz im Durchschnitt 636 g Gold auf 1 t gewonnen worden. Dieses hervorragende Ergebniss
wurde natürlich vorwiegend dadurch erzielt, dass grössere Mengen ausgesuchter
Erze zur Verarbeitung gelangten. Im Februar 1896 erhielt man aus 340 t durchschnittlich 218 g Gold auf 1 t, welche immerhin noch glänzende Ausbeute dem
thatsächlichen Durchschnitt der Lagerstätte näher kommen dürfte. Das Gold
ist vorwiegend als Grobgold vorhanden, und selbst wo es als Feingold auftritt,
fast nur als Freigold, wie das geringe Ausbringen aus den Pyriten erweist.
Schwefelkies tritt auch bis zu 33 m Entfernung von den Salbändern im Nebengestein auf, indess ohne Goldführung.

Die Gänge des Kapanga-Goldbergwerks haben 0,15 bis 1 m Mächtigkeit.
Sie ergeben durch Amalgamation 60 g Goldausbringen in der Tonne, während
die Schliche ebenfalls so arm sind, dass sie die weitere Behandlung nicht lohnen.

Ein zwischen 10 und 33 m Mächtigkeit wechselnder Gang, das Big Reef,
durchsetzt die Höhen der Coromandel-Bergkette auf grosse Länge, angeblich bis
nach Cabbage Bay hin. Er ist noch nicht eingehend untersucht worden, soll nach
Park aber nur 6 g Gold auf 1 t führen. Mit Rücksicht auf die Beobachtung,
dass die Coromandel-Gänge allgemein am Ausgehenden arm und sehr zersplittert
sind, hofft man bei dem Big Reef auf besseres Verhalten in der Tiefe.

Im Gegensatz zu dem Vorkommen in den Coromandel-Gängen führen die Kuaotunu-Gänge nur höchst fein vertheiltes Gold, weshalb die Erze einer sehr sorgfältigen Behandlung bedürfen.

Die grösste Bedeutung im ganzen Hauraki-Goldfelde hat z. Zt. die Waihi Gold Mine am Oberlaufe des Ohinemuri-Flusses erlangt. Zwei Gänge von grosser Länge, der Martha- und Welcome-Gang, streichen ungefähr west-östlich bei nahezu vertikalem Einfallen. Im Westen des Grubenfeldes parallel verlaufend, streichen sie im weiteren östlichen Verlaufe auseinander. An der Stelle, wo sie auseinanderstreichen, werden sie durch ein Diagonaltrumm verbunden. Das Gebirgsmittel zwischen den Gängen ist da, wo sie parallel verlaufen, 8 m breit und von zahlreichen Quarztrümmchen durchzogen. Der Nordgang ist 5—15 m, der Sudgang 3—4 m, das Verbindungstrumm 0,3—6 m mächtig.

Die Gangart ist theils Quarz, theils zersetztes, lettiges Nebengestein. Der Quarz ist kluftig, drusig oder gebandert und vielfach von stark röthlicher Farbe.

Gold ist allgemein sehr fein vertheilt, so dass das Erz sorgfältiger Behandlung bedarf. Der Goldgehalt betragt nicht ganz 30 g in der Tonne Erz; die Erze sind so silberhaltig, dass die Unze Rohgold nur einen Werth von 70 M. hat.

Die Salbander sind sehr gut ausgeprägt. Das allgemeine Verhalten gestattet die Annahme einer beträchtlichen Tiefe der Gangspalten.

Aehnliche Verhältnisse zeigen die Silverton- und die Waitekauri-Goldbergwerke. Die letztere Grube hat stellenweise Quarz von kugelig-schaliger Ausbildung.

Im Woodstock-Bergwerke bei Karangahaki entfallen im Erz 8 Theile Silber auf 1 Theil Gold.

Die Gänge der Te Aroha-Gruppe sind zwar vielfach ziemlich goldreich; da die Erze aber Kupfer- und Schwefelkies, Zinkblende und Bleiglanz in innigstem Gemenge führen, haben sie sich bis jetzt mangels geeigneter billiger Aufbereitungsprozesse noch nicht nutzbringend verwerthen lassen; dadurch ist auch der weitere Aufschluss der Gänge hintangehalten worden.

Diluvium und Alluvium.
Rezente Seifen.

Wo einmal die Seifenbildung zu tertiärer Zeit eingeleitet worden war, da setzte sie sich meist durch die Diluvialperiode hindurch in die jüngste geologische Periode, die Alluvialzeit, fort. Anderwärts traten neue Seifenbildungen hinzu. So entstanden aus der Abtragung älterer anstehender Gebirgsglieder und der darin enthaltenen Golderzlagerstätten oder durch die Zerstörung und Umlagerung älteren Schwemmlandes die rezenten Seifen.

Da sie denselben mechanischen Wirkungen des Wassers und der Atmosphärilien ihre Entstehung verdanken, wie die meisten Tertiärseifen, sind sie in ihrer Ausbildung nicht wesentlich von diesen verschieden. Sie erreichen aber naturgemäss nicht die beträchtlichen Mächtigkeiten der älteren goldführenden Schwemmlandsbildungen, sondern sind selten über 1 m mächtig.

Hierhin gehören Alluvialfunde auf fast allen Goldfeldern Queenslands, ferner diejenigen am Macquarie (Tafel XI, No. 1), von Cudgegong, Tannabutta, Meroo, Hargraves, Hill End, Sofala, Crudine, Wattle Flat, zu Narrabri und Gunedah, im Swamp Oak Creek und dem Cockburn River, im Cabbagetree und Mogo Creek, im Majors Creek, Long Flat und Jembaicumbene Creek in Neu-Süd-Wales (Tafel XI, Fig. 3), die Alluvien der die bekannten Goldfelder von Victoria durchströmenden Flüsse und Bäche, sowie in den Pieman, King und Hellyer Rivers, im Andersons und Back Creek, im Pipers River und an anderen Orten Tasmaniens und in fast allen Goldfeldern Neu-Seelands.

Auch in Westaustralien ist Gold in jüngeren Bildungen gefunden worden. Während aber Vorstehendem zufolge in den ostaustralischen Kolonien aus der Tiefenlage, aus der Ueberdeckung durch Basalte, aus dem Vorhandensein fossiler Reste, oder aus der unmittelbaren Nähe jüngster Flussbildungen geschlossen werden kann, welchem geologischen Alter die Seifenbildungen angehören, ist dies bezüglich jener jüngsten goldführenden Trümmerlagerstätten Westaustraliens nicht möglich. In fast allen Gebieten dieser Kolonie, in denen umfangreichere Golderzgänge anstehen, bei Southern Cross, Coolgardie, Dunnsville, Broad Arrow, Bardock, Kalgoorlie, Kanowna, Bulong, Edjudina, Menzies, Niagara, Cue und an vielen anderen Orten, hat man in der Nähe der Gangausgehenden, etwa bis zu einer Meile Entfernung hin, in den lockeren, thonig-sandigen Schuttmassen der Erdoberfläche, oft direkt zu Tage liegend oder bis zu mehr als Metertiefe hinabsetzend, Gold vorgefunden, welches zumeist wohl als Eluvialgold und nur in seltenen Fällen als Alluvialgold bezeichnet werden kann, da es offenbar nur eine kurze Wanderung bis zu seiner jetzigen Lagerstätte zurückgelegt hat.

Es erscheint allerdings auch dort, gleichwie in den östlichen Kolonien, von feinstem, in Wasser schwimmendem Staubgolde an bis zu 60—100 g und noch schwereren Stücken ansteigend, oft ganz von der Gangart der primären Lagerstätte befreit, meist jedoch zeigt es weit besser erhaltene Formen als das Alluvialgold des Ostens; es ist wie abgebrochen von der primären Lagerstätte, oft Quarz theilweise umschliessend oder in Höhlungen und Spalten von Quarzstücken sitzend, und obwohl oft an Ecken und Kanten abgerundet, doch nicht längere Zeit von Wasserfluthen gerollt. Es stammt offenbar von den benachbarten Gangausgehenden her. Diese wurden durch Winde und atmosphärische Niederschläge unter Hilfe der inneraustralischen Sonnengluth zerstört und umgelagert, aber nur sehr selten kamen wasserreiche Flussläufe, wie sie im Tertiär und Quaternär der Ostkolonien vorlagen, zur Mitwirkung. Gleichwie in den Gängen, so ist auch in dem Oberflächenschutt das Gold sehr ungleich vertheilt, oft nesterweise vorkommend.

Der schwerste der in Westaustralien gefundenen alluvialen oder eluvialen Goldklumpen wurde im Gewichte von 10,368 kg im Jahre 1890 im Pilbarra-Goldfelde entdeckt.

Wandernde Seifen.

Bei Hochwasser findet in den Flussläufen häufig ein Loswaschen alluvialer Goldseifen und ein Wiederanschwemmen an weiter flussabwärts gelegenen Stellen, namentlich an Flusskrümmungen und bei Flusskreuzungen durch Gesteinsbarren statt. Es sind die wandernden Seifen. In vielen der grösseren Flüsse des Kontinents, ferner im Buller River und in zahlreichen Flussläufen des Otago-Distrikts in Neu-Seeland sind die wandernden Seifen beobachtet und in Gewinnung genommen worden. Namentlich im Otago-Goldfelde, wo der Clutha und andere Flussläufe zur Zeit der Schneeschmelze gewaltige Wassermengen aus dem Hochgebirge thalwärts führen, erhofft der Goldgräber aus der Ueberfluthung seiner Berechtsamen erneute Anreicherung gewinnbaren Edelmetalls.

Seeseifen.

Zwischen Bateman's Bay und Moruya. Zwischen Bateman's Bay und Moruya (N.-S.-W.) lagern, südlich auf silurischen Schiefern und nördlich auf granitischem Untergrund, Geschiebe weissen Quarzes von theils scharfkantiger, theils mehr oder weniger abgerundeter Gestalt. Sie folgen vom Wagongo River bis zum Mogo hin der Seeküste und erstrecken sich im Durchschnitt 1,6 km landeinwärts. Obgleich die Geschiebeablagerung keine marinen Muschelreste führt, so ist nach ihrer ganzen Beschaffenheit doch wahrscheinlich, dass sie marinen Ursprungs ist. Zahlreiche kleine Kustenbäche, welche die im Küstengebiet fallenden Niederschläge zur See führen, haben die Geschiebeablagerung durchbrochen und in ihr sparsam vertheiltes Gold durch natürliche Aufbereitung derart angereichert, dass es gewinnbar wurde.

Dieses Vorkommen kann somit noch nicht unbedingt zu den Seeseifen gerechnet werden, denn wenn auch die vorbereitende Thätigkeit durch marine Kräfte stattfand, so wurde die eigentliche Aufbereitungsarbeit doch durch die kleineren Küstenbäche bewirkt.

Die folgenden Vorkommen sind indessen Beispiele echter Seeseifen.

Zwischen Clarence und Richmond River. Seit langen Jahren schon hat man Gold in Nestern des Seesandes an der australischen Ostküste von Port Macquarie in Neu-Süd-Wales an bis zur Küste von Queensland hin gefunden. Das interessanteste Vorkommen innerhalb dieses Gebietes liegt zwischen dem Clarence und dem Richmond River, nahe dem Evans Creek. Triassischem Untergrund ruht dort Sand mariner Bildung in mässiger Entwicklung auf. Etwa 4,8 km westlich des Meeresstrandes treten Kohlenablagerungen triassischen Alters zu Tage. Der Seesand ist zu mehreren parallelen Dünenbildungen, welche an einer Stelle bis zu 40 m Höhe sich erheben, zusammengeweht worden.

Auf einer von der Meeresküste landeinwärts gezogenen Linie kommt Gold in drei verschiedenen Ablagerungen vor, und zwar zunächst an dem jetzigen

Strande selbst, dann an einem etwas höher gelegenen, jetzt vom Meere nicht mehr erreichten Punkte und etwa 0,4 km weiter landeinwärts. Die beiden letzteren Punkte sind aber ebenfalls als Meeresstrandbildungen aufzufassen (Tafel XI, No. 2).

Auf dem gegenwärtigen Meeresstrande wird von jeder Fluthperiode eine gewisse Menge schwarzen Sandes, welcher Feingold und Platin enthält, in der Wasserlinie parallelen Streifen zusammengeschwemmt. Die Meeresbrandung bewirkt eine natürliche Aufbereitung, die Trennung des Meeressandes nach dem spezifischen Gewichte. Die Menge und der Inhalt des abgelagerten, angereicherten Sandes hängt von der jeweiligen Stärke der Brandung, von Wind und Wetter ab, so dass nicht nach jeder Fluthperiode, sondern nur unter günstigen Umständen die Gewinnung lohnend ist.

Die zweite und dritte Goldlagerstätte verdanken ihre Entstehung gleichen Fluthwirkungen der See in ferner zurückliegender Zeit. Die vordere wird zeitweilig noch von der Fluth erreicht, die hintere liegt 2 m über der Fluthlinie. Sie bestehen beide aus Lagen schwarzen Sandes, deren vordere etwa 4,8 km, deren hintere, wenn auch mehrfach durchbrochen, etwa 6,5 km parallel der Wasserlinie sich hinzieht. Die Mächtigkeit des vorderen Lagers ist unbekannt, diejenige des hinteren beträgt 0,30 bis 1,5 m; jene ist von 1 bis 5 m, diese von 1,5 bis 8 m hohem, taubem Flugsande bedeckt.

Aus dem vorderen Lager sind innerhalb eines kleinen Gebietes 31 kg Gold gewonnen worden.

Der sogenannte schwarze Sand hat, je nach der Beimischung von Eisen, weisslichgraue bis schwarze Farbe. Er besteht hauptsächlich aus kleinen Quarzkörnchen mit etwas Topas, Titan- und Magneteisen, Gold, Zinn, Platin, Osmium und Iridium.

Das Gold des hinteren Lagers ist ganz besonders rein, so dass die Unze mit 82 M. bezahlt wird, während das Gold des vorderen Lagers nur 76 M. für die Unze einbringt.

In der Nähe der 0,8 km nördlich der Richmond River-Mündung anstehenden, goldführenden Basaltklippe ist ebenfalls Gold im Seesande gewonnen worden. Innerhalb einer Fläche von etwa 25 qm fand man in 15 cm hoher Sandlage 2,5 kg Gold. Das Gold ist dort sehr fein und scheint aus dem Basalt zu stammen.

An der Westküste Neu-Seelands. Auf der Südinsel Neu-Seelands, zwischen Hokitika und Teremakau und zwischen Brighton und Mokihinui sind Brandung und Stürme ebenfalls geschäftig, den Meeressand anzureichern oder vom Lande losgerissene Parthien der Aufbereitung nach dem spezifischen Gewichte zu unterziehen, so dass nach Zeiten schweren Seeganges Gold am Strande ausgewaschen werden kann.

An der Küste von Coromandel. Auch an der Küste von Coromandel sind vor Jahrzehnten Seeseifen gewinnbringend bearbeitet worden.

Auf dem Meeresboden in Port Macquarie. Endlich wird berichtet, dass das Senkloth des englischen Kriegsschiffes »Herald« bei Tiefenmessungen in Port Macquarie Goldstufen vom Meeresboden heraufgeholt habe.

Erscheinungsweise des Goldes.

Wenn zwar an einzelnen Stellen der voraufgehenden Besprechung die Erscheinungsweise des Goldes in gewissen Lagerstätten schon behandelt worden ist, so soll sie doch hier noch einmal im Ganzen zusammengefasst werden, wenn selbst einige Wiederholungen dabei nicht vermieden werden können.

Die primären und sekundären Lagerstätten sind je besonderer Erörterung zu unterziehen.

Als Gangart, in welcher das Gold auf den gangförmigen Lagerstätten ganz vorwiegend auftritt, ist Quarz erwähnt worden. In den Carcoar- und Cargo-Goldfeldern kommt auch Eisenkiesel vor. Neben diesen wurde bezüglich der westaustralischen zusammengesetzten Gange zersetzter Amphibolit angeführt, welcher, ursprünglich Nebengestein, durch die Art der Gangbildung zum Theil in den Gangraum gelangte und durch Zermalmung, Zersetzung und Durchsprengung mit Erz zur Gangart wurde.

Auf den Lagerstätten der Wentworth Goldfields Proprietary Comp. zu Lucknow, zu Crow Mountains bei Barraba, zu Tuena, Lake Cowal, Humbug Creek, Greenfell und Merimbula, im Garibaldi-Gang bei Solferino und bei Gunnedah tritt das Gold in Kalkspath auf. Seltener finden sich Bitterspath und Schwerspath als Gangarten.

In primären Lagerstätten.

Das Gold ist in der Hauptmenge im Erz vieler Gange derart fein vertheilt, dass es mit dem Auge nicht wahrgenommen werden kann. Sehr häufig aber, namentlich in den oberen Teufen der Gange, tritt sichtbares Gold auf. Man sieht dies als ganz feinen, staubartigen Beschlag, oder als Punkte oder Sternchen, oder auch in Art eines weichen, moosartigen, mit dem Finger leicht abwischbaren Ansatzes, als ganz dünne, harnischartige Beschläge, in Art feiner, zackiger Parthien, in Gestalt dünner Bleche oder vielfach verschlungener Drähte und Haare, oder dickerer, zackiger oder knolliger Stücke verschiedenster Gestaltung, Grösse und Gewicht.

Ganz besonders häufig ist das Gold in Blattform; diese Eigenschaft gerade macht die Gewinnung des Feingoldes durch Pochwerks-Amalgamation so schwierig, weil die feinen Blättchen im Wasserstrom schwimmen und über die Amalgamplatten hinweggetragen werden, ohne mit dem Quecksilber in Berührung zu kommen. In fast den ganzen erwähnten Erscheinungsformen findet sich das Gold in der zersetzten Gangart der zusammengesetzten Gänge Westaustraliens.*)

In Quarzgängen, welche dunkler gefärbte Quarzarten führen, namentlich solchen von gelblicher, bräunlicher, brauner, bläulicher oder grünlicher Farbe, ist das Gold vorwiegend fein vertheilt durch den ganzen Quarz hindurch; bei den weissen bis milchweissen Quarzen dagegen, besonders auch bei den leicht bröckligen, sitzt das Gold meist in Funken oder kleineren und grösseren hakigen Parthien und Drähten, in feinen, den Quarz durchziehenden Klüften, oder in dünnen Kanälen; oft auch erscheint das Gold in wasserhellem Quarz wie in einen Glasfluss eingebettet. Der Kalkspath des Kontaktganges der Wentworth Goldfields Proprietary Co. und der Aladdins Lamp Gold Mining Co. bei Lucknow (N.-S.-W.) ist vielfach von Goldhaaren durchzogen, welche nach Lösung des Kalkspaths mittelst Salzsäure prächtige Kabinetstücke des Edelmetalls ergeben. Gut ausgebildete Goldkrystalle, welche meist in Verbindungsformen des Octaeders mit dem Rhombendodekaeder auftreten, sind sehr selten. Die Achsenlänge ist gewöhnlich geringer als 10 mm. Die Flächen sind oft vertieft und zeigen treppen-trichterartige Aushöhlungen. Die Krystalle sehr reinen Goldes sind vielfach verzerrt, einseitig in die Länge gezogen, während Krystalle silberreicheren Goldes regelmassigere Ausbildung haben. Dendritische Anhäufungen von Goldkrystallen sind öfters vorhanden; in mikroskopisch kleiner Form bilden diese sogar neben den Goldblättchen die häufigste Art des Auftretens.

Es wurde schon vielfach angeführt, dass das Gold in den gangförmigen Lagerstätten ausserordentlich unregelmässig vertheilt vorkommt, und zwar nicht nur im Gangquerschnitt, sondern auch in der Längenerstreckung. Es ist meist angereichert in Erzfällen, welche stets ein gewisses Einschieben in der Streichrichtung der Gänge besitzen. Das Edelmetall erhebt sich in solchen Erzfällen zuweilen zu beträchtlichem Reichthum, vermindert sich andererseits aber auch ausserhalb der Erzfälle bis zu vollkommener Unbauwürdigkeit der Lagerstätten. Das Gold ist im Uebrigen selbst innerhalb der Erzfälle sehr unregelmässig vertheilt; sehr reiche Stellen wechseln vielfach mit durchaus tauben ab. Stellen, an welchen die Lagerstätte die Richtung ändert, Schaarungen, Kreuze, Haken und im Gangraum befindliche Nebengesteinsbruchstücke riefen oft Goldanreicherungen hervor.

Der Tonnengoldgehalt der Lagerstätten ist Vorstehendem gemäss sowohl in den einzelnen Lagerstättentheilen selbst, wie auch beim Vergleich der Lagerstätten im Ganzen ausserordentlich verschieden. Zur Zeit werden Bergwerke mit 60—120 g durchschnittlichem Goldgehalt auf die Tonne Erz für sehr reich gehalten, denn am häufigsten sind die Fälle, in denen der Goldgehalt unter 30 g in der Tonne sich bewegt. Liversidge führt an, dass auf Beyers & Holtermanns Bergwerk zu Hill End (N.-S.-W.) einer Depesche vom 1. Februar 1873 zufolge 102 cwt Gold aus 10 t Erz gewonnen wurden; dies sind 518 kg in 1 t. Ein Stück Erz desselben Bergwerks wurde ausgestellt, welches 235 kg wog und Gold im Werthe von 40 800 M. enthielt.

Krahmanns Company förderte 1873 436 t 9 cwt Erz, aus welchen 748 kg Gold oder 20,5 kg Gold aus 1 t Erz gewonnen wurden.*)

Besonders reich erwiesen sich auch einige der zusammengesetzten Gänge der Kalgoorlie-Ganggruppe in West-Australien. Ich nenne nur die Namen Ivanhoe, Great Boulder, Lake View Consols und Hannans Brownhill.

Interessante Vergleichszahlen über den durchschnittlichen Goldgehalt der primären Lagerstätten bieten die statistischen Tafeln von Queensland (Taf. XIV) und Tasmanien (Taf. XVIII), sowie nachstehende Aufstellung für Neu-Süd-Wales:

Vergleich des Durchschnittsgoldgehalts in Quarzbergwerken von Neu-Süd-Wales in den Jahren 1895 und 1896.

Distrikt	1895 Menge	1895 Goldgehalt	1895 Durchschnitt	Distrikt	1896 Menge	1896 Goldgehalt	1896 Durchschnitt
	t	oz dwt gr	oz dwt gr		t	oz dwt gr	oz dwt gr
Bathurst . . .	17 541	83 958 10 0	4 15 17	Bathurst . . .	18 237	30 301 7 15	1 13 15
Tambaroora und Turon	3 784	2 749 6 0	0 14 12	Tambaroora und Turon	4 232	2 892 13 3	0 13 6
Lachlan . .	19 223	27 202 0 0	1 8 7	Lachlan . .	36 787	48 286 4 20	1 6 6
Southern . . .	6 007	3 278 14 0	0 10 21	Southern . . .	17 025	5 446 3 17	0 6 9
Tumut und Adelong . .	5 488	5 210 1 0	0 18 23	Tumut und Adelong . .	6 160	2 626 12 14	0 8 12
Peel und Uralla . . .	43 137	28 878 12 0	0 13 9	Peel und Uralla . . .	47 551	34 388 10 0	0 14 11
Hunter und Macleay . .	449	336 0 0	0 14 23	Hunter und Macleay . .	470	401 10 0	0 17 0
Clarence und Richmond .	3 068	2 653 18 0	0 17 7	Clarence und Richmond .	1 729	1 539 11 0	0 17 17
Mudgee . . .	15 088	9 169 19 0	0 12 7	Mudgee . . .	21 399	13 319 10 0	0 12 11
Cobar	12 507	6 601 10 0	0 10 13	Cobar	3 129	1 541 11 0	0 9 17
New England	2 130	3 769 0 0	1 15 5	New England	2 119	1 018 17 0	0 9 14
	128 431	173 806 10 0	1 7 1		158 838	141 762 10 21	0 17 20

*) Dass aber auch jetzt zuweilen noch ausserordentlich reiche Funde gemacht werden, zeigt nachstehender, von zuverlässigem Gewährsmann, Datum 14. Juli d. J., aus Sydney mir zugegangener Zeitungsausschnitt:

Rich discovery near Gundagai.

Gundagai, Saturday.

Great excitement prevailed in Gundagai to-day owing to a rich find of gold by Messrs. Robinson and Rice in their reef at Kimo station, eight miles from here. Rich specimens have been

Ballarat, Victoria.

Allerdings ist zu berücksichtigen, dass stets noch eine gewisse Goldmenge in den Rückständen verbleibt.

Ich wies schon an früherer Stelle darauf hin, dass gangförmige Lagerstätten am Ausgehenden auf gewisse Erstreckung hin oder gar nur in einzelnen Nestern eine beträchtliche Anreicherung besitzen und dass mit dem Vordringen in die Teufe in den Fällen besonders reicher Ausgehenden fast stets eine beträchtliche Verminderung des Goldgehalts eintritt, und zwar entweder bei allmählicher Verarmung bis zu vollständiger Unbauwürdigkeit, oder bis zu einem gewissen normalen Goldgehalte, welcher in die Tiefe hinab den Gängen erhalten bleibt. Die Gänge von Londonderry, von Bayley's Reward, Wealth of Nations und von anderen Bergwerken West-Australiens sind Beispiele für derartige ausserordentliche Anreicherungen am Ausgehenden; bei vielen Gängen zeigte sich aber auch gerade in Verbindung mit reichen Ausgehenden eine baldige vollständige Verarmung in der Tiefe.

Auf Londonderry sind sogar überhaupt nur vier Nester sehr reichen Erzes von beschränkter Ausdehnung, und zwar am Ausgehenden, in 15 m, in 29,5 m und in etwa 31 m Tiefe gefunden worden, ausserhalb derselben ist das Erz nur in ganz geringem Grade bauwürdig. Bei dem Shotover-Gange in der Thames-Gruppe des Hauraki-Goldfeldes (N.-S.) ging der Goldgehalt nur bis zu etwa 20 m Tiefe hinab.

Dem gegenüber ist der Bergbau in den Charters Towers- und Ballarat-Goldfeldern, mehr noch im Bendigo-Distrikt, auf manchen Lagerstätten in sehr grosse Tiefen bei gleichbleibendem Goldgehalt vorgedrungen, ohne dass Anzeichen vorlägen, welche auf eine baldige Erschöpfung der Lagerstätten schliessen liessen. *)

Das Shenandoah-Bergwerk betreibt in 848 m und die Grube 180 in 975 m Tiefe lohnenden Abbau.

Das Nebengestein der Golderzgänge ist oft auf geringere oder grössere Entfernung hin ebenfalls goldhaltig.

In Sedimenten und Seifen.

In den Sedimenten der jüngeren Gebirgsglieder sowohl, wie in den in ganz Australasien, wo nur immer primäre Goldlagerstätten anstehen, aufgefundenen Seifen, in den Flüssen wie am Meeresstrande, zeigt sich das Gold meist in rund-

---

got from this mine before, but the stone shown by the proprietors to-day equals anything, excepting Hill End, found in the colony. 75 lb. weight of specimens have just been deposited in the Bank of New South Wales, which are estimated to contain £ 2000 worth of gold. One piece of stone weighing 40 lb. is believed to contain £ 1000 worth alone. In addition to the specimens banked about 15 cwt. have been bagged at the mine, this stone also being exceptionally rich. This rich chute was discovered on Thursday afternoon. The reef is on the crest of a high hill overlooking Kimo station, and about 2½ miles west of Howell's Consolidated Gold Mines, Limited, on the Prince of Wales line.

*) Siehe S. 68.

lichen oder linsenförmigen Körnern verschiedenster Grösse, seltener scharfkantig oder mit schwach abgerundeten Kanten und Spitzen. Auch ist das Gold oft eingesprengt in Quarzrollstücke, die Trümmer primärer Lagerstatten. Während es aber in den Sedimenten vorkänozoischen Alters in der Regel nur in feinem Zustande sich befindet, kommt es in den jüngeren Bildungen vor in mehrere Kilogramm schweren Goldklumpen bis zum feinen, mit dem unbewaffneten Auge nicht wahrnehmbaren Staubgold; soweit sichtbar, ist es zumeist allerdings in Linsen-, Schrot-, Stecknadelkopf- und Feinsandgrösse vertreten.

Die drei grössten der aufgefundenen Goldklumpen (Nuggets) waren:[*]

1. »Welcome Stranger«, 70,91 kg schwer, mit 69,67 kg reinem Golde im Werthe von 194 500 M., am 5. Februar 1869 bei Moligul (V.) gefunden.

2. »Welcome«, 68,98 kg schwer, mit 65,16 kg reinem Golde im Werthe von 189 230 M., in 54 m Tiefe am 15. Juni 1858 am Bakery Hill bei Ballarat gefunden.

3. »Blanche Barkly«, 54,24 kg schwer, im Werthe von 141 078 M., in 4 m Tiefe am 27. August 1857 bei Kingower (V.) gefunden.

4. »Canadian«, 50,24 kg schwer, mit 41,02 kg reinem Golde im Werthe von 112 859 M., am 31. Januar 1853 zu Canadian Gully bei Ballarat gefunden.

5. Ein Fund in drei Stücken, 39,56 kg schwer, im Werthe von 100 200 M., im Juli 1851 zu Meroo Creek im Turon River, 80 km von Bathurst, entdeckt.

6. Ein Fund in zwei Stücken, 91,83 kg schwer, mit 42,42 kg reinem Golde im Werthe von 112 200 M., bei Dunolly (V.) entdeckt.

7. Ein Fund, 40 kg schwer, mit 37 kg reinem Golde im Werthe von 89 543 M., bei Burrandong, nahe bei Orange, am 1. November 1858 entdeckt.

8. »Sarah Sands (Lady Hotham)«, 36,64 kg schwer, mit 23,48 kg reinem Golde, nahe bei Canadian Gully bei Ballarat entdeckt.

Das in den jüngeren Sedimenten und in den Seifen vorkommende Gold ist fast ausschliesslich Seifengold. Zwar mag nicht ganz ausgeschlossen sein, dass in die Sedimente der mesozoischen Schichtenfolgen, zu denen ich bekanntlich auch die westaustralischen Konglomerate und Sandsteine rechne, Gold noch durch Minerallösungen eingeführt worden ist; wahrscheinlicher erscheint es mir indessen auch bei diesen schon, dass das Gold als Seifengold zum Absatz kam. Der scheinbar widersprechende Umstand, dass in den Konglomeraten neben abgerollten Körnern auch scharfkantige, krystalloide Formen vorkommen, kann darauf beruhen, dass das Gold unweit des Gangausgehenden, von welchem es herrührt, zur Ablagerung gelangte, oder dass es durch einen sonstigen Umstand der Abrollung durch Wasser oder Winde entzogen wurde. Es mag aber auch nicht ausgeschlossen sein, dass Seifengold innerhalb der Lagerstätte selbst zur Lösung gelangt, an anderer Stelle aber wieder ausgefällt worden ist.

Auch in den kanozoischen Lagerstätten ganz unzweifelhaften Seifencharakters findet sich mehrfach Gold mit ziemlich gut erhaltenen scharfkantigen Formen vor.

[*] The Australian Mining Standard. Sydney und Melbourne, 17. März 1897.

Dies ist ebenfalls darauf zurückzufuhren, dass das Gold nur eine geringe Wege-
länge bis zur sekundaren Ablagerung zurücklegte. Das aus goldführenden Massen-
oder Eruptivgesteinen herrührende Seifengold besteht fast ausnahmslos aus kleinen
Blättchen, Körnchen oder Staub. Der kundige Bergmann schliesst daher aus
der Beschaffenheit des Seifengoldes auf die geringere oder grössere Entfernung,
sowie annähernd auch auf die Art der primären Lagerstatte.

Der Durchschnittstonnengehalt ist natürlich auch bei den Goldseifen sehr
wechselnd, wie sich aus nachstehender Nachweisung für Neu-Süd-Wales ergiebt.

Vergleich des Durchschnittsgoldgehalts in Goldseifen in den Jahren 1895 und 1896.

Distrikt	1895			Distrikt	1896		
	Menge	Goldgehalt	Durch-schnitt		Menge	Goldgehalt	Durch-schnitt
	Loads	oz dwt gr	oz dwt gr		Loads	oz dwt gr	oz dwt gr
Bathurst	1174	665 0 0	0 11 7	Bathurst ...	5226	131 7 0	0 11 0
Cobar	—	—	—	Lachlan ...	817	184 6 0	0 4 12
Lachlan	4364	1354 7 22	0 6 4	Tumut und			
Tumut und				Adelong ..	120 524	1465 13 0	0 0 6
Adelong ..	200	15 0 0	0 1 12	Southern ..	350	6 11 22	0 0 9
Southern ...	500	90 0 0	0 3 14	Mudgee	1560	234 0 0	0 3 0
Hunter und				Peel und			
Macleay ..	640	32 0 0	0 1 0	Uralla ...	1500	16 0 0	0 0 5
	6878	2156 7 22	0 6 5		129 979	2037 17 22	0 0 7.5

Mehrfach ist der Versuch gemacht worden, besondere Theorien für die
Bildung der grossen, in den Seifen vorgefundenen Goldklumpen aufzustellen.
Besondere Vorgange sollten die Entstehung derselben erst in der Seife selbst
bewirkt haben. Diese Erwägungen sind indess hinfällig geworden, seitdem Goldklumpen beträchtlicher Grösse in dem Ausgehenden primärer Lagerstatten anstehend gefunden wurden.*)

Feingehalt des Goldes.

Wenn auch im geologischen Theile des Buches eigentlich nur vom Fein-
gehalte des Alluvial- oder Eluvialgoldes, welches meist nur durch einfachsten
Waschprozess oder Aussiebung ohne Schmelzung oder Lösung des Goldes ausgeschieden wird, gesprochen werden kann, da der Feingehalt des aus primären
Lagerstatten gewonnenen Rohgoldes ausser von den natürlichen Beimengungen
auch abhängig ist von den jeweilig in Anwendung gebrachten Schmelz- oder
Lösungsprozessen, oder auch von der mehr oder weniger guten Durchführung
derselben, so soll doch Kurze halber der Feingehalt der verschiedenen Goldsorten
an dieser Stelle erörtert werden.

*) Siehe S. 49 und 104.

Bis jetzt ist noch kein durchaus reines Gold entdeckt worden. Stets ist mehr oder weniger Silber, oft sind auch Spuren von Kupfer, Wismuth, Eisen und anderen Metallen damit verbunden.

Die grossen Verschiedenheiten des Feingehaltes einzelner Goldfelder ergeben sich aus den statistischen Nachweisungen dieses Buches für Queensland, Neu-Süd-Wales und Tasmanien, in welchen der Werth der Unze Rohgold aufgeführt ist.

Es ist bemerkenswerth, dass das im Croydon-Goldfelde in Gängen im Granit auftretende Gold £ 2 sh. 4 und das in Gängen im Felsit und Porphyr auftretende Gold £ 3 sh. 4 Werth der Unze hat. Gold aus den Zersetzungszonen der Kalgoorlie-Gänge ist verhältnissmässig rein, was auf die Lösung des Tellurs und Silbers zurückzuführen sein dürfte. Seifengold ist durchschnittlich reiner als Gold primärer Lagerstätten, doch sind auch bei Seifen beträchtliche Unterschiede vorhanden. Gold aus den Seifen von Maryborough (V.) enthält nur 850 Theile Gold und 150 Theile Silber, während das Alluvialgold vom Palmer River (Qu.) nur geringe Mengen Silber führt. Gold aus dem Alluvium des Drysdale-Goldfeldes hat gar nur einen Preis von £ 2 sh. 15 für 1 Unze. Gold aus dem Seesande des Richmond-Goldfeldes (N.-S.-W.) ist sehr rein; es erbringt £ 4 sh. 2 d. 3 für 1 Unze. Nach B. Smyth soll der Feingehalt des Goldes in tiefer gelegenen Seifen ein höherer als in den oberen Seifen sein, was auf eine nachträgliche Lösung des Silbers in den tieferen Seifen zurückzuführen ist.

Gold vom Mount Morgan hat nach Liversidge[*]) 997 Feingehalt, so dass es als besonders rein zu bezeichnen ist.

Begleitende Mineralien des Goldes.
In primären Lagerstätten.

Gold, welches in Eruptivgesteinen eingesprengt auftritt, befindet sich, wenn es nicht gänzlich frei von begleitenden Mineralien ist, in der Regel nur in Gesellschaft von Schwefelkies. In Gängen indessen treten oft eine grössere Anzahl von Begleitern hinzu.

Am häufigsten sind Schwefelkies, darnach Binarkies und Arsenkies, sowohl fein vertheilt in der Gangart, wie in grösseren Krystallen ausgeschieden. Oft kommen kubische Höhlungen vor mit charakteristischer Streifung der Flächen, zuweilen noch ein wenig Brauneisenerzpulver führend, Räume, welche offenbar vordem von Schwefelkieskrystallen ausgefüllt waren. Kupferkies, Magnetkies, Bleiglanz und Zinkblende, Fahlerz, Bournonit und Schwefelsilber finden sich, wenn auch seltener, ein. Antimonglanz ist seltener und Molybdänglanz recht selten angetroffen worden. Lagerstätten im Hillgrove- (N.-S.-W.), Black Snake- und dem Ravenswood-Goldfelde (Qu.), namentlich in der Te Aroha-Ganggruppe im Hauraki-Goldfelde (N.-S.), sind dem Bergmanne wegen besonders starker Beimischung

---

[*) Liversidge, Minerals of New South Wales, S. 30.

anderer Mineralien als widerspenstige Erze (refractory ores oder rebellious ores) bekannt. Das Vorkommen von Tellur in Verbindung mit Gold*) ist in jüngster Zeit in den Great Boulder Proprietary-, Great Boulder Perseverance-, Lake View Consols- und anderen Bergwerken entdeckt worden.**) In spärlichen Funden war es in Lagerstätten der Thames-Ganggruppe (N.-S) schon länger bekannt. Gold ist mit den begleitenden Mineralien, namentlich aber mit Schwefel- und Arsenkies, meist in innigem Gemenge vorhanden, indess, gleichwie im Quarz, sehr ungleich vertheilt. Dazu liegt das Gold ganz gesetzlos, wirr und zerstreut im Begleiter. Seine hakigen, krystalloiden Formen und Blättchen durchsetzen ganz unregelmässig die Blätterbrüche desselben; selten nur lagern Goldblättchen den Blatterbrüchen der Begleitmineralien parallel.

In den Ausgehenden der Lagerstätten finden sich die Zersetzungsprodukte der erwähnten Erze: Eisensulfat, Brauneisenstein, Eisenglanz und andere Eisen- und Manganerze, Rothkupfererz, Kupferoxyd, Weissbleierz, Bleichromat, Bleisulfat, Malachit, Kupferlasur, Antimonocher und andere Mineralien.

Die Umwandlung der geschwefelten Erze in den Ausgehenden in oxydische Erze, Sulfate und Karbonate war zum Theil Ursache, dass das Gold im Ausgehenden meist als Freigold erscheint.

In Sedimenten und Seifen.

Gold hat in Sedimenten meist Schwefelkies, in Seifen eine grosse Anzahl von Mineralien zu Begleitern. Da finden sich: Platin, Osmiridium, Zinnstein, Titan-, Magnet- und Chromeisen, Brookit, Saphir, Rubin, Rutil, Anatas, Beryll, Topas, Smaragd, Zirkon, Spinell, Granat, Gediegen Kupfer, Roth- und Brauneisenerz, Schwefelkies, Pyrolusit, Bleiglanz, Zinkblende, Turmalin, Magnesit und andere Mineralien geringeren Werthes.

Auch Diamant ist in Seifen des Beechworth-Goldfeldes (V.) und des Bingara-Goldfeldes (N.-S.-W.) gefunden worden.

---

*) Siehe S. 50.
**) Neuerdings wurden auch die Associated Gold Mines, Hannaus Block 45, Great Boulder Main Reef, Hannaus Oroya, Hannaus Star, Hannaus Reward, Golden Horseshoe, Kalgoorlie Gold Mines und Croesus als Tellurgold führend genannt.

III. KAPITEL.

Die Goldgewinnung Australasiens.

Geschichtliche Entwicklung.

Die mehrfach in der Litteratur aufgestellte Behauptung, dass Dampier der erste Weisse gewesen sei, welcher Gold in Australasien, und zwar im Jahre 1688 an der Nordwestkuste Westaustraliens entdeckt habe, und dass dieser Fund auch die Veranlassung gewesen sei, dass Australien auf holländischen Landkarten als »Provincia Aurifera« vermerkt wurde, hat sich bei sorgfältiger Geschichtsforschung als unzutreffend*) erwiesen.

Die ersten nachweisbaren Goldfunde wurden vielmehr im Osten Australiens, und zwar erst im laufenden Jahrhundert gemacht. Liversidge bringt hierüber in seinem Buche »Minerals of New South Wales« einige Angaben.

Dailey, ein Sträfling, behauptete im August 1780, dass er Gold entdeckt habe, gestand aber später, dass er Feilspäne einer Kupferschnalle und einer Guinee gemischt und dem Ganzen durch Beifügung von etwas Erde ein naturliches Aussehen ertheilt habe.

Sträflinge, welche im Jahre 1814 eine Landstrasse nach Bathurst bauten, sollen thatsächlich Gold in beträchtlicher Menge gefunden haben. Sie wurden durch Drohungen gezwungen, Stillschweigen zu bewahren.

Weiterhin fand man im Feldbuche des Vermessungsbeamten James M'Brian folgende Eintragung:

>February 15, 1823.

At 8 chains 50 links to river and marked gum-tree. At this place I found numerous particles of gold in the sand and in the hills convenient to the river.«

1825 wurde ein Sträfling wegen Verdachtes des Golddiebstahls ausgepeitscht, obgleich er eindringlich behauptete, das betreffende Stück im Busche gefunden zu haben.

---

*) Mining Handbook of the Colony of Western Australia by Harry P. Woodward. Perth. 1895. S. 70.

Im Dezember 1829 kaufte der Silberschmied Cohen zu Sydney einem Arbeiter ein Stück goldführenden Quarzes ab.

1830 soll der Diener eines Mr. Low ein Stück gediegenen Goldes im Gewichte mehrerer Unzen am Fischflusse unweit der Stelle gefunden haben, wo der Vermessungsbeamte M'Brian seinen Fund machte. Nach anderer Nachricht wird dieser Fund dem Mr. Robert Low und dem Lieutenant W. Lawson zugeschrieben.

Graf Strzelecki fand 1839 Gold in Schwefelkies im Clwydd-Thale. 1844 wies Sir R. Murchison auf die Aehnlichkeit der Blauen Berge mit dem Ural hin und sprach sich dahin aus, dass auch in Australien das Vorhandensein von Gold anzunehmen sei. In gleicher Richtung äusserte sich Oberst Helmerson.

Die Regierungen der Kolonien verkannten die Bedeutung der Entwicklung eines Goldbergbaues nicht, und setzten Belohnungen für Diejenigen aus, welche in der Lage seien, abbaulohnende Goldfelder nachzuweisen.

Hargraves, einem australischen Squatter, war es vorbehalten, zuerst den Nachweis zu erbringen, dass in Neu-Süd-Wales Gold in gewinnbaren Mengen auftrete. Durch die Dürre der Jahre 1844—1848 in seinem Wirthschaftsbetriebe fast ruinirt, hatte er, als er von grossen Goldfunden in Californien gehört, seinen Wohnsitz bei Bathurst verlassen, um im goldenen amerikanischen Westen sein Glück zu versuchen. Wie so viele Andere war er erfolglos; überrascht aber von der Aehnlichkeit der amerikanischen geologischen Formationen mit denjenigen seiner Heimath, fasste er den Plan, zurückzukehren und in Neu-Süd-Wales Untersuchungen auf das Vorhandensein von Goldlagerstätten anzustellen.

Es gelang ihm, am 12. Februar 1851 im Sommerhill Creek, 32 km von Bathurst, einen derart ausgiebigen Fund zu machen, dass ihm die von Neu-Süd-Wales in Verbindung mit Victoria ausgesetzte Belohnung von 300 000 M. verliehen werden musste.

Andere Goldwäscher aus Californien kamen ebenfalls nach Australien von derselben Hoffnung getrieben. Schon am 10. Juni 1851 gelang es William Campbell auch in der Kolonie Victoria Gold in Quarz, und zwar auf Donald Cameron's Ansiedelung bei Clunes nachzuweisen.

Nachdem dieserart die Aufmerksamkeit geweckt worden war, mehrten sich bald die Nachrichten von Goldfunden. Eine stetig wachsende Erregung bemächtigte sich der Bevölkerung. Bald verliessen in Landwirthschaft und Viehzucht beschäftigte Arbeiter ihre Brodherren, Buchhalter und Beamte ihre Schreibstuben, Seeleute ihre Schiffe; Bergleute, Mechaniker, Studenten, politische Flüchtlinge aus Europa, Abenteurer aller Art, entwichene Sträflinge, Angehörige verschiedenster Nationalitäten, eilten zu den Goldfeldern. Wo irgend goldführende Alluvien entdeckt wurden, strömten Tausende von allen Seiten herbei.

Besondere Kenntnisse oder Handfertigkeit waren nicht erforderlich. Nur Picke, Schaufel, Blechschüssel und Wiege (cradle) kamen anfänglich zur Verwendung. Es war nicht selten, dass ein Mann 300—400 g Gold aus einem einzigen Kübel Haufwerk wusch.

Bei Meroo Creek am Turon-Flusse wurde schon 1851 ein Goldklumpen von 39,5 kg Gewicht im Werthe von 100 200 M. gefunden. Gleiche wunderbare Ent-deckungen machte man wiederholt in allen östlichen Kolonien. Solche Glücksfalle, wodurch Goldgräber, welche oft nur auf Kredit eines gutmüthigen Krämers gelebt hatten, plötzlich reiche Kapitalisten wurden, erhitzten die Gemüther auf das Aeusserste.

In früher einsamen, friedlichen Thälern des Buschwaldes entstanden ge-schwind Goldgräber-Niederlassungen aus Hunderten von Canevas-Zelten oder Baumrindehütten. Ein seltsam hastiges Treiben, ein wildes Leben hielt seinen Einzug. Zeitungen sorgten bald für das geistige Bedürfniss, Theater-, Sing- und Spielhallen für Unterhaltung. Nach harter Tagesarbeit wurde die Nacht bei Sang und Spiel und in Gesellschaft lockerer Mädchen verbracht. Der Cham-pagner floss in Strömen. In Folge des Zustromes vieler Manner dunkelster Ver-gangenheit nahm die Unsicherheit überhand. Manches schwere, wohlüberlegte Verbrechen gegen Eigenthum und Leben, manche rasche That wildaufbrausender Leidenschaft blieb vor dem irdischen Richter ungesühnt.

Die Arbeit in den Alluvien brachte aber nicht Jedermann Segen. Viele zogen wieder von dannen mit getäuschten Hoffnungen, ärmer als sie gekommen; die Meisten fristeten mühsam das Leben; Wenigen nur war es beschieden, reiche Funde zu machen, aber von diesen behielt nur ein Bruchtheil den Gewinn, die Andern vergeudeten rasch, was sie erworben. Es wird behauptet, dass der dem Alluvium entnommene Goldwerth annähernd dem Preise der aufgewendeten Arbeit gleichkomme.

Dem hastigen Durchwühlen des Erdreichs hielt der anfangliche Reichthum der rezenten Seifen nicht lange Stand. Hörte man dann von neuen Funden an weiter belegenem Orte, so gab sich eine fieberhafte Bewegung kund; wie ein Mann erhob sich fast die ganze Bevölkerung einer Ortschaft; sie begab sich auf den Auszug (rush) nach dem neuen Dorado. Oft blieben nur wenige bedürfniss-lose Chinesen zurück, um die Nachlese zu halten.

Mag man die Geschichte der Goldfelder in Australien, Amerika, Afrika be-schreiben, es war fast überall derselbe Hergang. Man hat nur Namen und Zeiten zu wechseln. Gleiches ereignete sich denn auch in Neu-Seeland und Queensland.

In Neu-Seeland wurde 1852 das erste Gold im Coromandel-, 1853 im Otago-Distrikt gefunden. Das erste abbaulohnende Goldfeld wurde dagegen 1857 im Collingwood-Distrikt eröffnet. 1861 begann der Zustrom nach dem Otago-Goldfelde, 1864 nach der Westküste und 1867 nach dem Thames-Gold-felde. Unzählige eilten herbei, um an der verheissungsvollen goldenen Ernte sich zu betheiligen.

In Queensland entdeckte man Gold im Jahre 1858 zu Canoona, 35 km von Rockhampton.

Aber auch diese neuen Goldfelder zeigten die auf den älteren beobachtete Erscheinung, dass die reiche Ausbeute im jüngeren Schwemmland zurückging, oft gar versiegte. Man sah sich genöthigt, hinabzusteigen zu alten Flussbetten, welche tief unter Sanden, Kiesen, oft auch unter Decken festen Basalts begraben lagen. Unter oder in der Nähe der Seifen entdeckte man die Ausgehenden im älteren Gebirge anstehender Quarzgänge, welche oft reiche Nester des gelben Edelmetalles bargen.

Mit der Eröffnung des Abbaues auf primären Lagerstätten begann eine neue Periode bedeutungsvoller Entwicklung des Goldbergbaues. Zwar schlossen sich häufig Kameraden zusammen, um die reichen Ausgehenden der Gänge gemeinsam abzubauen; meist aber mussten sie, sobald Tiefen von 40 — 60 m erreicht waren, die Schächte verlassen, weil sie nur dürftige Kenntnisse von kunstgerechtem Bergbaubetriebe besassen, oder weil zuströmende Wasser den Betrieb ohne umfassendere Aufwendungen, zu denen die geringen Mittel der Leute nicht ausreichten, unmöglich machten. Schon zum Aufschlusse der tiefen Goldseifen, mehr noch zur durchgreifenden Eröffnung der Golderzgänge, waren kostspielige Stollen- und Schachtanlagen, zur Wasserbewältigung theure Pumpwerke erforderlich. Kapitalistenkreise mussten für den Bergbau interessirt, theoretisch und praktisch geschulte Ingenieure, sowie geübte Bergleute mussten herangezogen werden.

Viele der alten Goldfelder, welche beim Nachlassen der Schätze der rezenten Seifen verlassen worden waren, wurden wieder aufgesucht. Zahllose Schächte wurden gesenkt, welche im Laufe der Zeit bis zu 1000 m vertieft wurden. Umfangreiche unterirdische bergbauliche Betriebe wurden eröffnet. Mit der Erlangung grösserer Stetigkeit des Bergbaues änderte sich auch das Aeussere der Goldgräber-Niederlassungen, deren auf die Befriedigung nur vorübergehenden Wohnbedürfnisses gerichtete leichte Zelte den erweiterten Ansprüchen nicht mehr genügten. Steinbauten wurden errichtet, Ackerbau, Gartenwirthschaft, Viehzucht entwickelten sich; Händler siedelten sich an zur Deckung aller Bedürfnisse des Bergbaues und der Landwirthschaft; blühende, gut verwaltete Städte, Mittelpunkte umfangreicher Gemeinwesen entstanden weit im Lande.

In Folge der besonderen Unwirthlichkeit des Landes wurde West-Australien erst spät dem Goldbergbau eröffnet. Nachdem die reichen Goldfunde in Victoria und Neu-Süd-Wales gemacht worden waren, begannen auch die Ansiedler der westlichen Kolonie nach dem etwaigen Vorkommen des gelben Edelmetalles Nachforschungen anzustellen; zudem ersuchte die Kolonialregierung im Jahre 1860 Hargraves, den Entdecker des Goldes in Neu-Süd-Wales, seine Ansicht über die Aussichten der Kolonie auf etwaige Goldfunde auf Grund persönlicher Untersuchung auszusprechen. Das Gutachten desselben, welches sich nur auf den damals besiedelten schmalen, westlichen Küstenstreif erstreckte, lautete indessen durchaus ungünstig. Dennoch wurde im Jahre 1882 Gold in abbaulohnender Menge im Kimberley-Distrikt entdeckt. Die folgenden Jahre lieferten Fund auf Fund in überraschender Menge und Reichhaltigkeit. Sie gruppiren sich wie folgt:

	Es wurden entdeckt:	und	proklamirt zum Goldfelde:
1882	Kimberley-Goldfeld		—
1886	—		Kimberley-Goldfeld
1887	Yilgarn- ,		—
1888	Pilbarra- , West-Pilbarra-Goldfeld Murchison- ,		Yilgarn- ,
1889	—		Pilbarra- ,
1890	Yalgoo- , Ashburton- ,		Ashburton- ,
1891	—		Murchison- ,
1892	Coolgardie- , Dundas- ,		—
1893	Ost-Coolgardie- ,		Dundas- ,
1894	Nord- , , Ost-Murchison- ,		Coolgardie- ,
1895	—		Ost-Coolgardie-Goldfeld Nord- , , Ost-Murchison- , Yalgoo- , West-Pilbarra- ,

Besonders grosse Hitze, Feuchtigkeit und klimatische Fieber haben das Kimberley-Goldfeld in der Entwicklung zurückgehalten; nach den mittleren und südlichen Goldfeldern hingegen, von denen aus Nachrichten von überraschend reichen Goldfunden rasch durch die Welt sich verbreiteten, hat sich trotz Hitze, Trockenheit und Wassermangel ein bisher von Jahr zu Jahr zunehmender Zustrom von arbeitsfreudigen Bergleuten, Finanzmännern und sonstigen Geschäftsleuten aus vielen Ländern gelenkt; in wachsendem Umfange floss australisches, dann europäisches Kapital den neuen Bergbauunternehmungen zu.

Auf einem Gelände, welches vor 4½ Jahren noch Buschwald bedeckte, erhebt sich jetzt, 32 km nordwestlich des Lake Lefroy, eines trockenen Salzsees typisch australischer Art, die neue Goldstadt Coolgardie, und etwa ebensoweit nördlich des Sees die Goldstadt Kalgoorlie.

Bergrechtliche Bestimmungen.

Die Entwicklung eines umfangreichen Bergbaues forderte gebieterisch den Erlass bergrechtlicher Bestimmungen. Die bergrechtlichen Verhältnisse sind in allen Kolonien ziemlich verwickelt. Dies hat wesentlich seinen Grund in der sehr verschiedenen Art und Weise, wie im Laufe der Zeit die sogenannten Kronländereien von den Regierungen, je nachdem mit oder ohne Vorbehalt des Rechtes auf Gewinnung gewisser Mineralien, an Private veräussert worden sind oder noch jetzt veräussert werden. Verfuhr man in dieser Beziehung in früheren Zeiten recht willkürlich, so wurde man doch in den letzten Jahrzehnten, namentlich in der Verleihung umfangreicher Konzessionen an Gesellschaften, bedeutend vorsichtiger.

Die Bestimmungen über die Veräusserung der Kronländereien sind in den sogenannten Landakten enthalten. Die Veräusserung besteht entweder im Verkauf in öffentlicher Auktion gegen Baar oder Ratenzahlung oder in Verpachtung gegen eine jährlich zu zahlende Rente. Die Landakte enthalten zum Theil auch schon Bestimmungen über den Ausschluss der Mineralien vom Verfügungsrecht des Grundeigenthümers und über die Mineralgewinnung selbst. Im Wesentlichen werden die bergrechtlichen Verhältnisse jedoch durch besondere Berggesetze (Mining Acts) geregelt, durch welche die Landakte also theils ergänzt, theils abgeändert werden.

Verschiedenen Verfassungen entsprechend, besitzen die einzelnen Kolonien auch besondere Berggesetze; weichen diese zwar in Form und Ausführlichkeit oft beträchtlich von einander ab, so stimmen sie doch inhaltlich in den wesentlichsten Grundsätzen überein. Die Bestimmungen aller Gesetze lassen sich in folgende besondere Abschnitte zergliedern:

Sie regeln

1. den Bergbau auf Kronländereien (crownlands), und zwar
    a) auf Gold,
    b) auf andere Mineralien mit Ausnahme von Kohle,
    c) auf Kohle,
2. den Bergbau auf Privatländereien (private lands),
3. die Wasserlosung (drainage of mines).
4. die Betriebsführung und polizeiliche Beaufsichtigung der Gruben (inspection and regulation of mines).

Nachstehend soll nur ein kurzer Ueberblick über die wichtigsten der für den Goldbergbau maassgebenden Bestimmungen gegeben werden. Hierbei sind in den einzelnen Kolonien übereinstimmende Vorschriften zusammengefasst und nur Abweichungen besonders hervorgehoben.

Gold ist gegenwärtig in allen Kolonien von dem Verfügungsrechte des Grundeigenthümers ausgeschlossen. Distrikte, in welchen das Edelmetall gefunden worden ist, werden unter Festlegung bestimmter Abgrenzungen zu Goldfeldern erklärt, worauf sie besonderen berggesetzlichen Bestimmungen unterliegen. Die Verwaltung und Rechtsprechung in den Goldfeldern liegt besonderen Beamten, den »Gold wardens«, ob, deren Hilfsbeamte »Mining registrars« heissen.

Die obersten Bergbehörden sind die Bergbauminister (Minister of mines), welchen Untersekretäre (Undersecretaries of mines) beigegeben sind.

Zur Erwerbung irgendwelcher bergbaulichen Rechte ist zunächst die Lösung eines Bergbauberechtigungs-Scheines (miners right) erforderlich. Er wird auf den Namen des Besitzers ausgestellt. Der Preis schwankt von 15—20 M. Die Gültigkeit beträgt 1 Jahr. Asiaten und Afrikanern werden in West-Australien und Queensland solche Scheine nicht ausgestellt.

8*

Der Inhaber des Berechtigungs-Scheines darf nach Maassgabe der gesetz-
lichen Vorschriften Kronländereien sowohl zur Erschürfung und Gewinnung von
Alluvialgold, als auch zum Abbau primärer Lagerstatten in Besitz nehmen, ferner
dort Häuser errichten und bewohnen, Wasserläufe in Benutzung nehmen, Damme
und Stauanlagen bauen, Holz und Bausteine gewinnen, Wege anlegen u. s. w.
Zur Besitzergreifung von Kronländereien können sich auch mehrere Personen,
jedoch nicht mehr als fünf, vereinigen, vorausgesetzt, dass sie alle Inhaber
eines »Berechtigungs-Scheines« sind. Derjenige Theil des Kronlandes, von dem
Besitz ergriffen ist, wird »Claim« genannt. Alle Claims müssen auf der Amtsstube
des Warden binnen Monatsfrist eingetragen werden. Nach der Eintragung kann
der Claim in eine beliebige Anzahl Antheile getheilt werden, welche alsdann je
für sich der Eintragung bedürfen. Für jeden Antheilhaber ist ebenfalls Besitz des
»Berechtigungs-Scheines« erforderlich. Claims können auch konsolidirt werden.

Kronländereien, welche öffentlichen Zwecken dienen oder bereits bona fide als
Gärten, Nutzungsfelder u. s. w. in Beschlag genommen wurden, sind von der Okkupation
ausgenommen, es sei denn, dass der volle Werth ersetzt wird. Auch kann die Regierung die Reservation bestimmter Kronländereien aussprechen oder die Benutzung
derselben zu bergbaulichen Zwecken durch besondere Verordnung einschränken.

Die Rechte auf die Claims erlöschen, wenn nicht bestimmte Bedingungen
bezüglich der Bearbeitung (labour conditions) u. s. w. erfüllt werden; alsdann darf
ein Dritter sich den Claim aneignen (jumping).

Um einen Besitztitel grösserer Sicherheit zum Abbau von Goldlagerstätten zu
erlangen, kann der Inhaber eines Berechtigungs-Scheines einen Antrag (application)
auf Verleihung eines Pachtfeldes (lease) stellen. Während die Claims vorwiegend bei
Schürfarbeiten und der Ausbeutung von Alluvien, überhaupt bei der Einleitung des
Bergbaubetriebes in einem Goldfelde Anwendung finden, geht man bei fortschreitender Entwicklung des Bergbaues mehr und mehr zur Erwerbung von Leases über.
Die Maximalgrösse der Felder (area) beträgt:

> in Tasmanien . . . . 40 467 qm (10 acres)
> » Süd-Australien . . . . . . 80 934 » (20 »)
> » West-Australien, Neu-Süd-Wales
>   und Queensland . . . . 101 167,5 » (25 »)
> » Neu-Seeland . . . . 121 401 » (30 »)

In Victoria können unter besonderen Umständen Spezialfelder bis zur
Maximalgrösse von 100 acres verliehen werden.

An jährlicher Pacht (rent) werden erhoben:

> in Victoria . . 5 M. für den Acre
> » Neu-Seeland . 10 » » » »
> » Neu-Süd-Wales)
> » Queensland . .)
> » West-Australien) 20 » » » »
> » Tasmanien . .)

In Süd-Australien beträgt die Pacht nur 1 M. für den Acre; es wird aber ausserdem noch eine Abgabe von 2½ pCt. vom Nettogewinn erhoben.

Die Pachtzeit (term) beträgt:

in Tasmanien . . . . 10 Jahre
» Victoria und Neu-Süd-Wales . . . . . . 15 »
» Queensland, West-Australien und Neu-Seeland 21 »
» Süd-Australien . . . . 42 »

In Neu-Süd-Wales sind von der Verpachtung als Leases ausgeschlossen folgende Kronländereien:

a) solche, welche bereits zu irgend einem anderen Zwecke als für Weidezwecke verpachtet sind;

b) solche Theile, welche bereits von einem Inhaber eines Berechtigungsscheines als Claim in Besitz genommen sind, es sei denn, dass dieser seine Einwilligung erklärt;

c) goldhaltiger Alluvialboden, es sei denn, dass derselbe nach dem Urtheile des Minensekretärs für ausgebeutet und verlassen gilt, oder dass er wegen seiner Mächtigkeit und Wasserführung, sowie wegen der Kostspieligkeit der nothwendigen Bergwerksanlagen Ausbeutung durch Tiefbauanlagen erheischt. Hierunter entfallen namentlich die deep leads.

Dem Antrage auf ein Pachtfeld hat die Errichtung eines Pfahles auf dem beanspruchten Felde mit der Erklärung der Besitzergreifung vorauszugehen, ferner die Anheftung einer solchen Erklärung an der Amtsstube des Warden. Alsdann muss der Antrag auf Verleihung binnen bestimmter Frist bei dem Warden eingereicht werden. Derselbe muss folgende Angaben enthalten:

a) den Zeitpunkt, wann der Antragsteller die Bearbeitung des Feldes beginnen will;

b) welche Anzahl von Arbeitern angelegt werden soll;

c) wie viel Kapital für Ankauf und Errichtung von Maschinen verwendet werden soll.

Zugleich mit dem Antrage sind die Pacht für ein Jahr und die Gebühren für die markscheiderische Vermessung im Voraus zu zahlen.

Ueber die Verleihung befindet, falls keine Einsprüche Dritter vorliegen, der Untersekretär des Minenwesens.

Die Verpflichtung zur Bearbeitung der Bergwerks-Felder (leases) ist in allen Kolonien in der Weise geregelt, dass je nach ihrer Grösse eine bestimmte Anzahl von Bergleuten beschäftigt werden muss. So ist z. B. in Neu-Süd-Wales die Beschäftigung von zwei Mann auf Feldern bis zu vier Acres vorgeschrieben und für jede weitere zwei Acres ein Mann mehr. In Süd-Australien werden ein Mann für fünf Acres und in West-Australien ein Mann für jede drei Acres verlangt. Die schärfsten Bestimmungen gelten in Queensland, wo ein Mann für jeden Acre beschäftigt werden muss. Ausnahmen hiervon können jedoch vom Warden gestattet werden. Namentlich kann derselbe die Unterbrechung der Bearbeitung, aber nicht uber die Dauer von sechs Monaten hinaus, gestatten:

a) wenn der Bergbau aus irgend einem Grunde nicht fortgesetzt werden kann;

b) wenn die Abwesenheit des Bearbeiters aus einem triftigen Grunde benöthigt ist;

c) wenn in Folge Wassermangels die Arbeit unmöglich wurde.

Bergbau auf Privatländereien. Nach dem Gesetz von Neu-Süd-Wales ist das Schürfen auf solchen Theilen von Kronlandereien, welche durch Verkauf in den Besitz von Privaten übergegangen sind, nur mit einer besonderen Genehmigung des Minenministers gestattet. Werden auf solchen Privatländereien Gold oder andere Mineralien gefunden, so ist die Regierung berechtigt, den Verkauf für ungiltig und das betreffende Grundstück wieder für Kronland zu erklären, unter der Voraussetzung, dass der Finder dem Grundeigenthumer volle Entschädigung für das Land und etwaige Baulichkeiten etc. leistet, ohne Einrechnung jedoch des Werthes der im Boden enthaltenen Mineralien. Dem Finder soll dann auch das erste Anrecht auf eine Bergbau-Berechtigung zustehen.

Wasserlosung, Hilfsbaue u. s. w. Das Recht zur Errichtung von Hilfsbauen, zur Wasser- und Wetterlosung im öffentlichen Interesse, sowie das Recht, solche zu gestatten, bleibt der Krone (bezw. deren Bevollmächtigten) vorbehalten.

In Queensland und Neu-Süd-Wales kann die Regierung gewisse Wasserlosungsgebiete (drainage areas) abgrenzen. Besonders bestellte Kollegien ordnen an, welche Anlagen zur Abwendung von Wassergefahr für gewisse Gruben nothwendig sind; sie vertheilen auch die Kosten auf diejenigen Bergwerke, welchen die Wasserwaltigungs-Anlagen zu Gute kommen.

Mining board. Zu dem Zwecke, für alle oder auch einzelne Goldfelder giltige Verordnungen (regulations), welche als Erganzung der Berggesetze dienen, zu verfassen, sind Kollegien (mining boards) eingesetzt worden, welche aus elf von den Inhabern der Berechtigungs-Scheine aus ihrer Mitte gewählten Mitgliedern bestehen.

Die Verordnungen derselben unterliegen, bevor sie Gesetzeskraft erhalten, der Zustimmung der Regierung.

Verwaltungs-Gerichtsbarkeit. Alle Streitigkeiten um Besitztitel u. s. w. unterliegen der Rechtsprechung durch den Warden. Derselbe entscheidet auch über Vermögensstreitigkeiten, sofern das Streitobjekt 1000 M. nicht übersteigt. Jede Partei kann die Zuziehung von zwei Minen-Assessoren zu dem Gericht verlangen. Berufungen gehen an den Distriktsgerichtshof (mit vier Minen-Assessoren auf Verlangen jeder Partei) und weiter zum höchsten Gerichtshof (supreme court).

Bergpolizei. In allen Kolonien sind zum Theil recht umfangreiche Berg-polizei-Verordnungen erlassen worden. Sie erstrecken sich auf die Aufbewahrung der Sprengstoffe, Schachtsicherung, Signalwesen, Prüfung der Schachtseile, Maschinenwärter, Dampfkessel und die Pflichten der verantwortlichen Betriebsführer.

Die Handhabung der Bergpolizei liegt den Minen-Inspektoren (mine inspectors) ob. Da die Vorbildung derselben jedoch zum Theil mangelhaft, auch die Reviere meist sehr gross sind, ist im Grossen und Ganzen nur eine ober-flächliche Aufsicht auf den Gruben möglich.

Die Goldgewinnung.

Auf eine Besprechung der Goldgewinnung eingehend, glaube ich auf eine genauere Beschreibung der zur Anwendung gelangenden Abbaumethoden und weiteren Verarbeitungsprozesse verzichten zu können, weil in Folge des grossen Interesses, welches der Goldbergbau in den jüngsten Jahren erlangt hat, selbst der Bergtechnik ferner Stehende durch zahlreiche Schriften hierüber im Allgemeinen belehrt worden sind.

Es ist zu unterscheiden:

1. Die Gewinnung des in rezenten Seifen vorkommenden Goldes;
2. Die Gewinnung des in älterem Schwemmlande vorkommenden Goldes;
3. Die Gewinnung des in Gängen, in Flötzen und des eingesprengt in Eruptivgesteinen vorkommenden Goldes.

Gewinnung des in rezenten Seifen vorkommenden Goldes.

Bei den rezenten Seifen schliesst sich der Gewinnung des nutzbar zu machenden Haufwerks stets die Ausscheidung des Goldes unmittelbar an. Die zur Verwendung gelangenden Arbeitsprozesse richten sich nach den durch die Ortsverhältnisse gebotenen Hilfsmitteln. Die Anwesenheit von Wasser und hinreichendes Gefälle sind werthvoll.

Besonders günstig liegen die Verhältnisse hierfür bei den Flussseifen Neu-Seelands, dessen Flüsse während des ganzen Jahres reichlich Wasser führen, und bei den Seeseifen überhaupt. Letztere werden meist mittelst beweglicher Gerinne verschiedenartigster Ausgestaltung, deren oberes Ende auf Achse und zwei Rädern ruht, behandelt, und zwar mit oder ohne Anwendung der Amalgamation in Vertiefungen der Gerinne oder auf Kupferplatten. Zuweilen wird die vom Gerinne oder von den Kupferplatten ablaufende Trübe noch über Tücher gesandt. Das dazu erforderliche Wasser wird, wo Süsswasser leicht unweit erhältlich, durch Schläuche herzugeleitet.

Zur Bearbeitung des goldreichen Sandes wasserreicher Flüsse im Buller River und in fast allen Flüssen des Otago-Goldfeldes (N.-S.) bedienen kapital-kräftigere Goldgräber oder Gesellschaften sich zahlreicher Bagger (vergl. Figur 1 auf Tafel XII), welche meist mittelst Dampfkraft, seltener durch ein vom Strome bewegtes Wasserrad betrieben werden. Die Bagger führen Separationstrommeln und Amalgamationstische. Sie sind zwar in den goldreichen Flüssen gut verwendbar, lassen aber doch einen beträchtlichen Prozentsatz Feingoldes wieder in die Fluth gehen. In den meisten goldarmen Seeseifen ist die Verwendung der Bagger erfolglos geblieben.

Oft sieht man auch einzelne Goldwäscher mit Apparaten einfachster Gestaltung in Flüssen beschäftigt.

Die Nutzbarmachung derjenigen ärmeren rezenten Seifen, welche im Thale Flussbaggern unerreichbar oder am Thalgehänge anstehen, hängt von der Möglichkeit ab, über ausreichende Wassermengen mit möglichst hohem Druck und über hinreichendes Gefälle für die ablaufenden Rückstände verfügen zu können.

Die nöthigen Wassermengen gewinnt man durch Stauwerke im Oberlaufe eines nahebelegenen Flusses oder durch Ansammlung der jährlichen Niederschläge in künstlich errichteten Teichen. Sie werden durch Gräben, offene Geflüther oder Rohrleitungen, wenn irgend angängig, unter Erzielung möglichst hohen Druckes, den Seifen zugeführt, wo sie mittelst Düsen gegen die anstehende Gebirgsbrust zur Loswaschung der Kiese und Sande gespritzt werden. Das losgelöste Gesteinsmaterial wird, wie bei den früher erwähnten Arbeitsmethoden, durch Gerinne geführt, in denen die Hauptmenge des Goldes mit anderen Schwermineralien sich niederschlägt oder amalgamirt wird. Im Felde der Blue Spur Consolidated Company im Otago-Goldfelde und an anderen Orten hat man dem Mangel hinreichenden Gefälles für die ablaufenden Rückstände dadurch abgeholfen, dass man verfügbaren Wasserdruck zum Betriebe hydraulischer Elevatoren (vgl. Fig. 2 und 3, Tafel XII) unter Anwendung des Prinzips der Strahlpumpe benutzt. Diese Elevatoren sind kräftig genug, selbst dickes GeRölle mitzuführen.

Bei günstigen Verhältnissen haben sich Seifen sehr niedrigen Goldgehalts, und zwar bei 0,06 g Gold auf 1 cbm Haufwerk und darunter, noch abbaulohnend erwiesen. Im Jahre 1894 waren in Neu-Süd-Wales 230, 1895 in Queensland 34 Gerinne (sluicing boxes) in Gebrauch.

Goldführende Konglomerate und goldreiche Quarze werden Pochtrögen übergeben, um das Gold durch Amalgamation zu gewinnen.

Da die beschriebenen Zugutmachungs-Methoden der Seifen in früherer Zeit sehr unwirthschaftlich arbeiteten und stets beträchtliche Mengen Goldes mit der Trübe abflossen, hat man die Rückstände der reicheren Seifen wiederholt erneut in Bearbeitung genommen. Zweite und dritte Bearbeitung war oft noch lohnend. Zuletzt unternahm vielfach der Chinese eine vierte Behandlung, welche ihm dank seiner ausserordentlichen Bedürfnisslosigkeit noch gewinnbringend erschien.

In manchen Goldfeldern Australiens, sogar an manchen Orten in Neu-Seeland, müssen diese Arbeiten indessen mangels ausreichenden Wassers für einen ständigen Betrieb auf mehrere Monate im Jahre beschränkt werden. Kraftquellen, welche unter Aufwendung beträchtlicherer Kapitalien durch Sammelteich-

Bagger zur Goldgewinnung im Buller-Fluss. Neu-Seeland.

Goldwäscherei. Neu-Seeland.

anlagen oder durch lange Kanäle zu erschliessen waren, können vielfach mangels hinreichender Geldmittel nicht nutzbar gemacht werden und bleiben nebst ausgedehnten Seifen brach liegen.

Reichere rezente Seifen werden an Orten, wo gar keine Wasserkraft herbeigeführt werden kann, namentlich in Westaustralien, durch Trockenabblasen (dryblowing) zu Gute gemacht. Man lasst das in Pfannen geschöpfte goldführende Erdreich in langsamem Strome derart ausfliessen, dass der Wind die leichten Erdtheilchen nach der Seite wegbläst und nur die schweren Metalle und Gesteine auf am Erdboden ausgebreitete Leinwand niederfallen, oder man benutzt mit Blasebalgen versehene Separatoren verschiedenster Konstruktion. Der Rest des auf diese Weise wiederholt angereicherten Haufwerks wird dann in der Regel durch weiteres Abblasen mit dem Munde in der Pfanne zu Gute gemacht und die Goldkörnchen zuletzt ausgelesen. Es ist einleuchtend, dass nur gröberes Gold dieserart gewonnen werden kann, alles Feingold hingegen verloren geht.

Gewinnung des im älteren Schwemmlande vorkommenden Goldes.

Die mit goldführendem Schwemmland erfüllten alten Flussbetten (deep leads) werden, wenn irgend hinreichend zugänglich, ebenfalls mittelst hydraulischer Arbeit behandelt. In der Regel können sie aber nur durch Schächte, selten durch Stollen erschlossen werden. Reichlich wasserführende Sande und Kiese erschweren das Niederbringen der Schächte beträchtlich.

Die goldführenden Kies- und Sandschichten werden zunächst durch Strecken in Quadrate getheilt, alsdann letztere ebenfalls durch Strecken vollständig hereingewonnen. In den lockeren Massen kommt Getriebezimmerung zur Anwendung. Grosse zuströmende Wassermassen erschweren die bergmännischen Arbeiten. Der ganze Betrieb erinnert sehr an den sächsischen Braunkohlen-Bruchbau.

Die Verarbeitung des geförderten Haufwerks wird natürlich verschieden gehandhabt. Meist wird das Fördergut zunächst in grosse Pfannen von etwa 5 m Durchmesser und 1,75 m Höhe gestürzt, in welchen grosse Kratzen rundgehen. 1894 waren in Neu-Süd-Wales 29, 1895 in Queensland 25 solcher Maschinen in Betrieb. Beständig zufliessendes Wasser löst etwaigen Thon und schwemmt ihn hinweg. Die groben Gerölle kommen durch die Arbeit der Kratzen nach oben und werden ausgeworfen. Der zurückbleibende feinere, goldführende Sand wird alsdann in Gerinnen meist mit Amalgamation weiter verarbeitet. Auf North Duke-Goldmine bei Maryborough lässt man auch den abfliessenden Thon über Tücher laufen, um Feingold festzuhalten.

Gewinnung des in Gängen, in Flötzen und des eingesprengt in Eruptivgesteinen vorkommenden Goldes.

Bergbaubetrieb. Abgesehen von einigen Lagerstätten-Ausgehenden ist mir nur ein Fall bekannt geworden, in welchem der Abbau der Lagerstätte in umfangreicherem Maasse mittelst Tagebaues in Angriff genommen worden ist.

Es ist dies das grosse Mount Morgan-Bergwerk in Queensland, deren Lagerstätte, wie erwähnt, den grössten Theil eines 152 m hohen Hügels umfasst.

Wo irgend angängig, suchte man natürlich die oberen Lagerstättentheile durch Stollen zu erschliessen. Hierzu zeigten sich die Gelände in den Hauraki-, Reefton- und Lyell-Goldfeldern Neu-Seelands und in mehreren Goldfeldern von Queensland, Neu-Süd-Wales, Victoria und Tasmanien günstig; in dem überaus flachen West-Australien indessen ist mir kein einziges Bergwerk bekannt geworden, in welchem eine irgend bemerkenswerthe Abbauhöhe durch Stollen zu eröffnen gewesen wäre.

Zur Untersuchung der durch Stollen überhaupt nicht aufzuschliessenden Lagerstätten oder der unter die Thalsohle niedersetzenden Lagerstättentheile im Einfallen verwendet man zwar sehr häufig flache Schächte, zur Förderung und Wasserhaltung aber weit überwiegend Vertikalschächte. Bei den Sattel- und Muldengängen von Bendigo wären flache Schächte überhaupt unmöglich. Ich führte schon auf Seite 65 an, dass dort die Ueberkippung der Sättel nach Westen dazu nöthigt, den Schachtansatzpunkt östlich der Sattellinie zu nehmen, um in der Tiefe keine zu grossen Querschlagslängen zu erhalten.

Im Grossen und Ganzen geht die Vorrichtung der Lagerstätten dem Abbau nicht hinreichend voraus. Die Bergwerke kommen dadurch nicht selten in finanzielle Schwierigkeiten, wie später noch näher erläutert werden wird. Andererseits ist rühmend anzuerkennen, dass einige Bergwerke die Vorrichtung der Lagerstätte in mustergiltiger Weise durchführten. Unter diesen ist namentlich die Mitchells Creek Freehold Estate-Goldmine bei Wellington (N.-S.-W.) zu nennen.

Der Abbau der Lagerstätten erfolgt durch Firsten- oder Strossenbau. Taube oder unlohnende Parthien werden hierbei zwar thunlichst anstehend gelassen, dennoch muss als ein Mangel hervorgehoben werden, dass die Golderzbergwerke sich nicht in hinreichend zuverlässiger Weise durch Entnahme regelmässiger Proben und Untersuchung derselben im Laboratorium über den Wechsel im Goldgehalt der Lagerstätten unterrichtet halten. Auf gut geleiteten Golderzbergwerken im Transvaal und in Nord-Amerika werden fortgesetzt während des Streckenbetriebes und Abbaues Erzproben genommen und die ermittelten Gehaltszahlen auf besondere Grubenbilder aufgetragen. Diese Gehaltsfeststellungen dienen weit besser zum Anhalten für die weitere Betriebsführung, als die unsichere Beurtheilung des Golderzes nach dem oft trügerischen Aussehen.

Die Förderung geschieht bei den schon besser aufgeschlossenen Bergwerken ganz überwiegend mittelst Wagen, welche auf Fördergestellen zu Tage gehoben werden. Der beim Erzbergbau oft Vortheile bietenden Förderung mittelst grosser, selbstthätig entladender Kübel bedient man sich ziemlich selten.

Während die südlicheren Bergwerke Westaustraliens fast durchweg sehr wenig Wasser führen, haben manche der nördlicheren und der ostaustralischen, namentlich sehr viele Tasmaniens und Neu-Seelands, beträchtliche Wasserzuflüsse. Es wurde schon auf den Seiten 94 und 96 erwähnt, dass auch die westlich des

Moanataiari-Sprunges liegenden Bergwerke des Hauraki-Goldfeldes Wasser-schwierigkeiten in der Tiefe haben und dass der Queen of Beauty-Schacht bis zu 600 m Tiefe niedergebracht werden soll, um die Wasser zu lösen.

Auf einigen Bergwerken hat man erforderlich befunden, den Wetterzug künstlich zu beleben. Auf dem Speedwell-Goldbergwerk bei Ballarat und dem North Duke-Goldbergwerk bei Maryborough (V.) wendet man aber blasende, anstatt der besser wirkenden saugenden Wetterführung an.

Die Weiterverarbeitung des Goldes in Extraktionswerken. Nur da, wo das zur Aufarbeitung der Erze erforderliche Wasser in der Nähe der Bergwerke selbst zu beschaffen war, oder, sagen wir mit Rücksicht auf Westaustralien gleich, wo es in der Nähe der Bergwerke nicht schwieriger zu beschaffen war, als an entfernter belegenen Punkten, da konnte man die Extraktionsanlagen an den Förderpunkten selbst anlegen.

In den Goldfeldern mit besonders gebirgigem Gelände, namentlich in Neu-Seeland, wo die Golderzbergwerke oft hoch an oder auf den Bergen liegen, war es nöthig, die Extraktionswerke im Thale an Bach- oder gar an entferntere Flussläufe zu legen. Kleinere Bergwerke vereinigten sich zu gemeinsamer Extraktionsanlage, oder Privatgesellschaften errichteten ganz unabhängige Werke, in denen sie angekaufte Erze verarbeiten. In diesen Fällen hat man vielfach zur Verwendung der Luftseilbahnen behufs Ueberführung des Fördergutes zu den Extraktionswerken gegriffen.

Frühzeitig schon erkannte man, dass die grosse Verschiedenheit der Gold-erze und der Arbeitsbedingungen der Kolonien, besonders auch der Wasser-versorgung, ein eingehendes Studium der Natur der Erze und die sorgfältigste Auswahl der Extraktionsanlagen, und zwar sowohl der Zerkleinerungsmaschinen, wie der eigentlichen Scheidungsmethode erfordern. Erze mit reichlichem Gehalte gröberen Goldes erfordern eine andere Behandlung, als Erze mit grossen Mengen feinsten Goldes, welches vom Wasser leicht fortgetragen wird; Erze mit quarziger Gangart sind anderen Prozessen zu unterwerfen, als solche mit thonig-mulmiger Gangart. Tellurische Golderze und solche Erze, welche reichlichen Gehalt an Kupferkies, Zinkblende, Bleiglanz, Antimon- und Arsenkies führen, bedürfen besonders sorgfältig ausgewählter Methoden, um hinreichende Extraktions-ergebnisse zu erzielen. In Gegenden grossen Wassermangels, in West-Australien namentlich, wird die Auswahl der geeignetsten Behandlungsweise ganz besonders erschwert.

Zur Erzzerkleinerung wurden in den ersten Jahrzehnten des Goldbergbaues fast ausschliesslich Pochwerke benutzt. Sie haben noch jetzt meistens Erzaufgabe mit der Hand. Erst bei den Pochwerken neuester Konstruktion von Fraser & Chalmers, Krupp, Sandicroft u. A. finden sich maschinelle Aufgabevorrichtungen.

Den Pochwerken traten später Krupp'sche Kugelmühlen, Otis-, Huntingdon- und Panklast-Mühlen hinzu.

Die Kugelmühlen sind allerdings eine Zeit lang in Missachtung gekommen, weil die anerkannt vorzüglichen Mühlen Krupp'scher Bauart in Australien in minderwerthigem Material nachgeahmt wurden. Nachdem dies erkannt wurde, finden sie in jüngster Zeit wieder mehr und mehr Aufnahme.

Wo nach Art des Erzes irgend angängig, wird das in Pochkästen zerkleinerte, zuweilen auch schon im Pochkasten der Amalgamation unterworfene Erz über Amalgamationstische geführt. Mitunter befindet sich auch zwischen Pochkasten und Amalgamationstisch ein Quecksilbertrog. Die von den Amalgamationstischen ablaufende Trübe fliesst in der Regel noch über Tücher, zur Ausscheidung weiteren Feingoldes und der Pyrite, und an einigen Orten alsdann durch Gerinne zur Ausscheidung der Sande.

Der Absatz der Tücher und die Sande werden in Berdan- und Wheeler-Pfannen, oder in rundgehenden Fassern, die Sande auch wohl in grossen amerikanischen Goldmühlen oder in Watson & Dennys' australischen Pfannen vermahlen und amalgamirt. Die aus den Gerinnen ablaufende Trübe lässt man oft ohne Weiteres in die Fluth gehen. Auf Speedwell Goldmine bei Ballarat und an anderen Orten fliesst die aus den Pochkästen tretende Trübe unter Vermeidung der Amalgamationstische unmittelbar auf die Tücher.

Die in Gebrauch befindlichen Apparate sind vielfach im Reefton- und Hauraki-Goldfelde und in zahlreichen Goldfeldern des Australkontinents schon seit mehr als zwanzig Jahren in Betrieb, daher veraltet und bedürfen dringend des Ersatzes durch Neuanlagen. Haben sie zwar in früheren Zeiten, als man die reichen Erze der Gang-Ausgehenden bearbeitete, ein erfreuliches Ausbringen von Gold ergeben, so nahm man doch späterhin, als das meist gröbere Gold der oberen Teufen nachliess und die Pyrite sich mehrten, einen bedenklichen Rückgang im Ausbringen wahr.

Von Mr. James Park im Thames-Goldfelde während längeren Zeitraumes angestellte sorgfältige Untersuchungen ergaben, dass das höchste Ausbringen 53 pCt. des thatsächlichen Goldgehalts betrug, dass in einem Falle sogar nur 23 pCt. erlangt wurden. Hiervon sich selbst Ueberzeugung zu verschaffen, waren die Werke nicht in der Lage, weil sie keine Laboratorien besassen. Auch hinsichtlich des Reefton-Goldfeldes wird von dem früheren Ersten Regierungsbergingenieur Mr. Gordon selbst im Jahresbericht für 1896 ganz bestimmt ausgesprochen, dass die Hälfte des Goldes verloren gegangen sein durfte. Man war den fliessenden Gewässern vielerorts sehr dankbar dafür, dass sie die Bergwerke von den so sehr lästigen Rückständen (tailings) befreiten. Reichthümer sind dem Hauraki-Golf, Schätze dem Inangahua und anderen Flüssen zugeführt worden. Bei Bendigo, Ballarat und auf manchen Bergwerken Neu-Seelands sieht man Arbeiter, besonders wieder die bedürfnisslosen, keine Mühe scheuenden Chinesen, beschäftigt, in Gerinnen mit Tüchern und Amalgamation Gold den Abgängen zu entziehen. Diejenigen Werke allerdings, welche ihre Trübe nicht in fliessende Gewässer leiten konnten, sondern mangels ausreichender frischer Wasser genöthigt waren, die Trübe zur Rückgewinnung der Betriebswasser in Klärteiche zu führen, werden später mit Nutzen an die Wiederbearbeitung der Rückstände herantreten können.

Erst in den jüngsten Jahren ist man zum Bezuge der neueren, in Nord-Amerika und Süd-Afrika bewährten Pochwerkskonstruktionen mit Selbstaufgabe, bis zu 1000 Pfund schweren Stempeln, mit Amalgamation schon in den Poch-kästen selbst mittelst Quecksilbereinfüllung oder Einbaues von mit Quecksilber bestrichenen Kupferplatten, ferner mit langen verstellbaren Amalgamations-tischen u. s. w. herangetreten. Auf Tasmania Gold Mine bei Beaconsfield (T.), auf einigen grösseren Bergwerken bei Ballarat und Bendigo, sowie auf manchen Bergwerken West-Australiens sieht man diese schon in Betrieb. Auf Went-worth Goldfields Proprietary Gold Mine und auf mehreren Bergwerken bei Ballarat und Bendigo hat man amerikanische Frue Vanners, auf Tasmania Gold Mine Lührig's Patent Vanner den Amalgamationstischen angeschlossen. Der letztere gestattet, im Gegensatz zu dem amerikanischen Frue Vanner, ausser den reinen Pyriten noch ein mittelreines Produkt auszuscheiden. Dieses letztere fliesst auf einen zweiten Lührig Vanner zur erneuten Behandlung. Zudem sind auf Tasmania Gold Mine Spitzkasten zwischen Amalgamationstische und Lührig Vanner, behufs Klassirung der Erze, eingeschaltet. Im Bendigo-Goldfelde sind Stossheerde, in den Croydon- und Charters Towers-Goldfeldern Brown and Stanfield Concentrators und Rundheerde zur Konzentration der Kiese mehrfach in Betrieb.

In den Croydon- und Etheridge-Goldfeldern (Qu.) ruhen übrigens die meisten Pochwerke in den Monaten August bis November mangels ausreichender Auf-schlagwasser. Umfangreiche Sammelteiche müssen dort zur Aufnahme plötzlicher atmosphärischer Niederschläge, welche die zur Zeit bestehenden kleineren Stau-anlagen oft wegführen, errichtet werden.

Auf den Waihi- und Silverton-Goldbergwerken der Waihi-Ganggruppe, ferner auf den Talisman-, Woodstock- und Crown-Goldbergwerken bei Karan-gahaki hatte man nasse Verpochung mit nachfolgender Amalgamation nicht für geeignet befunden. Die Erze führen in quarziger Gangart feinstes Gold (float-gold), welches vom Wasser leicht ohne Amalgamation über die Kupferplatten hinweggetragen und in die Pochrückstände oder in die Fluth geführt wurde. Man nahm daher von der nassen Verpochung und Amalgamation Abstand und griff zur Trockenverpochung und Cyankaliumlaugung. Hierzu wird das aus dem Bergwerk kommende Erz zunächst in grossen, im anstehenden Gebirge ausgehauenen schachtartigen Räumen unter Zugabe von Kohle getrocknet. Dann wird das in Steinbrechern gut vorgebrochene Erz in gewöhnlichen Stempel-Poch-werken verpocht und das Pochgut in grosse Lösefasser gestürzt. Die Cyankalium-lauge lässt man unten in die Fasser eintreten und durch das Pochgut nach oben steigen, um ein Zusammenballen des Erzmehls und eine ungleichmässige Durch-dringung und Laugung zu verhüten. Damit hat man dem früheren Nassverpochen und der Amalgamation gegenuber vortreffliche Ergebnisse erzielt. Die Annahme dieses neuen Verfahrens ist ganz wesentlich gewesen für den grossen Erfolg, welchen das Waihi-Goldbergwerk trotz seiner ziemlich geringhaltigen Erze erzielt hat. Es werden zur Zeit 91 pCt. Gold und 48 pCt. Silber gewonnen gegen 64 pCt. Gold und 31 pCt. Silber bei dem früheren nassen Verfahren.

Als Schattenseite des Trockenverpochens stellte sich eine starke Staubentwicklung heraus, welche die Gesundheit der Arbeiter nachweislich in hohem Grade gefährdete. Durch Anlage von Exhaustoren hat man diese Gefahr späterhin nahezu beseitigt. Bei Nachahmung des Trockenzerkleinerns der Erze auf anderen Werken ist m. E. indessen sorgfältig in Erwägung zu ziehen, ob nicht etwa Trockenvermahlen dem Trockenverpochen vorzuziehen ist. Während die Kugelmühlen nämlich vermittelst Anwendung entsprechender Siebe die Erzielung einer bestimmten Korngrösse und die direkte Austragung des Mahlgutes gestatten, findet in den Pochkästen bei dem Trockenverpochen ein häufiges Zurückfallen des Mehls unter die Stempel und nur ein geradehin zufälliges Ausschleudern des Pochmehls durch das Sieb statt. Unter der langsamen Austragung leidet die Leistung der Stempel nicht unerheblich. Die übermässige Feinheit des Mehls aber ist dem Cyanidverfahren wegen zu starker Schlammbildung geradezu nachtheilig.[*] Freilich wird behauptet, dass die Waihi-Erze einer sehr grossen Feinheit der Verpochung unbedingt bedürften. Die Härte der Erze ist auch durch das vorhergehende Trocknen hinreichend gemildert worden, so dass die Abnutzung der Kugelmühlen, welche bei sehr festen Quarzen allerdings beträchtlicher ist als bei den Stempeln, nicht hinreichend ins Gewicht fällt.

Besonders werthvoll werden die Kugelmühlen, wo zersetzte, weichere, kaolinisirte Erze zu verarbeiten sind, vor Allem in Gegenden grossen Wassermangels. Dies trifft bei den wichtigsten der westaustralischen Erze, bei denjenigen des Kalgoorlie-Distrikts, zu. Auch auf dem Mount Morgan-Bergwerk (Qu.) haben sie sich trefflich bewährt.

Wie schon erwähnt, führte man in dem jungen Bergbau West-Australiens, welcher von den Erfahrungen des Witwatersrands stark beeinflusst wurde, anfänglich bei allen Erzsorten, solchen mit quarziger, wie mit talkig-thoniger Gangart, Nassverpochung mit Amalgamation ein. Während hierzu in den nördlichen und westlichen Goldfeldern ausreichende Wassermengen in Tiefen von nur 23—25 m vorhanden sind, begegnet der Pochwerksbetrieb in den südlichen Distrikten bis zum Ost-Murchison-Goldfelde nach Norden hin aber im allgemeinen Wassermangel des Landes grossen Schwierigkeiten.

---

[*] Diese Uebelstände haben inzwischen, wie mir mitgetheilt wird, die Betriebsleitung des Crown-Bergwerks bei Karangahaki veranlasst, wieder zur nassen Verpochung zurückzukehren, nachdem die Versuche zur Auslaugung der Pochschlämme mittelst eigenartigen Verfahrens recht befriedigende Ergebnisse erzielt haben. Man erreichte einerseits durch die beschleunigte Austragung des Pochgutes eine wesentliche Steigerung der Golderzeugung, andererseits durch die bessere Ausnutzung des Pochwerks und den Wegfall der Erztrocknung eine beträchtliche Verminderung der Selbstkosten.

Nach den mit den mulmigen Erzen des Kalgoorlie-Distrikts gemachten Erfahrungen kann der Wasserverbrauch nur durch äusserste Sparsamkeit und sorgfältigste Rückgewinnung des Wassers auf 960 l auf 1 t Erz herabgedrückt werden. Das Wasser kehrt aus den Klärteichen hierbei schliesslich schon so schlammig zum Pochwerk zurück, dass es das Feingold zum Theil an der Amalgamation hindert. Wenn nun mit reinem Wasser schon nur 55—60 pCt. Gold durch Amalgamation gewonnen werden können, so wird bei so trübem Wasser das Ausbringen noch viel geringer sein. Die Rückstände, deren Goldgehalt im Kalgoorlie-Goldfelde stellenweise Unzen betragen soll, sind aber im einen, wie im anderen Falle einem weiteren Wasser erfordernden Prozesse zur Fortsetzung der Goldextraktion zu unterwerfen.

Die Grubenbetriebsleitungen versuchen, die atmosphärischen Niederschläge grösserer Geländeflächen durch Teiche, und die in die Seesande eingedrungenen Wasser durch Brunnen anzusammeln, sowie mittelst tiefer Schächte und Tiefbohrungen Wasser in den Bergwerken selbst oder im umliegenden Gelände zu erschliessen. Wenn es auch dadurch in manchen Fällen gelungen ist, für eine geringe Stempelzahl bei sparsamem Betriebe ausreichende Wassermengen zu gewinnen und in einem Bohrloche auf Block 59 der Hampton Plains einen Wasservorrath zu erschliessen, welcher Pumpversuchen zufolge 5600 l im Tage zu liefern vermag, so fürchte ich dennoch, dass diese Bemühungen, wie auch andere Vorschläge, in den wasserarmen Goldfeldern selbst für den Wirthschaftsbedarf sämmtlicher Haushaltungen und für einen mit vielen Stempeln arbeitenden Pochwerksbetrieb ausreichende Wasser zu finden, nicht von befriedigendem Erfolge sein werden. Von derselben Ansicht ausgehend, hat die Kolonialregierung daher, wie der Premier-Minister Sir John Forrest bei seiner Bereisung der Goldfelder in Kalgoorlie erklärte, in Aussicht genommen, von einem zwar entlegenen, dafür aber unerschöpflichen Orte, dem Helen oder einem anderen Flusse, Wasser herbeizuführen. Wie weit man mit der Verwirklichung dieses Planes inzwischen vorgeschritten ist, blieb mir unbekannt.

Bei der grossen Ausdehnung der westaustralischen Goldfelder und der Zerstreuung der Bergwerke über dieselben ist es indessen natürlich, dass nur die Hauptganggruppen dieser Wohlthat theilhaftig werden können. Die vereinzelten und die entlegenen Bergwerke werden nach wie vor auf ihre eigene Wasserversorgung angewiesen sein.

Es gewinnt daher die auch von mir bei meiner Anwesenheit auf den Goldfeldern immer wieder betonte Ansicht mehr und mehr Boden, dass es behufs Wasserersparniss örtlich dringend geboten sei, andere Prozesse als Nassverpochung mit nachfolgender Amalgamation zu erproben. Die ersten in dieser Richtung ausgearbeiteten Anlagen wurden vom Friedr. Krupp-Grusonwerk in West-Australien mit günstigem Erfolge eingeführt. Das in der Kugelmühle trocken zerkleinerte Erz wird mittelst künstlich erzeugten Windstromes auf sehr einfache Weise in mehrere Sand- und Staubsorten getrennt. Das in den gröberen Sanden enthaltene gröbere Gold wird durch Pfannenamalgamation gewonnen. Die Rückstände derselben, der von Lauge leicht durchdringbare feinere Sand und scharfere Staub, werden in allgemein üblicher Weise, der schwerer durchdringbare, ganz feine Erzstaub, namentlich, wenn er von thoniger oder ockeriger Beschaffenheit ist, wird unter Umrühren mittelst mechanisch bewegter Rührwerke nach dem Mac Arthur Forrest-Verfahren behandelt. Derartige Anlagen sind auf den Gruben der Norseman- und der New Austral Company in Betrieb. Sie haben einen sehr geringen Wasserverbrauch, eignen sich daher besonders für die thonigen, ockerigen Erze der zusammengesetzten Gänge der Kalgoorlie-Ganggruppe.

Auf Grube Hannans Brownhill hat man sich nach dem fehlgeschlagenen Versuche, die Erze trocken zu vermahlen und dann in rundgehenden Fässern zugleich der Amalgamation und Cyankaliumlaugung zu unterwerfen, zu einem ähnlichen Verfahren, wie dem beschriebenen Krupp'schen, entschlossen. Die von der Firma Friedr. Krupp-Grusonwerk gelieferte Einrichtung befindet sich gegenwärtig in Montage.

Es bedarf kaum der Erwähnung, dass alle diese Verfahren auf thunlichst geringe Selbstkosten einzurichten sind, denn man hat stets im Auge zu halten, dass man auch im Kalgoorlie-Distrikt bei manchen Lagerstätten sich auf die Verarbeitung geringwerthiger Erze im Laufe der Zeit wird einrichten müssen.

Bei Northam in West-Australien, am westlichen Abfall des Tafellandes, ist von der Water Trust Company in wasserreicher Gegend ein umfangreiches Pochwerk errichtet worden, um daselbst Erze der nächstbelegenen Goldfelder zu verarbeiten. Es wird sich wesentlich zu einer Frachtfrage gestalten, ob dieses Unternehmen erfolgreich sein wird.

Während der Bergbau aller anderen Kolonien schon in die unzersetzten Zonen der gangförmigen Lagerstätten hinabgerückt ist, steht dies bei sehr vielen Bergwerken West-Australiens noch bevor. In der Zunahme der Pyrite in der Tiefe vermag ich aber keine wesentliche Erschwerung des Bergbaues zu erblicken; allerdings würden die Werke sich zur Anlage von Apparaten, behufs Ausscheidung der Schlieche, sowie zur Errichtung einiger Central-Chlorationswerke entschliessen müssen, wenn die Menge der Pyrite nicht so gering ist, dass sie in den Cyanidanlagen mit verarbeitet werden können.

Die Tellurerze haben sich gegen Amalgamation sehr widerspenstig erwiesen. Sie werden daher zunächst sorgfältiger Konzentration in Spitzkasten und auf Decken, wozu indess auch Stossheerde, Trichter- und Kegelheerde empfohlen werden können, unterworfen. Alsdann sendet man sie zur Küste, um sie zu den Werken der Australian Smelting Company Proprietary Ltd. zu Dry Creek oder zu den Wallaroo Smelting Works in Süd-Australien oder gar nach Swansea in England behufs Zugutmachung im Schmelzverfahren zu verschiffen. Zur Zeit ist auch schon zu gleichem Zwecke die Errichtung besonderer Hüttenanlagen bei Fremantle an der Mündung des Swan Rivers in West-Australien, wohin Kohlen auf dem Wasserwege leicht verfrachtet werden können, gesichert. Da man aber in Colorado (U. S.) schon die Frage der Tellurerzverarbeitung mittelst Cyanirung oder Chloration nach Trockenverpochung und sorgfältiger Röstung bei niederer Temperatur gelöst hat, und in neuester Zeit mehr und mehr vom Schmelz-verfahren zum chemischen Verfahren übergeht, dürfte auch in den westaustralischen Goldfeldern, wo man Neuerungen sich leicht anpasst, in nicht ferner Zeit der Uebergang zur Laugung stattfinden, weil sie die Zugutmachung der Erze am Gewinnungsorte selbst, ohne umfangreiche Konzentration, somit unter beträcht-licher Herabsetzung der Unkosten, gestattet. Auch hierbei wird Luftsichtung zur Trennung der schwerer von Lauge durchdringbaren Staube von den leichter durchdringbaren Sanden empfohlen werden können.

Wurde zwar das Mac Arthur Forrest-Verfahren, welches später in Südafrika so ausserordentliche Erfolge erzielt hat, von den Erfindern zum ersten Male im Jahre 1888 zu Ravenswood in Queensland zur Anwendung gebracht, so ver-mochte es doch nach diesem, in Folge ungeeigneter Erze missglückten Versuche, sich nur schwer Eingang zu verschaffen.

Ausser den schon erwähnten Anlagen zu Waihi und Silverton sind Anlagen mit Trockenverpochen und Cyankaliumlaugung auf Woodstock, Talisman und Crown*) zu Karangahaki, mit Trockenvermahlen in Krupp'schen Kugelmühlen und Cyankaliumlaugung zu »Glencoe« im Croydon-Goldfelde und zu Golden Bar bei Coolgardie, mit Nassverpochen und Cyankaliumlaugung zu Millchester im Charters Towers-Goldfelde vorhanden.

Auf der Consolidated Murchison Gold Mine bei Day Dawn (W.-A.) ist Nassverpochen und der Sulman-Teed-Prozess im Betriebe. Auch im Wyalong-Goldfelde (N.-S.-W.) sind mehrere Cyanidanlagen errichtet worden. Es steht aber im Laufe der Zeit die weitere umfangreiche Einführung bei geeigneten Erzen zur Bearbeitung des gesammten Haufwerks unter Ausschluss der Amalgamation, zum Mindesten zur Aufbereitung der Rückstände (tailings), nachdem die Frage der Verarbeitung der Pochschlämme oder Staube gelöst worden ist, zweifellos zu erwarten.

Plattner'sches Verfahren. Während auf manchen Bergwerken, wie erwähnt wurde, die ausgeschiedenen Pyrite in Berdan-, Wheeler- und anderen Pfannen unter Quecksilberzugabe behandelt werden, ist man an einzelnen Orten, in der Ueberzeugung, dass dieses Verfahren kein hinreichendes Goldausbringen erziele, zur Anwendung des Plattner'schen Verfahrens übergegangen.

Das besteingerichtete derartige Werk ist das Chlorationswerk von Edwards bei Ballarat. Dort werden die von den Bergwerken angekauften Pyrite in einem mit maschinell angetriebenen, rotirenden Fortschaufelungs-Kratzen versehenen Langofen todtgeröstet. Der Langofen hat Eisenmantel, ist mit feuerfesten Steinen ausgesetzt und ruht nur in der Mitte auf, um ihm mittelst Stell-rades geeignete Neigung zu geben. Das Röstgut wird dann mit Chlorkalk

*) Gemäss Anmerkung auf S. 126 ist man auf Crown inzwischen wieder zum Nassverpochen übergegangen.

und Schwefelsäure in rotirenden Eisenkesseln behandelt. Nach Entleerung der Fässer in mit Filterboden versehene Bottiche wird das lösliche Goldchlorid mittelst Wassers aus dem Röstgut ausgelaugt. Die Goldlösung fliesst durch Steingefässe, in denen das Gold an Holzkohlen sich niederschlagt. Die Holzkohle wird verbrannt und das Gold in Tiegeln zu Barren eingeschmolzen. Zur Zeit unseres Besuches waren feststehende Bottiche in Aufstellung begriffen, welche an Stelle der rotirenden Lösefässer treten sollten. Das Ausbringen soll 95 pCt. betragen; zudem wurde bestimmt behauptet, dass Edwards die Unkosten des Verfahrens, welche am Witwatersrand im Jahre 1893 noch 70 M. auf die Tonne Schlieche betrugen, auf 10 M. ermässigt habe.

Die fünf Chlorationswerke bei Bendigo rösten in gemauerten Fortschaufelungsöfen.

Die Mitchells Creek Freehold Estate Gold Mine röstet zunächst in rotirenden Cylindern, in denen das Erz sich vermöge der Neigung der Cylinder von selbst weiterbewegt und vollendet die Todtröstung in einem kurzen Fortschaufelungsofen.

Alle diese Werke befolgen aber weiterhin dasselbe Verfahren wie Edwards.

In den Charters Towers Pyritwerken findet die Abröstung in einem langen, mit 38° Neigung am Berghang gelegenen Ofen statt, in welchem das Erz von selbst langsam niederrollt. Die Chloration des Röstguts erfolgt in Bottichen von 4 m Durchmesser, in welche Chlorgas eingeleitet wird, das Ausfällen des Goldes aus der abfiltrirten Lösung durch Eisenvitriol. Dieses Verfahren schliesst sich somit dem bei Johannesburg gebräuchlichen an. Die Selbstkosten betragen hier 33—37 M. auf 1 t Pyrite.

Das Mount Morgan-Goldbergwerk hat eine alte und eine neue Chlorationsanlage. In der alten Anlage sind Krom-Walzen und Krupp'sche Kugelmühlen zum Zerkleinern der Erze in Gebrauch. Die zersetzten Erze des Ausgehenden werden in rotirenden Zylinderöfen getrocknet, die unzersetzten Erze in Fortschaufelungsöfen geröstet. Die getrockneten und gerösteten Erze werden alsdann in Bottichen mittelst Chlorwassers behandelt, und das ausgelaugte Gold durch Holzkohlen gefällt.

Die neuen Werke unterscheiden sich von den alten durch bessere Ausnutzung des Abfalls des Geländes, durch die alleinige Verwendung von Krupp'schen Kugelmühlen und die Benutzung rotirender Röstöfen. Ein neuer Röstofen mit mechanischer Fortbewegung der Erze, der »Ropp straight line furnace«, welcher in Kalifornien vielfach mit Erfolg Anwendung fand, hat sich hier nicht bewährt. Im Wyalong-Goldfelde (N.-S.-W.) wurden ebenfalls Chlorationswerke zur Verarbeitung der Pyrite errichtet.

Einzelne Bergwerke, z. B. die Wentworth Golds Fields Proprietary Company zu Lucknow (N.-S.-W.) und die Waratah Mine im Croydon Goldfeld, verschiffen die Pyrite und ausgesucht reiche Erze an die Schmelzwerke Süd-Australiens oder nach Europa, meist nach Swansea in England, zur Verarbeitung.

Auf manchen Goldfeldern finden sich Erze, deren Verarbeitung sowohl durch Amalgamation, wie Cyanirung und Chloration, wegen starken Gehalts an Kupferkies, Arsenkies, Antimonglanz, Zinkblende und Bleiglanz, Schwierigkeiten

begegnet. Dahin gehören manche Erzvorkommen im Black Snake- und im Ravens
wood-Goldfelde (Qu.), namentlich aber in der Te Aroha-Ganggruppe (N.-S.).
Für letztere hat sich bis jetzt noch kein geeignetes Verfahren zur Gewinnung
der in ausserordentlich innigem Gemisch verschiedener Mineralien vorkommenden
Metalle finden lassen. Ich hege indessen keinen Zweifel, dass es ernsten Bemühungen im Laufe der Zeit gelingen wird, einen gangbaren Weg, wahrscheinlich
durch Annahme einer thunlichst sorgfältigen Scheidung und Zugutemachung der
Erze mittelst Schmelzverfahrens, zu ermitteln.

Es würde werthvoll sein, die Verbreitung der einzelnen Prozesse in den
verschiedenen Kolonien durch Zahlen zu erläutern. Dies ist indessen nur sehr
unvollkommen möglich wegen der sehr unvollständigen statistischen Feststellungen
der Kolonien. Es können nur folgende, wahrscheinlich ebenfalls unzuverlässige,
daher nur als Annäherungswerthe zu betrachtende Zahlen gegeben werden:

Im Jahre 1895 waren thätig:

In Queensland 129 Pochwerke mit 1836 Stempeln, 25 Huntingdon-Mühlen,
1098 Berdan-, Wheeler- und Dennys-Pfannen, 4 Arrastras, 32 Frue Vanners und
242 Chlorations-Bottiche.

In Neu-Süd-Wales 281 Pochwerke mit 1157 Stempeln, 15 Huntingdon-
Mühlen und 14 Frue Vanners.

In West-Australien 75 Pochwerke mit 841 Stempeln, und 2 Huntingdon-
Mühlen.

Die meisten Pochwerke haben nur geringe Stempelzahl. Zwar sind in den
Ballarat-, Bendigo-, Charters Towers- und Tamar-Goldfeldern bis zu 60 Stempel
führende Werke vorhanden, während das Pochwerk der Water Trust Company
bei Northam 80 Stempel führt, nirgendwo aber erreichen sie die hohe Stempelzahl
mancher der am Witwatersrand in Süd-Afrika arbeitenden Bergwerke.

Triebkräfte und Maschinen.

Eine grosse Menge wasserreicher Ströme und Bäche und umfassende
Steinkohlenablagerungen bieten Neu-Seeland Triebkraft zur vortheilhaftesten Aus-
nutzung in Wasser- und Dampfkraft. Die Wasserkraft wird in den Reefton-,
Lyell- und anderen Goldfeldern mittelst Wasserrädern und Turbinen direkt zum
Betriebe von Pochwerken, Fördermaschinen und anderen Vorrichtungen, im Otago-
Goldfelde zum Antriebe mancher Baggerwerke benutzt. Nach Umsetzung in
Elektrizität treibt sie am Skippers Creek ein Pochwerk und auf dem Shotover-
Flusse ein Baggerwerk. An beiden Orten wird der Strom mehrere Meilen
weit geleitet, wobei im ersteren Falle 30 pCt. Verlust erwächst. Auch an
anderen Orten hat die Elektrizität als Triebkraft Verwendung gefunden; unter
Anderem betreibt sie zu Hillgrove im Armidale-Goldfelde ein Pochwerk.

Die Verwendung der Wasserkraft begegnet bei hoch im Gebirge gelegenen
Bergwerken des Reefton-Goldfeldes indessen im Winter Schwierigkeiten. Förder-

maschine und Pochwerk des Big River-Bergwerks beispielsweise, dessen Schacht-
anlage 670 m hoch über dem Meere liegt, müssen im Juli, August und September
oft längere Zeit wegen Frosts[*]) den Betrieb einstellen.

Ich führte schon an, dass manche Goldbergwerke des Reefton-Goldfeldes
mit in der Nähe gelegenen Steinkohlenbergwerken in der Hand desselben Besitzers
vereinigt sind.

Günstig liegen auch die Verhältnisse in Tasmanien, weniger in Victoria,
Neu-Süd-Wales und Queensland, besonders ungünstig in West-Australien.

Wenngleich Steinkohle in Neu-Süd-Wales und Queensland vorkommt, so
wird doch dort mehrfach Klage über Wassermangel geführt. Ist zwar in den
südlichen und mittleren Goldfeldern West-Australiens meist für eine Reihe von
Jahren reichlich Holz zur Feuerung vorhanden, so fehlt es doch daselbst,
wie schon wiederholt hervorgehoben wurde, an Wasser; wo aber Wasser vorhanden, da ist es salzhaltig, mithin den Dampfkesseln schädlich. Man hat daher vielfach besondere Kondensationsmaschinen mit den Dampfkesselanlagen
verbunden. In den Murchison-Goldfeldern ist zwar meist reichliches Wasser in
geringen Tiefen erhältlich, es mangelt aber an Brennmaterial, selbst an Brennholz.

Petroleummotoren sind daher in den südlichen und mittleren Goldfeldern
West-Australiens mehrfach als Antriebsmaschinen für Pochwerke und andere Anlagen zur Verwendung gelangt; es stellte sich indessen heraus, dass sie grösseres
Kraftbedürfniss zu decken nicht geeignet sind; auch war der Bezug des Petroleums
umständlich und kostspielig.

Man hat in Vorschlag gebracht, mittelst ostaustralischer Kohle an der
Esperance-Bay erzeugte elektrische Kraft zu den westaustralischen Goldfeldern
zu leiten. Ein derartiges Unternehmen würde wegen der leichten Vertheilung
der Elektrizität an die Verbraucher gewiss sehr werthvoll sein, wenn die technische Ausführbarkeit und Rentabilität wegen des sehr weiten Leitungsweges nicht
bei dem gegenwärtigen Stande der Elektrotechnik noch gar zu schwerwiegenden
Bedenken begegnete. Mit grosser Erwartung und Hoffnung sieht man daher
in West-Australien den Aufschlüssen entgegen, welche ein im Collie-Steinkohlen-
felde im Abteufen begriffener Förderschacht bringen wird.

Ausser den vielen erforderlichen Dampfkesseln werden zahlreiche Maschinen
vom australischen Goldbergbau erfordert. Man schätzte den Gesammtwerth der
in diesem Bergbauzweige betriebenen Maschinen für das Jahr 1895

in Victoria	auf 36 159 489 M.	
» Neu-Süd-Wales	» 13 028 093	»
» Queensland	» 23 298 982	»
» Neu-Seeland	» 15 024 050	»
und für das Jahr 1894 » Tasmanien	» 8 080 134	»

-

*) Auch die Anwendung der Amalgamation wird dort durch den Frost erschwert, in Folge
eintretender Dickflüssigkeit des Quecksilbers.

Es sollen 1894 gearbeitet haben

	beim Alluvialbergbau Maschinen mit Pferdekräften		beim Gangbergbau Maschinen mit Pferdekräften	
in Victoria	188	6690	924	21 090
» Neu-Süd-Wales	27	503	246	3 467
» Queensland	556	8668	?	?
» Neu-Seeland	9 und 129 Wasser- maschinen		70 und 82 Wasser- maschinen	

Unter Anderem waren ausserdem in Queensland allein 274 Fördermaschinen, 124 Bohrmaschinen, 43 Luftkompressoren, 59 Steinbrecher, 19 Brechwalzen, in Neu-Süd-Wales 49 Wasserhaltungsmaschinen in Betrieb. Die grosse Menge der in Gebrauch befindlichen Huntingdon-Mühlen, Berdan-, Wheeler- und Dennys-Pfannen, Arrastras, Frue Vanners, Steinbrecher, Chlorationsbottiche, Buddler u. s. w. habe ich schon auf früheren Seiten angeführt. Umfassendere Zahlen waren leider nicht zu erhalten.

Schon seit langen Jahren werden Pochwerke und andere Maschinen in Fabriken gebaut, welche in Adelaide, Gawler, Maryborough, Castlemaine, Bendigo, Ballarat, Melbourne, Sydney, Brisbane, Christchurch, Dunedin und in Tasmanien bestehen. Zwanzig Firmen australischer Maschinenfabriken sind mir im Ganzen bekannt geworden. Sie verarbeiten europäisches Roheisen, weil die Roheisenerzeugung in Australien seither noch durch ungünstige Arbeiterverhältnisse hintangehalten wurde. Auch ist aus demselben Grunde für Jahre eine Aenderung nicht bevorstehend. Die von diesen Fabriken aber selbst in den letzten Jahren noch angelieferten Pochwerkskonstruktionen sind veraltet und reichen nicht an die Bauausführungen europäischer und amerikanischer Fabriken heran. Steht auch zu erwarten, dass sie, dem Wettbewerb letzterer nachfolgend, ebenfalls bald zur Aufnahme besserer, moderner Konstruktionen übergehen werden, so ist doch leicht ersichtlich, welches ungeheure Feld fruchtbarster Arbeitsthätigkeit für europäische Fabrikationszweige zur Deckung des Bedarfs in unzähligen Artikeln verbleibt.

Arbeiterverhältnisse.

Da die statistischen Zahlen für die im Jahre 1895 beschäftigten Arbeiter nicht von allen Kolonien zu erlangen waren. mussten diejenigen von 1894 und 1895 zusammengestellt werden. Darnach wird sich aber ein hinreichend zutreffendes Bild ergeben. Es wurden beschäftigt:

		in Goldseifen		im Gang- etc. Bergbau		
		Europäer	Chinesen	Europäer	Chinesen	Summa
1895	in Queensland	1 860	954	7 869	···	10 683
1895	» Neu-Süd-Wales	10 498	833	10 103	--	21 434
1894	» Victoria	10 907	2112	14 754	116	27 889
1895	» West-Australien	2 104	—	19 312	—	21 416
1894	» Tasmanien	456	—	835	—	1 291
1894	» Neu-Seeland	6 618	2241	2 551	2	11 412
		32 443	6140	55 424	118	94 125

38 583 in Goldseifen beschäftigten Arbeitern stehen somit 55 532 im Gangbergbau und in Betrieben auf anderen primären Goldlagerstätten thätige Arbeiter
gegenüber. Von den Goldseifen-Arbeitern sind 6140 Chinesen, während auf
primären Lagerstätten im Ganzen nur 118 Chinesen arbeiten, welche fast ausschliesslich auf Victoria entfallen.

Die weissen Arbeiter sind nur ungern mit den Angehörigen der gelben
Rasse zusammen thätig. Die Chinesen arbeiten fast überall in durchaus abge-
trennten Betrieben, und zwar suchen sie meist, wie früher schon angedeutet wurde,
die Halden alter, bearbeiteter Seifen wiederholt nutzbar zu machen. Ich glaube
auch annehmen zu dürfen, dass die in Victoria und Neu-Seeland für Bergwerke
auf primären Lagerstätten angegebenen Chinesen nicht in den Bergwerken selbst
beschäftigt sind, sondern die Rückstände der Extraktionsanstalten überarbeiten.

In West-Australien ist die Abneigung der weissen Bergleute gegen die
Chinesen sogar so gross, dass letztere auf manchen Goldfeldern überhaupt nicht
geduldet werden, selbst wenn sie Dienstverrichtungen ausüben, welche mit dem
Bergbau in gar keiner Beziehung stehen. Als wir in Menzies waren, kam eine
Abordnung der Bergleute zu einem Hotelbesitzer und forderte die Entlassung
des chinesischen Kochs. Dem Ersuchen wurde im Interesse des Gasthaus-
betriebes sogleich entsprochen.

Die Löhne der hauptsächlichsten Arbeiterklassen stellen sich im wöchent-
lichen Durchschnitt wie folgt:

	In den östlichen Kolonien	In West-Australien	
		In den Kalgoorlie-Goldfeldern	In den Murchison-Goldfeldern
Untersteiger	50—55 M.	?	100 M.
(Shift bosses) . . .	(£ 2 10 sh — £ 2 15 sh)		(£ 5)
Maschinenarbeiter . .	50—60 M.	75 M.	80 M.
(Fitters) . . .	(£ 2 10 sh — £ 3)	(£ 3 15 sh)	(£ 4)
Schmiede	50—60 M.	75 M.	80 M.
(Blacksmith) . . .	(£ 2 10 sh — £ 3)	(£ 3 15 sh)	(£ 4)
Zimmerleute	40—60 M.	75 M.	80 M.
(Carpenters) . . .	(£ 2 — £ 3)	(£ 3 15 sh)	(£ 4)
Bergleute	45—55 M.	70 M.	80 M.
(Miners)	(£ 2 5 sh — £ 2 15 sh)	(£ 3 10 sh)	(£ 4)
Tagearbeiter	30—40 M.	60 M.	70 M.
(Surface men) . . .	(£ 1 10 sh — £ 2)	(£ 3)	(£ 3 10 sh)
Maschinenwärter . . .	40—60 M.	70 M.	80 M.
(Engine drivers) . . .	(£ 2 — £ 3)	(£ 3 10 sh)	(£ 4)
Amalgamators	?	?	70 M.
			(£ 3 10 sh)
Erzaufgeber	?	?	70 M.
(Ore feeders)			(£ 3 10 sh)

Die Löhne sind in den noch unentwickelteren, unzugänglicheren westlichen Goldfeldern beträchtlich höher als in den entwickelteren östlichen Goldfeldern. Mit dem Ausbau der Eisenbahnen in West-Australien, der billigeren Zufuhr der Lebensmittel und der Entstehung geordneterer Gemeinwesen werden, wie die Erfahrungen auf östlichen Goldfeldern ergeben, die Löhne West-Australiens denjenigen Ost-Australiens sich nähern. Die Bergleute sind zum grossen Theile in der Kolonie Geborene, sonst vorwiegend Engländer, Schotten und Iren, aber auch viele Deutsche.

Bei den westaustralischen Bergleuten war zu beobachten, dass viele nur vorläufig und versuchsweise von den Ost-Kolonien herübergeeilt waren. Sie hatten ihre Familien zumeist in den früheren Wohnsitzen belassen. Wenn die heisse Jahreszeit, die Weihnachtszeit, herannaht, verlassen sie in derartigen Schaaren die Bergwerke, dass viele derselben während der Monate Dezember und Januar geschlossen oder doch im Betriebe sehr eingeschränkt werden müssen; sie fahren nach den Ost-Kolonien zurück, um die Feiertage in der Heimath zu verbringen. Natürlich wird dadurch die Entwicklung des westaustralischen Bergbaues sehr zurückgehalten. Es wird für denselben sehr werthvoll sein, wenn nach der Einkehr wohlgeordneter Verhältnisse die Bergleute im Vertrauen auf die gesicherte Zukunft der neuen Goldfelder ihre Familien mit hinübernehmen werden.

In den östlichen Kolonien hat sich im Laufe der Jahre ein ziemlich guter Bergarbeiterstand herausgebildet. In den westaustralischen Goldfeldern wird indessen über mangelhafte Ausbildung in den bergmännischen Handfertigkeiten noch vielfach Klage geführt, weil ein grosser Theil der Arbeiter früher den verschiedensten anderweiten Berufszweigen angehört hat und nur durch die Hoffnung auf leichten Gelderwerb nach den neuen Goldfeldern gelockt wurde.

Betriebsleitung.

Die Betriebsleitung der Bergwerke lässt noch sehr viel zu wünschen übrig. Die theoretischen, wie praktischen Kenntnisse der technischen Oberleiter, wie auch der Grubenbetriebsführer, der Leiter der Pochwerke und sonstigen Goldextraktionsanlagen sind im Allgemeinen wenig befriedigend. Dies ist seit Jahren auch seitens der Kolonialregierungen erkannt worden. Man ist in weiteren Kreisen des hemmenden Einflusses dieser bedauerlichen Thatsache auf die Weiterentwicklung des Bergbaues sich wohl bewusst, und hat daher u. A. schon vorgeschlagen, regierungsseitig einen Befähigungsnachweis von den technischen Beamten zu verlangen. Bestehen zwar Bergschulen und höhere technische Lehranstalten in Ballarat und Bendigo, in Sydney, an der Thames und in Dunedin, so ist es doch schwierig, in den Kolonien selbst in verhältnissmässig kurzer Zeit eine dem grossen Bedarf entsprechende Zahl gut geschulter Kräfte heranzubilden. Grössere Gesellschaften, namentlich solche, an denen hervorragende europäische Finanzgruppen betheiligt sind, haben daher europäische und amerikanische erfahrene Ingenieure gewonnen und hinausgesandt; die vielen Bergbau-Gesellschaften, welche mit geringeren Mitteln arbeiten, können aber die hierzu nöthigen Kosten nicht aufwenden, so dass sie noch lange auf minderwerthige Kräfte angewiesen sein werden.

Es ist nicht unangebracht, darauf hinzuweisen, dass die Oberleiter der Werke mit derartigen Mitteln und namentlich auch moralischen Eigenschaften ausgerüstet sein sollten, dass der im Goldlande gar zu leicht erwachende Wunsch, durch Privatspekulationen Vermögen zu erwerben, thunlichst hintangehalten wird. Ihnen werden auch grössere Befugnisse zu selbstständigem Handeln eingeräumt werden können, als es seither vielfach der Fall gewesen ist, denn bei dem Versuche, die technischen Angelegenheiten zu einschneidend von einem weit entlegenen Orte, etwa von London, Paris oder Berlin aus leiten zu wollen, sind kostspielige Fehlgriffe oft unvermeidlich, wie an einer grossen Reihe von Beispielen dargethan werden könnte.

Das Institut der technischen Rathgeber (consulting engineers) besteht auch in Australasien. Ich habe indessen gefunden, dass in vielen Fällen die Namen der grossen Ingenieurfirmen nur zu Reklamezwecken auf den Prospekten der Bergwerksgesellschaften glänzen, dass sie thatsächlich aber nur geringen oder gar keinen Einfluss auf die Betriebsleitung besitzen.

Vermessungswesen.

In allen grösseren Bergbaudistrikten sind wohl ausgebildete Vermessungsbeamte ansässig, so dass sachkundig geleitete Bergwerke der zum sorgfältigen Betriebe erforderlichen guten Vermessungsarbeiten nicht ermangeln. Mancherorts waren aber in dieser Hinsicht auch noch recht bedauerliche Verhältnisse zu beobachten.

Produktion des Goldbergbaues.

Die Zahlen-Zusammenstellungen am Schlusse des Buches lassen die Produktion des Goldes in den Kolonien und in einzelnen Goldfeldern ersehen. Die letzte derselben giebt einen Vergleich der Goldproduktion der verschiedenen Kolonien von der Entdeckung des Goldes in denselben bis zur Jetztzeit.

Den Klagen der Kolonialregierungen über das geringe Interesse der Bergbautreibenden an einer zuverlässigen Statistik zufolge sind die angegebenen Produktionszahlen nur als Annäherungswerthe zu betrachten. Dies wird namentlich von den ersten Jahrzehnten der Golderzeugung behauptet werden können. Aber auch in den letzten Jahren haben sich zweifellos nicht unbeträchtliche Goldmengen der Aufzeichnung entzogen. Bei einem so umfangreichen Bergbau auf ein so werthvolles Metall, besonders auch bei der Art und Weise des Vorkommens, sind bedeutende Unterschleife garnicht zu vermeiden. Die veruntreuten Goldmengen werden zumeist der Aufzeichnung entgehen. Aber auch manche Alluvial-

Schurfschacht.

Goldgewinnung im Alluvium.

goldwäscher und kleinere Gangbergbaubetreiber haben zuweilen den Wunsch, ihre Ausbeute zu verheimlichen, oder nur wenig Interesse daran, sie bekannt zu geben.

In West-Australien ist thatsächlich festgestellt, dass die alljährlich zur Weihnachtszeit in die Heimath in den anderen Kolonien ziehenden Bergleute grosse Mengen Goldes in natura ausfuhren.

Zur Herbeiführung besserer Statistik hat die Kolonialregierung zu Perth daher neben der Ausfuhrstatistik auch die Fertigung einer Produktionsstatistik durch die Regierungs-Berginspektoren angeordnet und die unterlassene Anzeige der Gewinnung mit Strafe bedroht. Dem Jahresberichte der Regierung von Neu-Süd-Wales für das Jahr 1896 zufolge, herrscht unter den Bergleuten geradezu die Meinung, dass die Regierung kein Recht habe, die Ergebnisse ihrer Privat-thätigkeit kennen zu lernen.

In Neu-Süd-Wales belief sich 1896 der durchschnittliche Goldertrag auf den im Goldbergbau beschäftigten Arbeiter auf 410 g zum Werthe von 1053,65 M. Dieser verhältnissmässig geringe Ertrag wird von der Regierung dadurch erklärt, dass viele der Bergleute, namentlich der Alluvialarbeiter, nicht ständig dem Bergbau obliegen, sondern zeitweilig auch Ackerbau, Schafschur und andere Beschäftigungen betreiben.

Die gesammten Goldproduktionszahlen sind in Rohgold angegeben; daher sind die Werthzahlen für die Unzen Gold in den Zusammenstellungen von Queensland, Neu-Süd-Wales und Tasmanien besonders bezeichnet. Raffinerien bestehen nur in den Zweigniederlassungen der Königlichen Münze zu Melbourne und Sydney. In Sydney kam 1894 rund etwa ein Drittel der Produktion der Kolonie zur Raffination.

Die auf Tafel XIII befindlichen graphischen Darstellungen geben ein interessantes Bild des Aufschwungs und späteren Niedergangs im Goldbergbau der einzelnen Kolonien und Australasiens insgesammt, sowie einen Vergleich des in den einzelnen Kolonien überhaupt gewonnenen Goldes.

Gleich in den ersten Jahren stieg die Golderzeugung in Folge der grossen Reichthümer, welche die Goldfelder Victorias ergaben, zu ausserordentlicher Höhe an; als aber die leichte Arbeit in den Goldseifen nachzulassen begann und mehr und mehr zur schwierigeren, kostspieligeren und weniger ergiebigen Ausbeutung der primären Golderzlagerstätten übergegangen werden musste, fing die Golderzeugung unter vielfachen Schwankungen an, wieder beträchtlich herabzugehen. Die mancherlei anderen Erschwerungen, welche sich dem Gangbergbau in den Weg stellten, die baldige Verminderung der zersetzten und reichen Erze der Ausgehenden, die Zunahme der härteren, mehr pyritischen Erze, die Unzulänglichkeit der Pochwerke und Extraktionsanlagen für dieselben, die Misserfolge mancher Prozesse mit den schwieriger zu bearbeitenden Erzen, vermehrte Wasser in der Tiefe, Verwerfungen der Gänge, die von Geologen verbreitete und genährte Ansicht, dass die Gänge nur bis zu ganz geringer Tiefe goldhaltig seien, erschütterten das Vertrauen in die Zukunft des Gangbergbaues; schwindelhafte

Treibereien schädigten das Vertrauen in den Goldbergbau überhaupt tief und nachhaltig. Der nach den Ausstellungsjahren in den anderen Erwerbszweigen Australiens, in dem Wollhandel und in Grundstückswerthen, in Folge vorhergegangener Ueberspekulation eintretende Geschäftszusammenbruch, wirkte ebenfalls schädigend zurück auf den Goldbergbau. Das europäische Kapital zog sich scheu zurück. Selbst manche Bergwerke, welche unter günstigeren Verhältnissen den Betrieb lohnten, kamen zum Erliegen. Die Golderzeugung sank rasch, namentlich in den ursprünglich so reichen Goldfeldern Victorias.

Eine Anzahl einsichtiger Männer aber liess sich durch die Schwierigkeiten nicht abschrecken; mit zähem Wagemuth gingen sie daran, die Hindernisse für das Wiederaufblühen des Bergbaues aus dem Wege zu räumen. Sie wurden darin unterstützt von den verständnissvollen Kolonial-Regierungen, welche selbst bedeutende Mittel aufwendeten. In Neu-Seeland erhält der Entdecker eines neuen Goldfeldes, welches mehr als 4,8 km von älteren Fundstätten entfernt ist, für je hundert Mann, welche sechs Monate nach der Entdeckung beschäftigt werden, eine Belohnung von 2000 M., bis zur Höhe von 10 000 M.

In West-Australien sind Belohnungen ausgesetzt von mindestens 10 000 M. und nicht mehr als 20 000 M. für die Entdeckung eines neuen Goldfeldes in der sogenannten South West Division und in der Eucla Division.

In Süd-Australien werden gezahlt, wenn in Entfernung von mehr als 3 bezw. 5, 6, 20 miles von einem Orte, wo bisher zahlbares Gold gefunden worden, ein neuer Fund gemacht wird und in 3 bezw. 6 Monaten mindestens 200 bezw. 500 Mann beschäftigt sind, 100 bezw. 250, 500, 1000 £.

In Queensland werden gezahlt, wenn in Entfernung von mehr als 20 miles von einem Orte, wo bisher Gold in abbauwürdiger Menge gefunden worden, ein neuer Fund gemacht wird und in 4 bezw. 6 Monaten mindestens 200 bezw. 500 Mann beschäftigt sind, 500 bezw. 1000 £.

In Victoria und Neu-Süd-Wales werden ähnliche Belohnungen vertheilt. In welchem Umfange dies in letzterer Kolonie stattfindet, zeigt nachstehender Auszug aus dem Jahresberichte des Untersekretärs für Bergbau und Landwirthschaft an den Minister dieser Verwaltungszweige für das Jahr 1896:

»Die Anträge auf Unterstützungen scheinen sich von Jahr zu Jahr zu mehren; sie betrugen 1901 gegen 1843 im Vorjahre. Es wurden

	1894:	1895:	1896:
Unterstützungen gewährt in	397 Fällen,	620 Fällen,	523 Fällen,
» verweigert in . .	584 »	818 »	985 »
Anträge zurückgezogen in	27 »	42 »	39 »
» unerledigt gelassen in . .	60 »	363 »	59 »
» auf Errichtung öffentlicher Pochwerke gestellt in	— »	— »	41 »
Uebertrag:	1068 Fälle,	1843 Fälle,	1647 Fälle.

	1894:	1895:	1896:
Uebertrag:	1068 Fälle,	1843 Fälle,	1647 Fälle.

	1894	1895	1896
Belohnungen für Entdeckung neuer Goldfelder ertheilt in	— Fällen,	— Fällen,	21 Fällen,
Belohnungen für Erzbehandlung ertheilt in	— »	— »	21 »
Anträge wegen verschiedener Angelegenheiten gestellt in . . .	— »	— »	212 »
Summe:	1068 Fälle,	1843 Fälle,	1901 Fälle.«

Im Februar 1896 wurde in Neu-Süd-Wales sogar eine Belohnung von £ 1000 ausgesetzt für den Nachweis abbaulohnenden Erzes in 2000' Tiefe. Die betreffende Bekanntmachung lautete wie folgt:

»Notice is hereby given that a Reward of One Thousand Pounds (£ 1000) will be paid to the person who shall be the first to discover and make known to the Minister for Mines and Agriculture the discovery of payable Gold-bearing Quartz at a depth measured from the top of the shaft of 2000 feet, the shaft may be perpendicular or follow the underlay; for the purpose of testing the reef 250 tons of stone taken from the reef at or below 2000 feet perpendicular shall be crushed at a battery approved by the Minister; the stone shall be broken down, raised, and crushed under the supervision of officers of this Department; and if the 250 tons of stone yield an average of not less than 10 dwt per ton it will be deemed payable.

If the Reward is not claimed within five (5) years it shall lapse.

Such Reward will be paid forthwith upon satisfactory proof being given to the Minister that the quartz is "payable", that it is from the required depth, and that the claimant is the first discoverer.«

Hinsichtlich der Beihilfen für Schürfarbeiten hat sich aber wiederholt der Uebelstand ergeben, dass die Schürfer ihre Arbeiten, selbst wenn die Hoffnung auf Funde sich schon als unerfüllbar herausgestellt hatte, dennoch längere Zeit fortsetzten, nur um im Fortgenusse der Beihilfe, welche ihnen ein bescheidenes Auskommen sicherte, zu bleiben.

Mehr und mehr senkten die auf die günstige Zukunft des australischen Bergbaues vertrauenden Männer die Schächte in die Tiefe; sie zerstreuten die Furcht vor den vorgefundenen Verwerfungen durch glückliche Ausrichtung der verworfenen Gangtheile; sie fanden, dass ausgekeilte Erzkörper in der Tiefe durch neue Erzmittel ersetzt wurden; sie bewiesen die Anschauung vom raschen Erlöschen des Goldes als haltloses Vorurtheil; sie vermehrten die Wasserhaltungsmaschinen einerseits, Teiche und Wasserstauanlagen zur Sammlung der atmosphärischen Niederschläge andererseits, und führten verbesserte Pochwerke und Extraktionsprozesse ein.

Unterdessen vollzog sich langsam immer mehr der Uebergang vom Abbau der Seifen und sonstigen goldführenden Alluvionen zum Bergbau auf primären Lagerstätten. Es wurden gewonnen:

	pCt. des Goldes in Seifen und sonstigen Alluvionen	pCt. des Goldes in primären Lagerstätten
1895 in Queensland . . .	4	96
1895 » Neu-Süd-Wales .	22	78
1894 » Victoria	38	62
1895 » West-Australien	8 (sehr ungenau)	92
1894 » Tasmanien	13	87
1894 » Neu-Seeland	53	47
Somit in Australasien etwa . .	23	77

Zur Zeit sind die Bendigo-, Ballarat- (V.), Crocodile- und Charters Towers-Goldfelder (Qu.) sowohl in den Tiefenaufschlüssen, wie hinsichtlich des Abbaues und der in Anwendung stehenden Extraktionsprozesse am meisten entwickelt in ganz Australien. In Neu-Süd-Wales stehen die Wyalong- und Hillgrove-Goldfelder, in Neu-Seeland das Hauraki-Goldfeld in erster Linie. In West-Australien hat der Bergbau nach Maassgabe der eigenartigen Lagerungsverhältnisse seine bedeutendste Entwicklung im Kalgoorlie-Goldfelde gefunden. Sind auch auf den anderen Goldfeldern dieser Kolonie gut entwickelte Bergwerke vorhanden, so liegt doch die verhältnissmässig grösste Zahl der schon zum eigentlichen Abbau der Lagerstätten gelangten Bergwerke im Kalgoorlie-Goldfelde. In vielen anderen Bergwerken beschränkt sich der Betrieb noch auf Vorrichtungs- oder lediglich auf Aufschlussarbeiten. Der Umstand, dass der Bergbau in West-Australien auf manchen Lagerstätten nach kurzer Betriebszeit schon zur vollständigen Erschöpfung gelangte, ist auch auf anderen Goldfeldern früher mehrfach zu beobachten gewesen.

Nach Erreichung des tiefsten Standes der Gesammtgolderzeugung Australasiens im Jahre 1886 ist wieder eine langsame Aufwärtsbewegung bemerkbar. Es kann nicht mehr mit verhältnissmässig leichter Arbeit aus dem Vollen geschöpft werden; sondern gewissenhafter, sorgfältiger, mit besten technischen Erfahrungen arbeitender Betrieb wird mit zäher Beharrlichkeit reiche, aber wohlbehütete Schätze dem Erdboden abzuringen haben.

Der Werth der gesammten Golderzeugung Australasiens von Entdeckung des Goldes an bis Schluss 1896 wird auf etwa 7 573 000 000 M. geschätzt.

Es bedarf nicht der besonderen Erwähnung, dass die Golderzeugung auf 1 t Erz nach Maassgabe der Haltigkeit der Erze und der gewählten Extraktionsprozesse, ja bekanntlich auch nach der sehr verschiedenen wirthschaftlichen Führung des Abbaues seitens der Betriebsleitungen, auf die einzelnen Bergwerke sich sehr ungleich vertheilt, und zwar von wenigen bis zu 60—90 g Gold auf 1 t Erz. Ich führte schon an früherer Stelle an, dass ein Bergwerk in West-Australien eine gewisse Zeit lang im Stande war, allmonatlich 470 g Tonnengoldgehalt zu erzielen.

Selbstkosten. Die in dem weiten Gebiete bestehende grosse Mannigfaltig-keit der Verhältnisse in Art und Mächtigkeit der Lagerstätten, in Zusammensetzung, Extraktionsfähigkeit und Reichhaltigkeit der Erze, im Klima, in der Bodengestal-tung und in der Zugänglichkeit der Bergbaudistrikte von geeigneten Hafenplätzen der Küste aus, nicht an letzter Stelle auch in der Ausbildung der Bergleute und in der Tüchtigkeit der Betriebsleiter hat naturgemäss eine ausserordentliche Ver-schiedenheit der Selbstkosten im Gefolge.

Es ist mir angegeben worden, dass auf einzelnen, besonders begünstigten Bergwerken im Ararat-Goldfelde, bei Bendigo und Reefton die Selbstkosten so niedrig sich stellten, dass schon ein Tonnengehalt von 6 g und sogar bis zu 3,75 g hinab die Erzielung eines kleinen Gewinnes gestattete; andererseits aber auch er-heben sich die Selbstkosten bei besonders ungünstiger Lage weit inland, bei grosser Entfernung von der nächsten Eisenbahnstation, bei schwieriger zu bearbeitenden Mineralvorkommen oder unwirthschaftlicher Betriebsführung bis zu vollständiger Ertragslosigkeit des Bergbaues selbst auf vergleichsweise reichen Lagerstätten. So interessante Vergleiche wohl eine nähere Darlegung der Selbstkosten einzelner Distrikte bieten würde, so muss ich mir doch versagen, darauf näher einzugehen, weil eine grosse Zahl einzelner Faktoren, deren erschöpfende Darlegung zu weit führen würde, bestimmend einwirkt.

Wohl darf erwartet werden, dass auf manchen Goldfeldern die Einführung geeigneter Maassregeln auf eine Ermässigung der Selbstkosten hinwirken werden. Hierher gehören sachgemässe Verbesserungen an Pochwerken und Extraktions-anlagen, die sorgfältige Auswahl der für die jeweiligen Erze zweckmässigsten Zugutemachungs-Prozesse, auf den wasserreichen, neuseeländischen Goldfeldern die beste Ausnutzung der reichen von der Natur gebotenen Triebkräfte, auf den wasser-armen Goldfeldern des Kontinents, namentlich in West-Australien und Queensland, die billigere Beschaffung des Wassers nach Durchführung der Wasserversorgungs-projekte, wirthschaftlichere allgemeine Gestaltung des Betriebes, theils durch sach-verständigere Betriebsleitung, theils durch Zusammenlegung kleinerer Bergwerke zu grösseren Betrieben, die Einführung mässigerer Frachten für die Bedarfsgegenstände der Bergbauindustrie, sowie endlich die Verbilligung der allgemeinen Lebensbedürf-nisse, letzteres besonders wieder in West-Australien nach Fertigstellung der in Angriff genommenen Eisenbahnen. Durch derartige Maassnahmen werden manche Lagerstätten ertragsfähig werden, welche zur Jetztzeit nur mit Verlust würden gebaut werden können. Hierdurch werden aber auch manche zur Zeit noch nahe dem Ausgehenden im Abbau befindliche Lagerstätten dem Bergbau erhalten bleiben, deren Ertragsfähigkeit beim Bestehenbleiben der jetzigen Selbstkosten mit der Zeit gefährdet werden würde, denn man wird nach meinen geognostischen Ausführungen bei vielen Bergwerken nach Erreichung einer gewissen Tiefe, gleich-wie bei den Lagerstätten anderer Goldländer, nicht mehr die hohen Golderträge erwarten können, welche das nahe dem Ausgehenden abgebaute Erz zu gewinnen gestattet.

Ertragsfähigkeit der Bergwerke. Eine derartige Ermässigung der Selbstkosten wird vortheilhaft wirken auf die Hebung der Anzahl der gewinnvertheilenden
Bergwerke. Doch auch seither schon haben zahlreiche Gesellschaften ihren Antheil-
habern reiche Dividenden verabfolgt.

Es ist mir leider nicht möglich gewesen, eine vollständige Aufstellung der
dividendenzahlenden Bergwerke für eines der letzten Jahre zu fertigen, weil mir
nur für die Kolonien Victoria und Neu-Seeland amtlich festgestellte Zahlen zugänglich waren.

In der Kolonie Victoria wurden im Jahre 1894   9 378 318 Mk. Dividenden
vertheilt, und zwar:

im Ballarat-Goldfelde . . . . £	151 269
» Bendigo- » . . . . »	122 906
» Beechworth- » . . . . »	63 337
» Gippsland- » . . . . »	48 085
» Ararat- » . . . . »	26 673
» Castlemaine-Goldfelde . . »	25 000
» Maryborough- » . . »	22 450

Daran waren folgende Bergwerke betheiligt:

Madame Berry zu Smeaton . . . . . mit	£	38 250
Long Tunnel zu Walhalla. . . . . . »	»	28 800
New Mariners zu Steiglitz . . . . . . »	»	26 625
Berry Consols zu Smeaton . . . . . »	»	25 000
Great Northern Extended zu Rutherglen . »	»	24 000
Moonlight zu Stawell . . . . . . »	»	23 736
South German zu Maldon . . . . . »	»	19 800
Johnsons Reef zu Eaglehawk . . . . »	»	14 700
Garden Gully United zu Bendigo . . . »	»	13 407
Star of the East zu Ballarat . . . . »	»	13 200
Prentices Freehold zu Rutherglen . . . »	»	12 500
Long Tunnel Extended zu Walhalla . . »	»	10 760

In Neu-Seeland wurden 1896 rund 13 1/4 Millionen Mark vertheilt, und
zwar von:

Waihi . . . . £	116 500
Keep it dark . . . . . . »	109 916
Cambria . . . . »	80 475
United Alpine . . . . . . »	74 266
Globe . . . . »	40 950
Big River . . . . »	37 800
Waiotahi . . . . »	32 250
Mont d'Or . . . . »	21 600

Progress . . . . £ 21 300
Sew Hoy Big Beach . . . . . . > 16 138
Dunedin . . . . > 14 835
Try Fluke . . . . , 11 250

Ferner zahlten 24 Bergwerke Beträge unter £ 10 000.

Auch in West-Australien haben mehrere Gesellschaften die kostspielige Zeit der Grubenaufschliessung derart überwunden, dass sie Dividenden zahlen können.

Die Mount Morgan Mine in Queensland hat bei einem Anlagekapital von £ 1 Million Sterling schon £ 4 Millionen Dividenden vertheilt.

Manche Bergwerke übrigens kranken an dem schweren Mangel, dass sie zu geringes Betriebskapital haben und alle Ueberschüsse als Dividende vertheilen, anstatt aus denselben zunächst ausreichende Betriebsmittel oder Rücklagen für aussergewöhnliche Ausgaben anzusammeln. Es soll gar vielfach vorgekommen sein, dass Dividenden im Voraus schon zur Vertheilung gelangten. Zu so kurzsichtiger Wirthschaftsführung gesellt sich gar zu häufig eine unzureichende, mit dem Gange der Abbauarbeiten nicht im richtigen Verhältnisse stehende Vorrichtung anderer Lagerstättentheile zum Abbau. Manche an sich werthvolle Bergwerke kamen zum Erliegen, weil nach Abbau der aufgeschlossenen Erzpfeiler das Geld zu weiteren Vorrichtungsarbeiten, oder bei Störungen im Gange die Mittel zu sorgfältigen weiteren Ausrichtungsarbeiten fehlten.

Namentlich in Bendigo-Goldfelde geriethen manche kleinere Gesellschaften in grosse finanzielle Schwierigkeiten, wenn der Abbau eines Sattelganges sich dem Ende zuneigte und kostspielige Hoffnungsbauten zur Erzielung tieferer Aufschlüsse vorgenommen werden mussten.

Nicht nur bei der Aufnahme neu entdeckter Lagerstätten zum Abbau, sondern auch zur besseren, wirthschaftlicheren Ausbeutung schon vorhandener Bergwerke können daher europäische Kapitalien noch in umfangreichem Maasse Verwendung finden. Mehrere grössere europäische Finanzgesellschaften sind in den angedeuteten Richtungen vorgegangen. Eine derselben hat im Reefton-Goldfelde 25 der besten Bergwerke mit einem Gesammt-Felderbesitz von 2045 acres erworben, eine andere hat im Hauraki-Goldfelde mehrere Bergwerke angekauft, um anstatt des seitherigen zersplitterten Kleinbetriebes einen umfassenden Grossbetrieb mit gemeinsamen besteingerichteten Pochwerks- und Extraktionsanlagen zu errichten. Zielbewusstes Weiterschreiten in dieser Richtung wird beste Früchte tragen.

Hinsichtlich der Ertragsfähigkeit der Bergwerke sind noch andere, sehr wesentliche Gesichtspunkte in Betracht zu ziehen, welche ich hier nicht unerwähnt lassen darf.

Dem australischen Prospektor ist die Thatsache sehr wohl bekannt, dass am Ausgehenden gefundene, überraschend reiche Nester oft sehr schnell verschwinden, sobald man in die Tiefe geht; er sucht den gemachten Fund daher so schnell, wie irgend möglich, zu verkaufen.

Die hierzu nöthige Berichterstattung seitens eines Bergbausachverständigen fällt natürlich glänzend aus, wenn der sogenannte Sachverständige nicht darauf dringt, dass zunächst tiefere Versuchsschächte gesenkt und Strecken zur genaueren Untersuchung der Lagerstättenverhältnisse getrieben werden. Sachverständige sehr zweifelhafter Befähigung und Vertrauenswürdigkeit sind aber zweifellos auf den Goldfeldern vorhanden. Angehörige aller Berufsarten, ehemalige Seeleute, Offiziere, Aerzte, Apotheker, Kaufleute, Buchhalter, werden mit überraschender Geschwindigkeit bergbausachverständig, sobald sie die Luft der Goldfelder athmen und das gleissende gelbe Metall auf natürlicher Lagerstätte zu Gesicht bekommen. Die seltsamsten Erscheinungen werden gezeitigt. Ein solcher Expert berichtete über eine Lagerstätte lediglich auf Grund ihm vorgelegter ausgesuchter Fundstufen.

Ich könnte eine grössere Anzahl für die Sachkenntniss und Gewissenhaftigkeit mancher Bergingenieure und Firmen bezeichnender befremdlicher Vorfälle anführen. Im Gegensatze hierzu ist mir bei Gelegenheit meiner Berichterstattung über australasische Goldvorkommen mehrfach der Vorwurf übergrosser Vorsicht oder gar Aengstlichkeit gemacht worden, weil ich wiederholt ablehnte, bestimmte Angaben über das voraussichtliche Verhalten und die wirthschaftliche Verwerthbarkeit einzelner Lagerstätten zu machen. Meines Erachtens mit grossem Unrecht! Jeder wissenschaftlich und praktisch geschulte, gewissenhafte Beurtheiler von Ganglagerstätten muss von den unzuverlässigen Grundlagen, auf welche er sein Urtheil aufbauen soll, derart überzeugt sein, dass er über ein gewisses Maass hinausgehende Angaben unbedingt abzulehnen hat. Wer diese Grenzen nicht innehält, setzt sich dem Vorwurfe aus, dass er im Interesse der Verkäufer und Gründer behufs Flüssigmachung der erforderlichen Kapitalien auf Kosten der Leichtgläubigkeit und Kenntnisslosigkeit der grösseren Kapitalkreise handelt. Die nicht sachverständigen Finanzkreise dürfen nicht in eine trügerische Sicherheit gewiegt werden. Sie haben einen Theil der Verantwortung bei der Betheiligung an Bergbaubetrieben, namentlich in fernen Ländern, selbst zu übernehmen. Sie sollen sich die verhältnissmässige Unzuverlässigkeit der Erzlagerstätten, insbesondere der Erzgänge, ganz abgesehen von den in den wirthschaftlichen Verhältnissen der Kolonien begründeten Schwierigkeiten, stets derart vor Augen halten, dass sie von der Kapitalbeisteuer lieber Abstand nehmen, wenn sie den Verlust des angelegten Geldes nicht gegebenen Falles leicht verschmerzen können.

Durch die unsachlichen Berichterstattungen, besonders dadurch, dass man vielfach die ganze Goldlagerstätte nach den reichen Ausgehenden beurtheilte, entstanden ganz übertriebene Anschauungen von dem Werthe vieler Bergwerke Australasiens. Die ausserordentliche Nachfrage europäischer Bergbau-Gesellschaften, welche in den Jahren 1895 und 1896 um jeden Preis westaustralische, später neuseeländische, dann andere ostkontinentale Goldlagerstätten zu Gesellschaftsgründungen zu erwerben trachteten, trug zur ausserordentlichen Preissteigerung der Verkaufsobjekte bei. Die australasischen Unterhändler schlugen auf den ursprünglichen Kaufpreis meist ein unverhältnissmässiges Aufgeld. Die europäischen

Tarawera-Berg, Rotomahana-See und weisse Terrasse, Neu-Seeland
vor der Eruption vom 10. Juni 1886.

Goldfelder, Neu-Seeland.

Gesellschaftsgründer glaubten die vermeintlich höchst werthvollen Lagerstätten
nicht hoch genug gründen zu können. Von grösseren Grubenfeldern zweigten
sie schleunigst Felder ohne irgend wesentliche Aufschlüsse ab, um sie zur Grün-
dung von sogenannten Subsidiär-Kompagnien, ebenfalls wieder mit thunlichst
hohem Anlagekapital, zu benutzen. Diese Gründungen von Subsidiär-Kompagnien
haben es den Mutterkompagnien sogar, wenn ich mich nicht sehr irre, in einigen
Fällen schon ermöglicht, Dividenden zu zahlen, als die Lagerstätten noch in der
Vorrichtung zum Abbau begriffen waren. So sind selbst Bergwerke zu beträchtlichem Anlagekapital gegründet worden, welche nur im Kleinbetriebe und bei
sparsamster Bewirthschaftung eine Rente abzuwerfen vermögen.

Die unerhört hohen Kapitalisirungen schliessen eine Ertragsfähigkeit natürlich in den meisten Fällen aus. Wenn aber die Kenntniss von dem wirklichen
Verhalten der Lagerstätte durchdringt, wenn die von den Aktienbesitzern sehn-
lichst erwarteten Dividenden ausbleiben, ist der Zusammenbruch der über-
kapitalisirten Bergwerke, wie wir an mehreren wohlbekannten Beispielen erfahren
haben, unausbleiblich. Die auf gute Lagerstätten begründeten derartigen Unternehmungen bestehen zwar, wenn auch unter beträchtlichen Kapitalherabsetzungen
die Krise; die armen Lagerstätten aber kommen zum Erliegen, viele derselben
auf immer.

Die Kolonial-Regierungen sind einsichtsvoll genug, den Rückschlag zu
erkennen, welchen derartige Krisen auf das europäische Kapital ausüben müssen.
Die Erfahrungen der Vergangenheit gaben ihnen deutliche Lehren. Mr. Gordon,
der ehemalige beaufsichtigende Regierungs-Bergingenieur von Neu-Seeland,
brachte daher in seinem Bericht an den Bergbauminister für das Geschäfts-
jahr vom 1. April 1895 bis 31. Marz 1896 folgende Ermahnung an seine
Landsleute:

»Although we want foreign capital to develop the quartz mining industry,
jt is essential that nothing but legitimate mining enterprises should be offered
to capitalists in order that they may receive a fair interest on their outlay. If
worthless properties are placed on the London market and taken up, it will tend
to bring about a depression in mining, and it will take a long time to reestablish
confidence. All those who are interested in the welfare of the colony should
set their face against offering valueless properties to foreign capitalists.«

An anderer Stelle sagt er mit anerkennenswerthem Freimuth:

»Foreign capitalists cannot be too careful at the present time when investing
their money in New-Zealand mining ventures; for, although there are many good
properties to be had, there are also a large number on which little or no work
has been done to prove whether they will be of any value or not.«

Ueberaus schädigend wirkt oft das übertriebene Börsenspiel mit Goldwerthen
zurück auf die Bergwerke.

Die £ 1-Aktie, welche bei fast allen Bergbau-Aktiengesellschaften zur Anwendung gekommen ist, eignet sich allerdings trefflich dazu, grosse Kapitalmassen

anzuziehen und für die Unternehmungen flussig zu machen, dadurch aber gerade wird auch das Spiel mit Börsenwerthen, die Sucht, auf leichteste Weise Kapitalien zu erwerben und zu vergrössern, in die tieferen Schichten der Bevölkerung hineingetragen. Nicht nur die den sogenannten oberen Zehntausend Angehörigen, die Grosskapitalisten, Finanzleute u. s. w., sondern alle Schichten der Bevölkerung, bis zu Kellnern, Dienstmädchen und Bergleuten, betheiligen sich mit den Ersparnissen saurer Thätigkeit an dem verwerflichen Spiele. Der Besuch der Börse in Coolgardie des Abends um die achte Stunde gewährt einen eigenartigen Anblick. Bergleute jedes Alters, Männer jedes Berufes nehmen nach des Tages Last und Hitze Theil an Kauf und Verkauf.

Auch Bergwerksbeamte und Direktoren wollen ihre genaue Kenntniss der Lagerstättenverhältnisse zu leichtem Erwerbe verwerthen. Dies giebt, wie auf den amerikanischen und afrikanischen Goldfeldern, so auch auf den australischen, zu frivolem Treiben Anstoss.

Im Interesse der Börsenspekulation verarmen angeblich zeitweilig die Erze der Bergwerke, Ausstände brechen aus, Wasser treten in die Baue, oder aber es tritt das Gegentheil ein, es werden falsche Nachrichten von besonders reichen Erzfallen oder Gängen verbreitet, oder es werden zur Aufrechterhaltung eines hohen Standes der Kurse überhaupt nur die reicheren Lagerstättentheile in Abbau genommen. Arbeiter stehen im Solde von Spekulanten, um ihnen von allen besonderen Vorkommnissen in Grube oder Pochwerk Bericht zu erstatten. An manchen Orten ist ein vollständiger Spionendienst eingerichtet.

Die wirthschaftliche Führung des Bergbaus wird durch diese Treibereien in bedauerlicher Weise gehemmt, der wahre Zustand der Werke oft verschleiert und nur den Eingeweihten bekannt.

Hiermit berichte ich allerdings nichts Neues. Wer die Geschichte des Goldbergbaues verfolgt hat, in welchem Lande der Erde es sei, dem sind diese Thatsachen bekannt. Trotzdem halte ich es aber für unerlässlich, immer wieder auf das unreelle Geschäftsgebahren aufmerksam zu machen, mit welchem die Gewinnung des edelsten der Metalle, gerade wegen seines hohen Werthes, fast unauflöslich verkettet ist.

Der europäische Kapitalist, welcher Beträge im australischen Bergbau anzulegen trachtet, sollte nicht zu vertrauensselig an Unternehmungen sich betheiligen, welche von irgendwelchen dunklen Ehrenmännern angepriesen werden, sondern er sollte zunächst auf das sorgfältigste prüfen und entweder der Vermittlung grösserer Gesellschaften oder Firmen von anerkannt einwandlosem Geschäftsgebahren oder des Rathes Sachverständiger durchaus fleckenloser Vergangenheit sich bedienen.

Den europäischen Finanzgesellschaften aber, welche an der Hebung der australasischen Bodenschätze betheiligt sind, ist häufigere, zeitweilige Entsendung durchaus zuverlässiger sachkundiger Männer zur Prüfung des Geschäftsgebahrens der örtlichen Betriebsleitungen dringend zu empfehlen, soweit nicht ständige Vertreter auf den Goldfeldern diese Obliegenheiten wahrnehmen.

Zukunft des australasischen Goldbergbaues.

Bei Beurtheilung der Zukunft des australasischen Goldbergbaues sind zwei Fragen aufzuwerfen:

1. Werden die zur Zeit in bergbaulicher Gewinnung stehenden Lagerstätten sich nachhaltig erweisen?

2. Werden im Laufe der Zeit auch noch andere Lagerstätten, als die zur Zeit in Abbau befindlichen, in lohnenden Betrieb genommen werden können?

Hierüber ein hinreichend klares Urtheil zu gewinnen, ist für Geologie, Bergbau und Volkswirthschaft von grossem Werthe.

Die erste Frage findet nur Anwendung auf die Nachhaltigkeit der Gold-erzgänge, welchen z. Z. etwa $^8/_4$ der gesammten Golderzeugung Australasiens entstammen. Sie kann nicht sofort im Ganzen, sondern nur in zwei Unterfragen beantwortet werden:

1a. Werden die Golderzgänge überhaupt in grosse Tiefen hinabsetzen?

1b. Werden in diesem Falle die Golderzgänge auch in grossen Tiefen noch einen abbaulohnenden Goldgehalt führen?

In der Beschreibung der Golderzlagerstätten wurde erwähnt, dass 18 Gold-erzbergwerke des Bendigo-Goldfeldes in der Kolonie Victoria in Tiefen von mehr als 600 m auf hinreichend goldführenden Lagerstätten bauen, darunter haben das Shenandoah-Goldbergwerk in 848 m Tiefe und die Goldmine Nr. 180 in 975 m Tiefe noch abbaulohnendes Erz. Aus dem Umstande, dass die Berg-werke des Bendigo-Goldfeldes in den erwähnten grossen Tiefen noch Lagerstätten erschlossen haben, wird man wegen der besonderen Eigenart der Sattelgänge auf gleiches Verhalten in anderen Goldfeldern allerdings nicht ohne Weiteres schliessen dürfen. Von grösserem Werthe sind die Aufschlüsse im Ararat-Goldfelde, wo der Gang der Magdala Co. bei Stawell bis zu 765 m Tiefe, ferner im Charters-Towers-Goldfelde in Queensland, wo der Gang des Day-Dawn-Bergwerkes mit reichlichem Goldgehalte bis zu 670 m Tiefe und die Brilliant-Formation, wenn auch nicht in allen, so doch in einigen der auf ihr bauenden Gruben, bis zu mehr als 600 m bei abbaulohnendem Goldgehalte verfolgt wurden. In den übrigen Kolonien ist man noch nicht tief hinabgegangen; in Westaustralien bewegt sich der Bergbau sogar noch in verhältnissmässig ganz geringen Tiefen.

Wir erinnern uns sogar, wie bezüglich mancher Gänge dort schon jetzt beobachtet worden ist, dass ein Auskeilen nach nur geringer Längen- und Tiefen-erstreckung thatsächlich erfolgte, und dass auch bei den Lentikulargängen des Edjudina-Distrikts im Nord-Coolgardie-Goldfelde Anzeichen vorhanden sind, welche ein Hinabsetzen in grössere Tiefen als fraglich erscheinen lassen.

Da nun Querspalten- wie Lagergänge, um welche es sich in den allermeisten Fällen handelt, entstanden als eigentliche Gebirgs-Spaltenbildungen in Folge un-gleichmässiger Senkungen oder Hebungen, oder seitlicher Stauchung der Erdrinde, oder auch durch Massenverringerung ursprunglich gluthflüssiger Eruptivmassen bei der Erkaltung, so steht deren Längen- und Tiefenentwicklung, sowie die Mächtigkeit in der Regel in gleichem Verhältniss zu der zur Geltung gelangten gangbildenden Kraft. Mit grosser Längenerstreckung und beträchtlicher Mächtigkeit pflegt sich daher meist auch eine erhebliche Tiefe zu verbinden. Die Annahme, dass die Gangspalte in eine bedeutendere Tiefe hinabsetzt, gewinnt an Wahrscheinlichkeit, wenn wohlausgeprägte glatte Salbänder mit Rutschungsmerkmalen erkennen lassen, dass umfangreichere Verschiebungen der durch die Bruchspalten ausser Zusammenhang gekommenen Gebirgsschollen zu einander stattgefunden haben.

Diese Erfahrungssätze gründen sich auf die praktischen Beobachtungen des Bergbaues bei zahlreichen Gangvorkommen der Welt.

Man wird daher bei Gangbildungen von solcher Mächtigkeit, Längenerstreckung oder Regelmässigkeit, wie sie bei manchen Lagerstätten in den Goldfeldern Australasiens vorliegen, geneigt sein anzunehmen, dass sie auch grössere Tiefenerstreckung besitzen müssen. Täuschungen sind indess keineswegs ausgeschlossen, weil die Erfahrung lehrt, dass sowohl sehr schmale Gänge unter späterer Erweiterung sich in grosse Tiefen erstreckt haben, wie auch, dass mächtige Gänge in geringer Tiefe sich schlossen oder vor Absetzung der Erze in den geöffneten Gangspalten mit mächtigen tauben Gebirgsparthien erfüllt wurden.

Wenn aber auch manche der Gänge in grosse Tiefen herabsetzen werden, ist damit keineswegs gleichzeitig die Nothwendigkeit verbunden, dass sie in die grössere Tiefe hinab goldführend sein müssen.

Ich wies schon darauf hin, dass Geologen grossen Rufes geradezu den Lehrsatz aufgestellt haben, dass die Golderzgänge zwar am Ausgehenden, im eisernen Hute, oft sehr reich seien, in der tieferen pyritischen Gangzone aber bis zur vollständigen Unbauwürdigkeit verarmten.

Ist auch zuzugeben, dass manche Golderzgänge dieser Behauptung entsprechen, so kann doch mit Rücksicht auf die thatsächliche Beobachtung, dass 11 Bergwerke im Bendigo-Goldfelde und mehrere Bergwerke Queenslands in Tiefen von 600 bis fast 1000 m abbaulohnende Golderze, und zwar auch mit reichlichen Mengen gediegenen Goldes, führen, die ausgesprochene Anschauung keineswegs als allgemeine Regel anerkannt werden.

Es liegt zweifellos hinreichender Grund vor zu der Annahme, dass manche Gänge mit hinreichend lohnendem Erzgehalt zum Mindesten in Tiefen, welche der Bergbau bei dem heutigen Stande der Bergbautechnik überhaupt zu erreichen im Stande ist, niedersetzen, falls nicht örtlich ganz besondere geologische Verhältnisse vorliegen, welche bei der Frage des Niedersetzens in grosse Tiefen mit in Berücksichtigung zu ziehen sind. Wir erinnern uns diesbezüglich aus der Schilderung der Thames-Ganggruppe im Hauraki-Goldfelde, dass die Wahrscheinlichkeit des Niedergehens der dortigen Gänge in abbauwürdigem Adel wesentlich abhängig gemacht wurde von dem Umstande, wie tief der Propylit niedersetzt oder ob er etwa in geringerer oder grösserer Tiefe in Andesit übergeht.

Die Grenze der Abbaufähigkeit der Lagerstätten nach der Tiefe hin ist zwar in jüngster Zeit wiederholt in der Litteratur besprochen worden; wegen der Wichtigkeit des Gegenstandes will ich aber nicht unterlassen mit einigen Ausführungen ebenfalls darauf einzugehen und einige Beiträge zu der Frage zu liefern. Sie wird durch die Höhe der mit fortschreitender Tiefe natürlich wachsenden Selbstkosten und durch die Temperaturzunahme der Erde bestimmt. Auf Erstere in dieser allgemeinen Erörterung näher einzugehen, ist mit Rücksicht auf die besprochene ausserordentliche Verschiedenheit der Selbstkosten der einzelnen Goldfelder Australasiens unmöglich; zudem ist die Ueberwindung der durch wachsende Selbstkosten entstehenden Schwierigkeiten ganz wesentlich abhängig von dem jeweiligen Adel der in Frage kommenden Gänge. Hinsichtlich der Temperaturzunahme aber bieten die praktischen Erfahrungen in den z. Z. in Betrieb befindlichen tiefsten Bergwerken der Erde einen besseren Anhalt, als er etwa lediglich durch theoretische Erwägungen an der Hand des heute als maassgebend angenommenen Naturgesetzes über die Zunahme der Erdwärme, welches bekanntlich im Mittel 33 m als geothermische Tiefenstufe annimmt, gewonnen werden könnte.

Die tiefsten Bergwerke der Erde sind das Kupferbergwerk Calumet and Hecla am Oberen See in Nord-Amerika, das Steinkohlenbergwerk Sainte Henriette bei Flenu in Belgien und das Bergwerk der K. K. Bergdirektion zu Přibram. Die Calumet and Hecla-Grube hat mit dem Red Jacket-Schacht 1460 m Vertikaltiefe erreicht. Die Grube Sainte Henriette*) ging mit dem Vertikalschacht Nr. 18 bis zu 1151 m Tiefe und erschloss von der tiefsten Schachtsohle aus durch flachen Schacht eine Unterwerksbausohle in 1200 m Saigerteufe. Auch der Adalbert-Schacht zu Přibram reicht bis zu rund 1200 m Vertikaltiefe hinab.

In der Calumet and Hecla-Grube wurde eine Temperaturzunahme von 1° C. auf 122 m und eine Temperatur von 31° C in 1400 m Tiefe ermittelt.

In Sainte Henriette betrug die in Bohrlöchern gemessene Gebirgstemperatur bei Gelegenheit der Schachtabteufungs- und Vorrichtungsarbeiten

in 1054 m Tiefe 35° C. im Flötz,
» 1100 » » 45° C. » Gestein,
» 1150 » » 47° C. » »

Nach Herstellung eines Durchhiebes zwischen Förder- und Wettersohle gelang es aber, die Temperatur der tiefsten Schachtsohle auf 27° C. herabzumindern.

In den Bauen des Adalbertschachtes zu Přibram wurde in 1100 m Tiefe die Gesteinstemperatur zu 25,5° C., die Lufttemperatur zu 25,7° C. ermittelt. In den Abbauen steigt die Temperatur nie über 32° C. Die Wärmezunahme beträgt daselbst 1° C. auf je 66 m Tiefe. Temperatur-Beobachtungen in

---

*) W. Schulz, Reisenotizen aus Belgien. Glückauf 1897. S. 2.

47 verschiedenen Bergwerken und tiefen Brunnen der Erde, welche Mr. Bennett
H. Brough am 19. Dezember v. J. in der Society of Arts zu London mittheilte,
haben eine verschiedene, im Durchschnitt aber 1°C. auf je 40 m Tiefe betragende Zunahme ergeben. Da aber viele der Beobachtungen in Grubenbauen
oder Brunnen stattfanden, welche nur geringe oder gar keine Wetterführung
hatten, so ist anzunehmen, dass bei ausreichender Wetterführung die Temperaturzunahme langsamer stattfindet, als dieser Durchschnitt angiebt.

Im Shenandoah Bergwerk zu Bendigo ermittelten wir in 848 m Tiefe im
Abbau 30°C. In diesem Falle war aber nur ein Schacht vorhanden und der
Luftwechsel nur mittelst Durchschlags nach der oberen Sohle befördert. Bei
Anwendung von Ventilatoren zur Beschleunigung des Wetterzuges würde zweifellos
beträchtliche Herabsetzung der Temperatur zu erzielen sein.

Ich habe nach Maassgabe dieser Beobachtungen kein Bedenken der Ansicht
namhafter Bergingenieure, welche mit Bezug auf die Witwatersrand-Lagerstätten
die Möglichkeit der Erreichung einer Tiefe von 1200—1500 m, bei dem heutigen
Stande der Bergbautechnik wiederholt in jüngster Zeit behauptet haben, beim
Vorhandensein hinreichend günstiger allgemeiner Verhältnisse mich anzuschliessen
und diese Annahme auch auf die australasischen Bergwerke zu übertragen.

Es ist nun noch die Frage zu beantworten, ob im Laufe der Zeit auch
noch andere Lagerstätten, als die heute in Ausbeute befindlichen in lohnenden
Betrieb genommen werden können.

Sie ist bezüglich einer Reihe von Lagerstätten für den Fall der Ermässigung
der Selbstkosten schon zustimmend beantwortet worden.

Von den Regierungs-Geologen der Kolonien Victoria und Neu-Süd-Wales
wird aber weiterhin übereinstimmend berichtet, dass zahlreiche Goldfelder vorhanden sind, welche vor langen Jahren, als die Nachrichten von reichen Goldfunden in Queensland und Neu-Seeland einliefen, verlassen wurden, weil die
Bergleute dem geringeren Gewinn auf den älteren Lagerstätten die Betheiligung
an der Hebung der angeblich grossen Schätze der neuen Goldfelder vorzogen.
Manche dieser Felder werden im Laufe der Zeit wieder aufgenommen und
nutzbringendem Betriebe unterworfen werden.

Viele tertiäre Goldseifen konnten noch nicht erschlossen werden, weil
überlagernde Basalte die Zugänglichkeit erschwerten; andere mussten verlassen
werden, weil die vorhandenen Maschinenkräfte zur Wasserwältigung nicht ausreichten. Sie werden in umfassender Weise der Ausbeutung erschlossen oder
wiedereröffnet werden.

In vielen Gebieten hat die starke Ueberlagerung quarternärer Schichten
noch nicht gestattet, das anstehende ältere Gebirge nach primären Lagerstätten,
auf deren Anwesenheit im überlagernden Gebirge auftretende tertiäre und
jüngere Goldseifen hindeuten, zu untersuchen. Manche Gänge werden, gleichwie
im Ballarat-Goldfelde, bis zu 100 m tief unter Schwemmland verborgen, späterem
gewinnbringendem Betriebe zugefuhrt werden.

Wirft man ferner einen Blick auf die geographische Lage der bekannten Goldvorkommen Australasiens im Allgemeinen, so drängt sich sofort auf, dass die Goldfunde des Austral-Kontinents sich im breiten Bande von der Halbinsel von York an der Ostküste entlang und bis nach Adelaide inmitten der Südküste hinziehen. Dann sind die westaustralischen Funde in breitem Bande durch den mittleren Theil der Kolonie von Esperance Bay zunächst direkt nördlich bis zur Nordküste hin, dann nordöstlich bis zum Kimberley-Distrikt hin gemacht worden. Im nördlichen Territorium der Kolonie Süd-Australien sind ebenfalls Goldlagerstätten entdeckt, indess nur in beschränkterem Maasse in Betrieb genommen worden.

Grosse Ländergebiete des australischen Kontinents sind wegen der Unwirthlichkeit des Landes und wegen der Schwierigkeit der Wasserversorgung bis jetzt noch nicht vom Fusse eines Weissen betreten oder nur flüchtig von Sturt, Leichhardt, Burke, Forrest und anderen Forschern durchzogen worden.

Die ausserordentliche Verbreitung der Goldlagerstätten in den zur Zeit bekannten Gebieten Australasiens lässt daher fast mit Gewissheit voraussehen, dass nach Erschliessung der seither noch unbekannten Gebiete manche Ueberraschungen uns noch bereitet werden. Es ist aber eine andere, schwerwiegende Frage der Zukunft, inwieweit die Unwirthlichkeit des Landesinnern gestatten wird, die verborgenen Schätze zu heben.

Während in Australien die Oede und Unfruchtbarkeit des Landes wahrscheinlich manche Lagerstätten behütet, entzieht in Tasmanien und Neu-Seeland gerade im Gegentheil die wunderbare Ueppigkeit des Wachsthums noch werthvolle Bodenschätze der Ausbeutung.

Es erscheint mir unzweifelhaft, dass die australischen Goldfelder noch lange Zeit hindurch beträchtliche Goldmengen dem Weltverkehr zuführen werden.

Der jüngst entdeckte Erdtheil hat durch die in seinem Schoosse ruhenden Mineralien, insbesondere das Gold, für die wirthschaftlichen Verhältnisse des Erdballs auf grosse Zeitdauer eine ausserordentliche Bedeutung gewonnen.

Sach-Register.

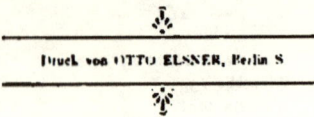

Druck von OTTO ELSNER, Berlin S

A. Golderzeugung in Queensland im Jahre 1895.

| | Anzahl der Arbeiter | | | | Aus Gold-seifen | Aus Quarzgängen und anderen primären Lagerstätten | | | Gesammt-Gold-erzeugung | Durch-schnitt-licher Werth einer Unze Gold | Gesammt-werth der Gold-erzeugung |
| | Auf Gold-seifen | | Auf Quarz-gängen und anderen primären Lager-stätten | Summe der Berg-leute | | Anzahl der verpochten Tonnen | Gold ausbringen | Durchschnittl. Ausbringen aus 1 Tonne | | | |
	Euro-päer	Chi-nesen	Europäer					oz dwt gr		£ s d	£
Bowen (Normanby)	35	—	15	50	304	216	143	0 13 5	2650	3 9 0	1542
Charters Towers	350	130	2660	3140	5000	237516	237894	1 0 1	242894	3 9 0	837984
„ aus Pochabzügen			—			12004	13683	1 2 19	13683	1 16 1	15452
Clermont	910	10	10	930	11986				11986	3 8 0	40752
Cloncurry	110	30	70	210	1208	18	185	10 5 13	1393	4 0 0	5572
Coen		60	150	210	960	2622	3953	1 10 4	4913	2 17 6	14125
Croydon			803	803		40027	55546	1 7 18	55546	2 10 6	140254
„ aus Pochabzügen						37580	14196	0 7 13	14196	2 10 6	35845
Eidsvold			145	145		2765	4719	1 14 3	4719	3 12 6	17106
Etheridge u. Woolgar		60	520	530	1200	20308	18254	0 17 21	18453	2 16 0	54408
„ „ (aus Pochabzügen)			—			5188	3947	0 15 5	3947	2 3 0	8486
„ „ (von Amalgamirplatten)			—			2000	2000		2000	2 16 0	5768
Gladstone	220	34	200	454	1290	4881	5593	1 2 22	6883	3 10 1	24119
Gympie, Kilkivan und Glastonbury	20	15	1530	1565	38	80706	77988	0 19 7	78026	3 10 9	276099
Hodgkinson		50	100	150	200	3241	2043	0 12 14	2243	3 10 0	7850
Horn Island			45	45		45	149	3 0 5	149	3 0 0	447
Mackay			34	34		591	387	0 13 2	387	3 5 0	1258
Mareeba			65	65		7566	2704	0 7 7	2704	3 15 0	10305
Palmer	18	277	71	366	1303	1016	1287	0 15 22	2650	3 15 0	10115
Paradise			82	82		1372	1280	0 16 16	1280	3 17 0	6110
Ravenswood	32	52	414	498	858	15753	13101	0 16 16	14019	3 10 0	49066
Rockhampton (Crocodile)	55	30	688	773	1340	89995	134508	1 10 5	135908	4 0 0	542831
Russell		145	—	145	1654				1654	4 0 0	6616
Russell Extended			35	35	14	483	1053	2 3 14	1067	3 0 0	3216
Starcke und Cocoa Creek	2	50	7	59	52	174	138	0 15 20	190	4 0 0	760
Sonstige kleinere Goldfelder	106	11	120	297	1325	2034	2341		3066	3 0 0	12831
Sonstige Golderzeugung			—						5558	3 17 10	21641
	1500	954	7869	10683	28792	500851	602890		631082		2150505
					892;5 kg		18689,0 kg		19582 kg		43871520 M.

C. Golderzeugung in Victoria im Jahre 1894.

	2 121	575	1 709	1	4 496	32 090	5	8	32 796	14	0	64 886	19	5
Ararat.												
Ararat	115	125	55	—	295	1 963	18	23	11	14	19	1 975	13	18
Pleasant Creek	141	56	643	—	840	1 750	2	0	16 850	0	0	18 600	0	0
Barkly	138	6	—	—	144	554	2	0	0	18	0	555	0	0
Raglan	180	15	5	—	200	6 460	0	0	—			6 460	0	0
Summe	574	202	703	—	1 479	10 728	0	23	16 862	12	19	27 590	13	18
Gippsland.												
Omeo	100	40	500	—	640	1 281	4	0	12 613	7	0	13 894	11	0
Mitchell River	170	—	86	—	256	4 157	15	21	1 160	14	20	5 318	10	17
Bogey Creek	270	35	60	—	365	2 040	0	0	573	6	12	2 613	6	12
Crooked River	85	1	27	—	113	144	9	12	427	5	21	571	15	9
Dargo	192	4	20	—	222	411	0	0	249	3	0	660	3	0
Jericho	40	14	86	—	140	598	17	0	5 135	18	0	5 734	15	0
Briagolong	25	—	4	—	29	81	13	15				81	13	15
Donelly's Creek	14	—	84	—	98	212	0	0	2 215	9	0	2 437	9	0
Stringer's Creek	20	—	440	—	460	122	11	6	30 493	19	11	30 616	10	17
Russell's Creek	2	—	100	—	102	1 312	10	0				1 312	10	0
Benduc	72	10	66	—	148	817	0	0	883	2	6	1 700	2	6
Orbost	45	—	4	—	49	217	7	12	55	0	0	272	7	12
Tarwin	53	—	37	—	90	324	11	20	212	18	0	537	9	20
Hazntel Stream	14	5	40	—	59	95	0	0	452	18	0	547	18	0
Summe	1 102	109	1 560	—	2 771	11 816	0	14	54 473	1	22	66 289	2	12
Gesamtsumme	10 907	2 112	14 754	116	27 889	254 308	11	10	419 371	9	7	673 680	0	23
			1 560	7 883 kg		13 000 kg						20 884 kg		
									Werth 51 673 960 M					

D. Golderzeugung in West-Australien im Jahre 1895.

	Zahl der Bergleute		Golderzeugung		Gesamt-
	Auf Goldseifen	Auf Quarzgängen und anderen primären Lagerstätten	Aus Goldseifen	Aus primären Lagerstätten	Golderzeugung
			or	or	or
Murchison	300	2 262		47 813	
Ost-Murchison	200	100	} 15 434	?	65 477
Valgoo	50	750		2 230	
Vilgarn	50	500	2 637	17 110	19 747
Coolgardie	100	5 500	?	?	
Ost-Coolgardie	1000	6 500	?	?	125 106
Nord-Coolgardie		1 350	?	?	
Dundas		1 200	?	?	242
Pilbarra	144	560	?	} 9 483	
West-Pilbarra	100	350	?	}	19 522
Kimberley	40	200	?	?	877
Ashburton	120	40	?	?	541
Summe . .	2104	19 312			231 512

71760.9 kg
Werth 17 594 912 M.

E. Monatsergebnisse des Goldbergbaues West-Australiens in den drei letzten Jahren.

	1895:	1896:	1897:
Januar . . .	18 687 026	16 350 026	40 384 026
Februar . .	15 509 »	17 922 »	32 526 »
März . . .	19 619 »	11 085 »	40 296 »
April . . .	19 128 »	16 773 »	39 660 »
Mai . . .	19 208 »	22 266	59 111
Juni . . .	16 129 »	27 933	53 348
Juli . . .	20 195 »	16 258	48 811 »
August . .	23 668 .	29 517 »	...
September .	18 245 »	35 301	
Oktober . .	27 725	27 331 »	
November .	15 507	30 874 »	
Dezember .	17 890 »	29 653 »	
	231 510 026	281 263 026	

F. Golderzeugung in Tasmanien im Jahre 1894.

Bergbau-Distrikte	Zahl der Arbeiter			Aus Goldseifen			Aus primären Lagerstätten					Gesammt-menge des erzeugten Goldes	Gesammt-werth der Gold-erzeugung
	Auf Goldseifen	Auf Quarzgängen und anderen primären Lagerstätten	Summe	Menge des produzirten Goldes	Durchschnittl. Werth einer Unze	Gesammt-werth	Anzahl der verpochten Tonnen Quarz	Menge des ausgebrachten Goldes	Werth der Gold-erzeugung	Durchschnittl. Werth einer Unze	Durch-schnittl. Aus-bringen auf eine Tonne		
				oz	£ s d	£ s d		oz	£ s d	£ s d	oz dwt gr	oz	£ s d
Beaconsfield	50	162	212	313	3 15 0	173 15 0	7 628	14 360	53 850 0 0	3 15 0	1 17 15	14 673	55 023 15 0
Lefroy und Back Creek	15	408	423	100	4 0 0	400 0 0	19 489	22 329	88 916 0 0	4 0 0	1 2 19	22 329	89 316 0 0
Denison	10	5	15	50	3 18 0	195 0 0	—	—	—	—	—	50	195 0 0
Mt. Victoria		40	40	—		—	1 372	1 053	3 817 2 6	3 12 0	15 3	1 053	3 817 2 6
Lisle	50	—	50	1 800	3 17 6	6 975 0 0	—	1 800	6 975 0 0	3 17 6	—	1 800	6 975 0 0
Ringd. Mangana und Mathinna	25	160	185	500	3 18 0	1 950 0 0	10 930	11 754	45 540 15 0	3 17 0	1 12	12 254	47 496 15 0
West Coast	256	30	286	3900	3 17 9	15 101 5 0	—	—	—	3 17 0	—	3 900	15 101 5 0
Andere Distrikte	50	30	80	1000	3 15 0	3750 0 0	2 000	1 000	3750 0 0	3 15 0	0 10 0	2 000	7 500 0 0
Summe	456	835	1291	7063	3 17 3	29 605 0 0	41 419	50 396	195 879 17 0	3 16 0	1 10	58 059	225 484 17 6
				237.5 kg		72 052 M.		1562.3 kg	3995931.6 M.			1799.8 kg	4590873.6 M.

G. Golderzeugung in Neu-Seeland im Jahre 1894.

Bergbau-Distrikte	Zahl der Arbeiter								Menge des gewonnenen Goldes	Gesammtwerth des gewonnenen Goldes
	Auf Goldseifen		Auf Quarzgängen und anderen primären Lagerstätten		Summe		Chinesen	Gesammt-summe		
	Europäer	Chinesen	Europäer	Chinesen	Europäer	Chinesen			oz	£
Auckland	11	—	1782	2	1793	2		1795	52 946	211 974
Marlborough	239	14	—	—	253	—		253	2 530	10 123
Nelson	1579	501	388	—	1967	501		2 468	2 860	10 634
Westland	1920	510	12	6	1932	516		2 448	80 950	347 404
Otago	2869	1224	355	—	3224	1224		4 448	76 353	307 644
Summe	6618	2241	2551	2	9169	2243		11 412	221 015	887 839
									6870 kg	18 111 915.6 M.

H. Zusammenstellung der Golderzeugung in Australasien.

	Queensland	Neu-Süd-Wales	Victoria	Süd-Australien	West-Australien	Tasmanien	Neu-Seeland	Australasien
	Produktion oz	Produktion oz	Produktion oz	Produktion oz	Produktion oz	Produktion oz	Produktion oz	Produktion oz
1851	- ·	144 120	145 137	—		—		289 257
1852	—	818 751	2 738 484	—		-	· -	3 557 235
1853	—	548 052	3 150 021	—		- ·		3 698 073
1854		237 910	2 392 065	—		—	—	2 629 975
1855	—	171 367	2 793 065	—	—	·	—	2 964 432
1856	- ·	184 600	2 985 735	—	—		—	3 170 335
1857	—	175 949	2 761 507	—	—	—	10 437	2 947 953
1858	—	286 798	2 528 227	—	—		13 534	2 828 559
1859	—	329 363	2 280 717	- · ·	—		7 336	2 617 416
1860	4 127	384 053	2 156 700	—	—		4 538	2 549 418
1861	1 077	465 685	1 967 453	· ·	—		194 031	2 628 246
1862	190	640 622	1 658 281	- ·	—		410 862	2 709 055
1863	3 937	466 111	1 627 105	- ·	—		628 450	2 725 603
1864	22 037	340 267	1 545 437	—	- · ·		480 171	2 387 912
1865	25 330	320 316	1 543 188	—		· ·	574 574	2 463 417
1866	22 916	290 014	1 478 280	—		348	735 376	2 526 934
1867	49 092	271 880	1 433 246	—		1 363	686 905	2 442 492
1868	165 801	255 662	1 634 200	—		692	637 474	2 693 829
1869	138 221	251 491	1 337 296	—		137	614 281	2 341 420
1870	130 773	240 858	1 222 798	- ·	- ·	964	544 880	2 140 273
1871	171 937	323 009	1 355 477	- ·		6 005	730 029	2 587 057
1872	186 019	425 129	1 252 521	—		6 069	445 370	2 340 008
1873	194 895	361 784	1 241 205	2 494		4 661	505 337	2 310 376
1874	375 586	270 823	1 155 972	98		4 651	376 358	2 183 518
1875	391 515	230 882	1 095 787	8 351		3 010	355 322	2 084 867
1876	374 776	167 411	963 760	13 742	- ·	11 107	322 016	1 852 812
1877	428 104	124 110	809 653	9 857	—	5 777	371 085	1 749 186
1878	310 247	119 665	775 272	25 249	—	25 249	310 480	1 566 168
1879	288 556	109 640	758 947	10 746	- ·	60 155	287 464	1 515 517
1880	267 136	118 600	820 121	14 250	—	52 595	305 248	1 586 950
1881	270 945	149 627	858 850	16 976	—	56 693	270 561	1 623 652
1882	224 893	140 409	898 536	15 669	—	49 122	251 204	1 579 893
1883	212 783	123 805	810 047	15 939	- ·	46 577	248 374	1 457 525
1884	307 804	107 198	778 613	21 455		42 340	229 946	1 487 301
1885	310 941	103 736	735 218	18 327		41 241	237 371	1 446 834
1886	340 998	101 416	665 196	26 315	302	31 014	227 079	1 392 320
1887	425 923	110 288	617 751	36 569	4 873	42 609	203 869	1 441 882
1888	481 643	87 503	625 026	16 763	3 493	39 610	201 219	1 455 257
1889	739 103	119 759	614 839	20 833	15 492	32 333	203 211	1 745 570
1890	610 587	127 760	588 561	29 738	22 806	23 451	193 103	1 596 096
1891	576 439	153 336	576 400	35 533	30 311	48 769	251 996	1 672 784
1892	615 555	156 870	654 456	38 974	59 548	43 278	238 079	1 806 703
1893	616 940	179 288	671 126	42 905	110 890	37 230	226 811	1 885 190
1894	679 511	324 787	673 680	42 795	207 131	58 059	221 615	2 207 578
1895	631 682	360 165	740 086	47 343	231 513	59 904	293 491	2 364 244
1896	638 212	295 072	812 086	29 004	281 265	62 586	263 722	2 381 947

| 11 242 243 | 11 716 616 | 60 907 193 | 539 925 | 907 624 | 898 550 | 13 313 935 | 99 646 695 |

3 094 411,98 kg
bei 1 oz = 76 M.
7 673 Mill. M.
£ 371 Mill Sterl.